棋声流水

何云波围棋文集（一）

何云波 著

青岛出版社
QINGDAO PUBLISHING HOUSE

图书在版编目（CIP）数据

何云波围棋文集 / 何云波著 . -- 青岛：青岛出版社，2017.12
ISBN 978-7-5552-6560-3

Ⅰ . ①何… Ⅱ . ①何… Ⅲ . ①围棋 – 文集 Ⅳ . ① G891.3-53

中国版本图书馆 CIP 数据核字 (2017) 第 319530 号

书　　名　何云波围棋文集（一）· 棋声流水
著　　者　何云波
出版发行　青岛出版社
社　　址　青岛市海尔路182号（266061）
本社网址　http://www.qdpub.com
邮购电话　13335059110　0532-68068026
策划组稿　刘海波
责任编辑　田　磊　张佳妮
封面设计　刘霄汉
制　　版　青岛乐喜力科技发展有限公司
印　　刷　青岛乐喜力科技发展有限公司
出版日期　2018年2月第1版　2018年2月第1次印刷
开　　本　16开（710mm × 1000mm）
印　　张　16.5
字　　数　200千
印　　数　1-3000
书　　号　ISBN978-7-5552-6560-3
定　　价　198.00元（全四册）

编校印装质量、盗版监督服务电话：40065320170　532-68068638

围棋文化：永远的魅力

林建超

我与何云波教授是神交先于晤面，相知早于相识。本来文武有别，殊难交集，我们却由于共同致力于围棋文化研究，结果殊途同归，遂成知交。

围棋在中华文化体系中居于特殊的地位。这在很大程度上缘于围棋不仅是竞技，更有深厚的文化意蕴。西汉时期围棋第一国手杜陵杜夫子说："精其理者，足以大裨圣教。"虽然只有一句话，却是在儒家学说已成"圣教"的背景下对围棋之道的最高文化定位。杜夫子此说，在时间上早于东汉班固的《弈旨》、马融的《围棋赋》、李尤的《围棋铭》、黄宪的《机论》和桓谭的《新论》，因始见于西汉刘歆著的《西京杂记》，名声没有那么大，但思想的高度与语言的力度完全不在东汉弈论诸君之下。中国古代围棋文化的博大精深和浩瀚繁荣，达到了令人难以想象的程度。在系统研究和整理古代围棋文化的过程中，其精深与浩瀚令人掩卷称绝，叹为观止。近代以来，棋运随国运沉浮，围棋文化也一度陷于萧寂。中华人民共和国的成立以及改革开放的发展，特别是实现中华民族伟大复兴"中国梦"的当代实践，使中国围棋走向了全面振兴。中国围棋新的文化高峰期已经来临。大潮涌起，呼唤多少弄潮儿中流击水。我所认识的围棋文化研究者大都是在这一时期如雨后春笋般地出现，何云波教授就是其中的一位先行人和力行者。

何云波教授，湖南永州人。他专攻文学，长期在长沙的一所高校从事比较文学与世界文学的教学与研究，三十三岁就破格晋升为教授。但正应了那句话“惟楚有材，于斯为盛”。他不满足于既得，又从西学回归国学，潜心于中华传统文化，做起了围棋文化研究，并且成绩斐然。《围棋与中国文化》、博士论文《弈境——围棋与中国文艺精神》、《中国围棋思想史》构成了他的围棋文化研究三部曲。与此同时，他还写了不少与围棋有关的散文、随笔以及学术专论。这次出版的就是这样一批多样化形态的思想文化成果的结集。

围棋文化研究有不同的角度和表现形式。不论是系统严谨的理论研究，还是生动活泼的随笔、随感，只要是有益的成果都能满足业界和广大爱好者的不同需求，都有利于围棋的发展、普及。何云波教授在这两个方面都做了很多探索。比如，他努力发掘中国古代围棋的知识体系，追踪围棋意义生成的过程，揭示棋论话语与中国传统知识话语及其思维的关系，深化了围棋文化理论研究。同时，他又联系古今，写了不少棋人、棋事、棋思、棋悟，把围棋的道理与人们身边的种种现象联系起来，娓娓道来，雅俗共赏，既形而上，又形而下，为围棋文化的大众化做出了积极的贡献。尤其是他多年来棋行天下，写下了不少围棋文化游记，把围棋文化的思考与传播延伸到社会生活的不同领域，把围棋文化之旅变成了富有特色的人生之旅。

对任何个人来说，对围棋之道的探索总是有限的，而围棋文化的魅力却是无限的。正如何云波教授在文集后记中所说，他当年邂逅围棋仿佛坠入“初恋”。让我们本着对围棋和围棋文化热爱的“初心”，以不懈的努力，为弘扬光大包括围棋在内的中华优秀传统文化而扎实奋斗。

是为序。

（作者为中国围棋协会主席，中国人民解放军总参谋部原办公厅主任，少将）

第一辑　棋行天下

第二辑　围棋地理

第三辑　网上棋缘

第四辑　灯笼触网记

第一辑

棋行天下

英雄儿女一枰棋

去南京莫愁湖公园，已经是两年前了。每次游山玩水，通常都是以学术会议的名义，美其名曰：读万卷书，行万里路，观古人之遗风也。那次相机坏了，没能立此存照，总觉是个遗憾。

去年暑期，又一次来到南京。在会上会下的高谈阔论中，一直想着偷闲溜出去，了结那个心愿，却终在犹豫中没能成行。说实话，莫愁湖实在是个平常不过的公园。据说，她本有金陵第一名胜之誉。曾见过清代画家吴宏的《燕子矶、莫愁湖两景图卷》，画中那湖掩映在一片山峦之中，湖光山色，烟雨迷蒙，草木丰茂。远山、屋舍、两三人马，令人生出无限的遐想。而今的莫愁湖，却是被包围在钢筋混凝土的高楼中，被围墙、大马路环绕，仿佛成了城市中的一个盆景。恍然觉悟，原来天下景百见不如一闻。

那“见”，是当下的实景。那“闻”，却来自古人的妙笔生花，来自代代相传的历史传说。吸引我来的，是那一湖，那湖边的一楼——胜棋楼。

其实，那湖是普通的湖，不大，也无蜿蜒曲折，她一望无余，安安静静地待在那里，小家碧玉般温顺地接纳着路人的目光，没有秘密，也并无媚眼，无裙屐风流之态。楼是普通的楼，两层，红墙碧瓦，与许多地方的并无两样。如果不是因为莫愁女，不是因为朱元璋与徐达那盘特别的棋，这一湖一楼，其实可以什么都“是”，又什么都“不是”。由此可见，“命名”是一件多么重要的事情。一切事物的意义都源于“命名”。所谓“文化”，就是从“命名”开始的。不然，这“名胜”便不过是自然的、普通的存在。

胜棋楼的楼上有朱元璋与徐达对弈图。传说朱元璋常与徐达对弈，徐达明显棋高一着，但是为了皇上的面子，总是故意输一点。一次，朱元璋召徐达在南京三山门外莫愁湖畔对弈，并许诺，假若徐达能赢，就把这湖赏给他。一局下来，朱元璋输了，脸露愠色。徐达急忙跪下，口称："万岁，为臣罪该万死，请万岁再观棋局。"朱元璋一看，只见盘上局面呈现出"萬歲"（万岁）两字的字样。朱元璋转怒为喜，把莫愁湖赏给徐达，并传旨在湖畔修了一座楼，取名"胜棋楼"，并赐一联：烟雨河山六朝梦，英雄儿女一枰棋。

我一直弄不明白，这盘棋究竟是怎么"下"出来的。赢下手的棋和故意输棋都容易，难就难在赢了棋还要"写"出如此复杂的"萬歲"。胜棋楼上，就摆了这盘棋。不过，那"萬歲"两字实在是太过方正了，一看就是故意摆出来糊弄不懂棋的游人的。

传说往往多杜撰，多添油加醋，似真还假，似假却真。世上如果真的曾有这么一盘棋的话，那只有一个解释，这皇帝老儿的棋艺实在是让人不敢恭维。据说那朱元璋，原是安徽凤阳乡下一个牧牛的，可谓货真价实的草民，对围棋本来一窍不通。他登基以后，成了九五之尊，当然也得附庸风雅，便学会了吟诗、下棋。棋这玩意儿，如同鸦片、情花，一旦沾上，就会让人走火入魔，欲罢不能。偏偏那"黯然销魂掌"也是有境界的，朱元璋迷归迷，棋艺却不见长进，又极好面子（大人物多有这么一个可爱的毛病），臣子们跟他下棋，也就只好委屈自己以博龙颜一悦了。

徐达平时也都是这样做的。这天不知脑子里哪根筋被扯了一下，也许是太想尝尝赢棋的滋味，也许是那一面湖水令他心动了，他终于有了释放自己、自由挥洒的心情。请想想，这该有多大的难度！这难不在输赢，而在一开始他就得谋划着，这一横、一竖、一撇、一捺该怎么配置？"草"字头放哪？"少"字又怎么站队？关键是次序怎么安排，你总不可能从那"萬"字的第一笔开始，就一直顺着这笔画"写"下去吧。次序被打乱之后，各路兵马，它们在各条战线上英勇杀敌，最后各个击破，胜利会师，然后排成"萬歲"队列，供君主检阅。可是，这君主刚刚还是敌人，就是他指挥着敌方的部队在自己后面亦步亦趋，配合得天衣无缝，完美极了。在如此地被捉弄得灰头土脸之后，却又高高在上，君临天下，享受着“万岁”的荣耀，这该是一种多大的讽刺？！

看着胜棋楼上摆放的那盘棋，白方堂堂正正，纵横驰骋，气定神闲，游刃有余；而黑方却像簇拥着白马王子，臣服在白袍下，仿佛在呼喊着“万岁”。此刻，我相信是徐达处在了帝王的位置上，而“万岁”却一点不敢懈怠地遵照着徐达的旨意，被徐达所奴役。如果“万岁”稍微有点“主体意识”，棋力足够他稍稍抵抗一下，那徐达的如意算盘就得落空。人们把下棋称为“手谈”，手谈者，对话也。对话的成立有赖于双方的平等，双方还要拥有共通性话语。从这个意义上说，这盘棋完全是徐达天马行空、自由自在的“独白”。

我不知道徐达“写”这盘棋的动机是什么。是想一举两得，既得便宜又献媚于圣上吗？这种献媚邀宠之事，古代很多。清代国手黄龙士就曾在康熙万寿节时，御前下围棋，下完后于棋盘上排一“寿”字，而四角上各排蝙蝠一只，以示福寿之意。能随心所欲变出那么多花样（对手也配合）为君王祝寿，正所谓“殊为难能可贵矣”。如果是这样，那只能说，大家都是俗人，徐达也自然不能免俗。

也许，徐达不过是一时玩兴大起。老夫聊发少年狂，在棋盘上来点恶作剧。当他在棋盘上，在这个虚拟的世界中，随意调遣着平时必须对之毕恭毕敬的“万岁”，其智慧之闪耀、意志之自由、气魄之宏大、心情之舒畅，可想而知。

不过，徐达是在玩火。敢向帝王争一着，固然是“英雄”，但逞一时之英雄，在那个专制的时代从来就没有好下场。难道徐达没听说过圣上的名言：“今日胜我棋者，明日夺我天下者也。”如果是想既得湖，又快一己之心意，兼达媚主之效果，所谓一石三鸟，那就有点玩得过火，聪明反被聪明误了。试想，如果朱元璋真被那样玩于股掌之中，还如传闻所谓“龙颜大悦”，被“萬歲”二字弄得迷迷糊糊，那用长沙话说，就是个“宝”（傻帽）了。

无论动机如何，结局却只有一个：此局胜彼“局”即输也。朱元璋出身草莽，摇身一变而为至尊，本就多疑，徐达的智慧岂不为其所嫉恨？据说，徐达有一次患背疽，此病最忌吃鹅肉。朱元璋闻知，却故意派内监赐他蒸鹅。徐达自然知道君主的心意，君命难违，他只能当着太监的面，和着眼泪吞下食物。不久，一代大将含恨而去。难怪有人感叹：“湖本无愁，笑南朝迭起群雄，不乃佳人独步；棋何能胜，为北道误投一子，致教此局全输。”徐达处心积虑，下赢了棋，却下输了人生，这正所谓胜即败，得即失也。

而今，无论是“机巧算尽”的徐达，或是“智勇天纵”的被奴役的“万岁”，还是那位“莫愁何事却多愁”的卢家女子，都已成往事。据说莫愁本为六朝齐梁贫家女，“十三能织绮，十四采桑南陌头，十五嫁为卢家妇，十六生子名阿侯”。生下孩子一年后，她的丈夫远赴辽阳边塞，十载音讯全无。莫愁为化愁为不愁，助人为乐，把愁消解在帮助邻里、扶危济困的善行中。

胜却不胜，愁为何不愁？不愁即愁，莫愁其实有着说不尽的愁啊。一个女子一生的悲剧，几十年流不尽的眼泪，岂是助人为乐就能轻描淡写地化解得了的。就像徐达，赢了人家的棋，赚了人家的河山，难道挠个痒痒，摆个“萬歲”就能过关？

胜也，败也；愁也，乐也，真是令人一言难尽啊！湖以楼传，楼以人传。一切的愁绪、眼泪，生死攸关的胜负，棋枰中的悲喜，如今都尽付与楼上明月、湖中烟雨。胜棋楼始建于明洪武年间，清同治十年（1871 年）复建，几经战火。现在的楼是 1959 年翻建的。楼前便有板桥先生所书的一副对联：粉黛江山留得半湖烟雨，王侯事业都如一局棋枰。

棋局如世局。于是，胜棋楼也成了历代文人骚客的兴怀之景、移情之物。他们抒世事人生感慨，发历史兴亡之叹：

世事如棋，一局争来千秋业；
柔情似水，几时流尽六朝春。

明月几时有，更上层楼，听棋子声中，谁操胜算；
美人犹未来，且摇小艇，向藕花香里，自遣闲情。

湖属卢家，唯江头明月，曾领略画艇风光，韵事相传，付与骚人作诗料；

地归徐氏，以国手胜棋，博优游名园汤沐，英雄安在，遥闻商女唱歌声。

历史进入二十世纪，在那风起云涌的时代，这楼，这湖，又有了新的意义。“抚槛高歌革命曲，满湖开遍自由花”“休说徐家汤沐邑，也随棋局属人民”。

当一局胜负不断地被赋予各种意义，棋也就不仅仅是棋了。

原载《围棋天地》2003 年第 7 期

乌衣巷口夕阳斜

在莫愁湖边与徐达、莫愁女一同唏嘘良久，依依不舍地起身。下一个去处便是秦淮河。

距离第一次来金陵古都已经是十多年了，一下车便直奔秦淮河。杜牧有一首《泊秦淮》：“烟笼寒水月笼沙，夜泊秦淮近酒家。商女不知亡国恨，隔江犹唱后庭花。”这首诗实在是太迷人了。而朱自清所描绘的“桨声灯影里的秦淮河”，那“晃荡着蔷薇色的历史的秦淮河”也一直在诱惑着我们。

千年等一回，见过后却大失所望。原来那不过是条臭水沟，甚至根本没什么水。当然，也没有乌衣巷。

说“没有”，其实并不准确。只不过是说今人所制作的复制品尚未出现。自东吴以来，乌衣巷伴随着秦淮河的灯火与画舫，在近两千个春秋里阅尽历史兴衰更替，人世悲欢离合，它早就成为一部承载历史往事的厚重书籍，人们想忘也已经忘不了了。

但是，时间有情又无情。还是在唐代，诗人刘禹锡就已经在感叹：“朱雀桥边野草花，乌衣巷口夕阳斜。旧时王谢堂前燕，飞入寻常百姓家。”

而今，“乌衣巷”终于重新建起来了。不过，它已经没有了乌衣子弟练武时雄壮的号令，没有了手捧杏花的女子的叫卖声，当然，也没有了撑着油纸伞、结着丁香般愁怨的姑娘。因为，它不再有悠长、悠长的小巷，而只剩得一个“王谢古居”陈列在那里，像一个饱经风尘的老人，刚刚被从历史中拉出来，打扮修饰一番。虽然经过了包装，但他似乎并没有真正融入到那个五彩缤纷的世界。他静静地待在秦淮河边，周围的喧嚣仿佛都与他无关。

走进那扇不大的门，仿佛进入了另外一个世界。这里太安静了，因为游人很少，甚至还让人觉得有点落寞。但我并不介意，我是来寻找这里的棋人，倾听巷子里曾依稀有过的棋子声的。这安静、落寞，反而正切合我的心境。

几进的屋子，中有一个小天井。楼为两层，窄窄的楼梯，感觉有点像迷宫。各间屋子的摆设多与王、谢两个家族有关。王导、谢安，是东晋时期两位著名的宰相，一位辅佐晋元帝创立了东晋王朝，被誉为“江左管夷吾”，意为他与辅佐齐桓公“九合诸侯，一匡天下”的管仲可相媲美；一位指挥淝水之战，纹枰手谈中，从容退敌。而王、谢的后人：王羲之、王献之、谢灵运、谢朓……或在绢纸上笔走龙蛇，或于山水中寄兴遣怀，“王家书法谢家诗”，乌衣子弟的风采，也就不局限于武了。

棋，也曾经在乌衣巷里盛行一时。王导和他的两个儿子王悦、王恬都是大棋迷，特别是王恬，“多技艺，善弈棋，为中兴第一”，显然是弈道高手。传说王导与王悦父子弈棋争道，常常争得面红耳赤，各不相让。王导只好苦笑，还好是父子，不然哪能这样呢？在那个以礼为先、极重视上下尊卑等级秩序的时代，也就只有在棋盘上，能够“自在”“潇洒”一点了。那位江仆射，年少时与王导下棋，当时，王导的实力稍弱，他仗着自己的身份想平下，江仆射硬是不肯落子。丞相大人只好苦笑，不过江仆射的人品由此也受到赞赏。

棋为心声。谢安弈棋退敌之举更是某种品格风范、某种精神力量的象征。奇怪的是，“王谢古居”并没有棋的影子，倒是“王谢古居”斜对面的李香香故居，一间屋子里赫然摆着古色古香的棋盘棋子。这位明末清初的秦淮名妓，与富家公子侯方域有过一段悲欢离合，但在《桃花扇》和各类笔记、传闻里并没见识过她的棋艺。大约琴棋书画是青楼女子的招牌，是其淑女化、雅化的道具，自然都会的，用不着特别渲染。而在时人眼中，像王导、谢安这类中兴名臣，以国家兴亡为己任，而棋于他们，不过是可有可无的玩物。但是，谢安要是没有了围棋，他还是东山高卧的谢安吗？

中国历史上能够打胜仗的将军有很多，但能举重若轻，化胜负于无形之中的却难得。就像东吴周郎，“羽扇纶巾，谈笑间，樯橹灰飞烟灭”。谢安弈棋，也就超出了棋本身。

据说谢安年轻时，无心功业，隐居会稽东山，数拒征招。温庭筠《谢公墅歌》赞其“鸠眠高柳日方融，绮榭飘摇紫庭客”。紫庭乃仙人所居之地，谢东山也似有飘飘欲仙之感了。谢安中年出山，出将入相，定国安邦，正合乎中国传统的儒士、名士风范，“达则兼济天下，穷则独善其身”。在历史上著名的“淝水之战”中，谢安运筹帷幄，大破前秦苻坚，成为战争史上以少胜多的范例。而谢安在“淝水之战”中下围棋的故事，更是为人们所称道。《晋书·谢安传》和《世说新语》皆有描写。

> 且说苻坚率百万大军南下伐晋，京师震恐。晋帝封谢安为征讨大都督，谢安与其弟谢石及兄子谢玄迎敌。谢玄入问计，谢安夷然无惧色，答曰：“已别有旨。”既而寂然。谢玄不敢复言，又令张玄重请。谢安遂命驾出山墅。亲朋毕集，谢安与张玄以棋赌别墅。谢安平时棋劣于张玄，这天张将军心神不安，结果反而败下阵来。谢安在山上优哉游哉，赏玩着绝佳风景，至夜乃还，之后从容指点将帅，各当其任。
>
> 谢玄等人率军迎敌，谢公却在与人下棋。不一会，谢玄淮上信至，谢安看书竟，默然无语，棋如故。客问淮上利害，答曰：“小儿辈大破贼。”

不过，接下来说法便有了差异。《世说新语》谓谢安“意色举止，不异于常”。《晋书·谢安传》却说谢安“（棋）既罢，还内，过户限，心喜甚，不觉屐齿之折。其矫情镇物如此”。这一下便暴露了谢安的内心世界。所谓镇静如常，其实带有矫情的成分。不过，人们还是更愿意接受《世说新语》的说法，那样能够更彻底地表现谢安的风姿与气度。元代诗人王恽便竭力为之辩护：“入门偶折登山齿，一矫论公恐妄猜。”

“王谢古居”的门楣上，写有几个大字：魏晋风度。谢安是儒将，更是名士。魏晋的名士标准，首先要人长得英俊，正像潘岳“有姿容，好神情”，出洛阳道，妇人争相拦截他，哪怕能摸着一下他的衣角也是好的。左太冲绝丑，却也想“东施”效岳，得到的是漫天飞舞的唾沫，只好灰溜溜地打道回府。谢安“神识沈敏，风宇条畅”，论长相，参加选秀毫无问题；其二，“魏晋风度”更讲究精神、品格、气度，就像那嵇康，风资特秀，爽朗清举，其为人也，岩岩若孤松之独立，连醉了酒，也若玉山之将崩，醉得潇洒。《晋书·谢安传》谓谢安“始居尘外，高谢人间，啸咏山林，将泛江海，当此之时，萧然有凌霞之致”。丰采毫不逊色于嵇康，正所谓“当时清谈赌墅，风流犹记东山”。

不过，谢安作为中兴名将，临危受命，匡扶社稷，又比一般名士多了些使命感，多了些儒家所弘扬的浩然之气。谢安也就成了行藏由己、进退自如、大智大勇，运筹帷幄、决胜千里的儒将的理想化身。正像诸葛亮：“苍天如圆盖，陆地似棋局；世人黑白分，往来争荣辱。荣者自安安，辱者定碌碌；南阳有隐居，高眠卧不足！”一旦出山，折扇轻摇，挥战着棋两不误，让人油然而生倾慕。历史上，这一类故事也就不断被渲染。《三国志·蜀书·费祎传》载有费祎下棋的故事。费祎为诸葛亮所重，为大将军。蜀后期正是国家多事之秋。费祎“常以朝晡听事，其间接纳宾客，饮事嬉戏，加之博弈，每尽人之欢，事亦不废”。当魏军来犯，祎率众御之。光禄大夫来敏为费祎送别，求共围棋。于时羽檄交驰，人马擐甲，一切整装待发。祎与敏留意对戏，色无厌倦。费祎一出马，敌军即退。而吴国陆逊也好弈，据说他随孙权北征，大敌当前，催人种葑豆，与诸将弈棋射戏如常，杀敌之妙计尽在棋局中。看来，就打仗而言，张飞、李逵似的粗人都会，但光会使长矛、板斧，总觉不雅，羽扇纶巾，拈棋微笑，方为真正的大将风度。于是，围棋在这里便成了某种形象、精神的象征，或者说，就是一个文化符号。

“江东全倚谢家安，雅量形容对弈间。”谢安既为名士，有高世隐逸之志，棋上自有风景，又为儒将，杀敌于阵前，挽狂澜于既倒。治国安邦、从容对弈两不误，这正代表了中国人心目中名士的理想形象。于是，济世之儒家与出世之道家都接受了他。谢安围棋也被传为佳话，文人诗文吟诵，画家丹青描摹，占尽千古风流。

可是，毕竟“旧时王谢堂前燕，飞入寻常百姓家”。乌衣巷还是挡不住历史风尘的冲刷，谢安弈棋的故事也就只能留在世人的传说和想象中了。在漫无边际的思绪中，时间悄悄地流逝……走出乌衣巷，那扇黑色的沉重大门把“王谢古居”关在了我的身后。残阳西坠，秦淮河的灯火开始陆陆续续地亮起来了。一边是关在大门后的历史的长长的身影，一边是万家灯火，夜市中人声鼎沸，弦歌不绝，生活的精彩才刚刚开始。在如织的人流中，靠在一座小桥的栏杆边上，看着载满游客的小船不断划过，想着这喧闹不知什么时候才会平息。在夜深人静的时候，枕在秦淮河边，不知是否还能听见乌衣巷里的棋声？

原载《围棋天地》2003 年第 8 期

天台棋踪

从天台山回来已经半年多了。一直想沿着古代弈人的足迹完成一次黑白之旅。没想到，第一站便是天台山。

也许是因为，被称为佛国仙山的天台有太多的与围棋有关的传说，刘晨、阮肇遇仙，道士司马承祯与天台牧童对弈，棋僧一行、贯休、野雪也都曾在天台留下足迹。去年暑期，机缘凑巧，参加完贵阳围棋文化节，取道杭州去南京开一个学术会议，中间正好有几天间隔，于是，便携妻子踏上了天台寻梦之旅。

不到两天时间，游了国清寺，看了石梁飞瀑，上了华顶。回来一边读介绍天台的书，一边想写点什么，却一直找不到写作的感觉。

对于天台围棋的各种传说、史话，我通过各种渠道早已非常熟悉。我也知道，被称为浙东“围棋三连星”的马晓春、陈临新、俞斌都与天台山有关。他们的家乡嵊县、临海、天台，以天台山为中心，三足鼎立，共饮石梁飞泉。天台、嵊县都是全国知名的“围棋之乡”，天台还培养了金茜倩、朱菊菲、袁卫红等一批女棋手，是什么让这块土地与围棋结下如此多的不解之缘？

带着这个疑问，开始了我的探访。我的天台之游，也就按图索骥一般，一一去印证脑袋里装满了的与围棋有关的人与物。

上午到达天台，找家旅店住下，匆匆用过午餐便迫不及待去朝拜县城边的国清寺。因为，著名的“一行到此水西流”的传说便出自此处。明代棋僧野雪，也曾住在国清寺。

天台山是宗教圣地，为佛教天台宗的发祥地，禅宗也颇为兴盛，有“东土灵山”和“教源”之誉。国清寺始建于隋朝，后几度重修，既是天台宗祖庭，又一度成为禅宗圣地。那天，在国清寺前下车后，过一小桥，便见一石碑，上书“一行到此水西流”几个大字。国清寺东西环绕着两条小溪，正好在此处交汇。据说，唐开元年间，著名僧人、天文学家一行，为编《大衍历》，不远千里跋山涉水，由京都来国清寺求师。当一行到达，国清寺住持率众僧在桥上与一行相见，溪水哗啦一声，一反常态，向西滚滚流去。原来，溪水为一行的求道精神所感动。一行在国清寺七年，终于编成《大衍历》。

一行精于算术，据说对围棋的棋路变化亦做过计算和研究。唐代段成式的《酉阳杂俎》中有一个关于释一行的故事，云：“一行公本不解弈，因会燕公宅，观王积薪一局，遂与之敌。笑谓燕公曰：‘此但争先耳。若念贫道四句乘除语，则人人为国手。’”

《旧唐书·方伎传》载，一行俗姓张，少聪敏，博览经史，尤精历象阴阳五行之学。也许是阴阳五行与历法均为“通天地”之学，围棋亦与天地之“象数”相通，才有一行“念四句乘除语即可为国手”之说。其实，一行观一局即可与国手相敌不过是好事者的杜撰。因为围棋既是艺，也是技，是需要长期的训练才可达到高水平的。这其中，还是中国的重道轻技传统在作怪。得道之人，区区小技岂在话下？

到明代，国清寺倒真正出过一位棋艺高超的佛僧，名野雪，俗姓郑，人称“郑头陀”。明中叶后，围棋获得很大发展，形成了“永嘉派”“新安派”“京师派”三大流派鼎足而立、相互竞争的局面。“永嘉派”又称“浙派”，主要棋手为永嘉（今浙江温州）一带人。野雪为“永嘉派”的后起之秀，他曾与当时不少名棋手对弈。褚人获的《坚觚五集》卷二曾记其逸事：

永嘉僧野雪以弈称，一日在许无念宅，与吴嗣仙对枰，嗣仙称第一手，沉思而后下一子，野雪殊不顾，对客闲谈，随手应敌，无不取胜。来子鱼赠以诗云：“蕉团坐隐静皈依，十九行中喻法微。慧眼欲生抛大劫，观心不定却斜飞。分先未许争先手，戒杀何堪露杀机。跳出刀山投铁网，与师一笑解重围。”

围棋被称为“坐隐”，于蕉团中“坐隐”，如同归心向佛，十九路棋盘中自有微妙法门。盘内争斗正酣，百千万劫，杀机重重。看来总是争闲气，一旦跳出战阵，会心一笑，天地已宽。下棋乎？悟道乎？佛门弟子多好棋，一来有闲，二来若能从中参悟佛理，岂不一举两得。

国清寺依山傍水，佛殿富丽堂皇，精舍鳞次栉比，广大庄严，确实气象不凡。据说每年日本、韩国及其他国家和地区的天台宗信徒都有不少要来此寻根问祖，香火颇盛。但在我看来，总觉国清寺有点过于富贵气。加上是离县城过近，给人的感觉，便多了分喧闹，少了分清幽。而环寺的两条溪流，几近干涸。无水，便少了点灵气。当然，这种种印象都是因为第二天去看石梁飞瀑，与一处小寺相遇，在那一刻，我似乎明白了什么是千年的约会。

也许，当古人披荆斩棘，跋山涉水，一次次寻梦天台时，这约会便开始了。东晋孙绰有《游天台山赋》曰：“天台山者，盖山岳之神秀者也。涉海则有方丈、蓬莱，登陆则有四明、天台，皆玄圣之所游化，灵仙之所窟宅。夫峻极之状，嘉祥之美，穷山海之瑰富，尽人神之壮丽矣。”所以少为人知，乃因“所立冥奥，其路幽迥”“举世罕能登涉”。南朝宋初，山水诗人谢灵运从始宁（今嵊县）出发，伐木开径，过沃洲，攀关岭，越天台，沿始丰溪，直到临海，开辟了一条穿越天台的陆路。其后，人们又开辟了一条由始宁，沿曹娥江、剡溪，经石梁，直达天台山华顶峰的水路。石梁成了这条水路的必经之地。唐代许多诗人如李白、杜甫、孟浩然、王维、刘禹锡、贾岛、杜牧及诗僧或棋僧皎然、寒山、贯休等，都曾逆流而上，载酒扬帆，留下动人的诗句。李白高歌：“此中多逸兴，早晚向天台。”孟浩然有诗云：“问今我何适？天台访石桥”“高高翠微里，遥见石梁横”。

石梁的美景不仅使人流连忘返，也让仙界中人怦然心动。五百罗汉隐匿于此，其后人们在石梁山谷为他们修建了三座寺。上方广寺据说在1977年毁于一场大火。中、下方广寺隔着石梁飞瀑，遥相呼应。最令人难忘的，就是那座最小的中方广寺。

中方广寺是由一个名为昙华的亭子改建而成的。两层，五六间屋子大小，挂在山腰的悬崖上，山溪绕寺而过，有一小桥相通。而那座天然石桥，也就在寺靠悬崖的一角，流水穿桥而过，飞流直下，卷起层层浪花。站在悬楼上，微风习习，青山、白云……尽收眼中。听潺潺流水，想在此如有蒲团一只，“坐隐”一局，晚上伴山之韵、水之音入梦，夫复何求？

据说，唐代著名诗僧、棋僧贯休就曾长期在这一带的山水间修持。他是否在石梁水边下过棋，我们已无从查考。但他号“禅月大师”“得来和尚”，“琴弹溪月侧，棋次砌云残”（《闻赤松舒道士下世》），正宜在此间山水中。他还有一诗，题目即为《棋》：

棋信无声乐，偏宜境寂寥。
着高图暗合，势王气弥骄。
人事掀天尽，光阴动地销。
因知韦氏论，不独为吴朝。

佛门清静，山水亦佳，于寂寥的境界中自有无声之乐。此时，我似乎开始明白了，天台为何被称为“佛国仙山”，天台山有关围棋的传说，也大多与佛、道、仙界中人有关。刘、阮桃源遇仙，学得棋艺的传说，在此间早已家喻户晓。还有一则传说，说落马桥有位樵夫上山打柴，在一处岩洞口看男女二人对弈，十分精彩，直到红日西坠，才发现斧柄都朽烂了，这才匆匆回家。谁知到家后发现亲人都已过世，碰到的已是第四代子孙了。这个传说的发生地点就在“琼台夜月”胜地，“仙人”男的是吕洞宾，女的是何仙姑。这则传说，与南朝任昉《述异记》载晋王质观棋烂柯的故事如出一辙，只不过那个故事的发生地点是在浙江的另一处地方：衢州。一个故事在不同地方生出各种相近的版本，本是常事。孟郊《烂柯石》云：

仙界一日内，人间千载穷。
双棋未遍局，万物皆为空。

樵客返归路，斧柯烂从风。
唯余石桥在，独自凌丹虹。

这“石桥”，也被指认就是石梁飞瀑上的那座天然石桥。其实，“桥”在哪里并不重要，倒是从中反映的国人普遍的“遇仙”情结，值得回味。据说，在道士葛玄种过芦苇的白芦峰至今留有棋盘岩。当地宗谱记载看过仙人着棋的农民活到一百多岁，其中还收录着这样一首诗：

两个仙翁对着棋，千年遗迹可题诗。
盘桓石上形还在，记得何人说对时。

不少仙界故事都与道教有关。因为道教最终追求的就是不死成仙。而成仙之后，俗界中人能够想象得到的幸福日子大约就是每天喝酒、吟诗、弈棋了。前述那两位弈棋的仙人吕洞宾、何仙姑，都位列道教的“八仙”。唐代桐柏宫道士司马承祯也曾留下与牧童弈棋的传说。桐柏宫为道教南宗的发祥地。这位高道修炼之余便以弈棋为乐，只是缺少对手。后来打听到某山村有一户围棋世家，便上门请弈。不巧这家的儿子外出，恰好孙儿放牛归来。两人就摆下棋枰对弈起来（一说老爷爷打发孙儿去宫中）。其间胜负，一说巧成平手，一说孙儿前两次记着爷爷的嘱咐，均故意以一子告负，第三次孙儿放开手脚，将这位凡间的高道杀得大败。这里放牛的牧童，大约是介于凡界与仙界之间，亦人亦仙，难怪一代高道竟不敌区区牧童了。在中国的仙话故事中，其主角大多是童子、女子或老人。他们在现实生活中处于弱势，在想象世界中又往往充当了开解人智慧的角色，不知其中有何奥妙？

天台山北接四明，南连雁荡，东临溟渤，西衔括苍。南朝梁陶弘景的《真诰》云：“山有八重，四面如一，顶对三辰，当牛女分野，上应台宿，故名天台。”有人把天台山比作天然大棋盘。最高峰华顶，所谓“花心之顶”，便犹如棋盘中之“天元”。那天，登上峰顶，四望空无一人，唯层峦叠嶂，此起彼伏，如千叶莲花，如星罗棋布，远到天的边际。松风呼啸，“松子每随棋子落”，我也仿佛听到了棋子落盘声。一临涤俗虑，一局忘万事，假如在此有酒一杯，棋一局……可惜，那部只载了我和妻子两人的巴士只停留一个多小时，刚刚到达峰顶，我们又得依依相别了。

晚上，在县城街道上漫步，炎热中，为水的精气所吸引，走到河边，坐在桥上，听哗啦啦的水声，看万家灯火，看水面粼粼波光，想起郑也夫写足球的一篇文章《黑白相间的精灵》，其间也涉及围棋：“围棋已目睹了五千年沧桑，足球触摸过亿万童子的身心。一个穿越过时间长河、闯进了亿万人心灵中的尤物必是早就获得了灵气，早就成了精，成了精灵。”

围棋，不知是不是因为吸纳了天台的山之精、水之灵，于是，也就有了仙气，有了灵气。

原载《新民围棋》2002 年第 4 期

桃源梦断何处寻

从小就熟知陶渊明的《桃花源记》。桃花源究竟在哪里，谁也说不清楚。但人们都愿意认自己的故乡为桃源。我所在的湖南，就有一处非常著名的“桃花源”，奇怪的是，如此的“仙境”，近在咫尺，我竟无缘一见。

因为围棋的机缘，去年暑期，我千里迢迢来到浙东的天台，这里另有一处“桃源”。

天台被称为佛国仙山，又是“围棋之乡”，有许多与围棋有关的传说，其中便有刘、阮天台遇仙。这一故事始见于南朝刘义庆的《幽明录》，云：“东汉永平五年，剡县刘晨、阮肇，共入天台山。度山，出一大溪，溪边有二女子，资质妙绝，遂留半年。怀土思求归，既出，亲旧零落，邑屋改异，讯问得七世孙。”

这故事本来与围棋并不沾边，后来在流传过程中，大约是好棋者将围棋附会于其上，说两位仙女教会了刘晨、阮肇下棋，他们每天以对弈为乐。刘晨、阮肇回乡后，便向乡人传播了围棋。女性与围棋，在某种意义上本就有相通之处。欧阳修将棋枰称之为“木野狐”，“言其媚惑人如狐也”。狐者，女子也。“千岁之狐为淫妇，百岁之狐为美女”，围棋与美女，其“媚惑人”并无二致。所以，刘晨、阮肇遇仙，伴以围棋，也就顺理成章了。

那天，坐巴士由杭州到天台。一出车站，便见一座塑像矗立在小广场上。一圈围栏，里面一小湾水，围起一个圆形鹅卵石底座。中间方型大理石台座上有两位女子牵着手，一位低头沉思，一位挥手凝望着远方，衣带飘飘，颇有超凡脱俗之态。我猜想，这应该就是“桃源双女”了。古代的一个美丽传说，而今成了这个小城的一个标志。

其实，在古代不少诗人就以此为题材吟诗作画。唐代有一首诗《仙子洞中有怀刘阮》：

不将清瑟理霓裳，尘梦哪知鹤梦长。
洞里有天春寂寂，人间无路月茫茫。
玉沙瑶草连溪碧，流水桃花满洞香。
晚霞风灯零落尽，此生无处访刘郎。

明代诗人贡性之亦有一首《送卢思敏归天台》：

松风流水声瑟瑟，桃花玉洞春漫漫。
刘阮幸逢两仙子，月上对弈犹未残。

1964 年 6 月，上海宝山县顾林镇的一座明代古墓中出土了一件嘉定竹刻艺术品：《刘阮入天台弈棋图》。画面描绘了刘晨、阮肇二人与两位仙姑共同生活的美妙情景：夏秋之际，在古木参天的天台山上有一深邃山洞，洞外盘旋曲折的古松下，有男女两人于石桌两边纹枰对弈，中有一男子托颐、袒腹露脐在观局，另一美貌仙女手执蕉扇，站在洞门口，呼唤梅花鹿和仙鹤一起来观弈。观画使人仿佛入了世外桃源一般。

我就在车站附近选了个小店住下来。下午游了国清寺，又拜见了以笔耕为乐的老人张谷清，他写过不少介绍天台围棋的文章。黄昏，我再一次来到“桃源双女”塑像前，静默良久。天台、嵊县均被称为“围棋之乡”，围棋历史源远流长，那么，“桃源双女”便算得上是围棋的始祖了。在现实生活中喝酒、吟诗、下棋经常是男性的专利，女性却难得“不务正业”。《南齐书·崔慧景传》曾载，南朝时邻近天台的东阳有一女子名娄逞，“粗知围棋，解文义”，偏偏生为女儿身，在汉代以来即形成的“博弈，男子之事”的传统下，娄逞只好女扮男装，“遍游公卿间，仕至扬州议曹从事”。后来终被揭开真面目，齐明帝萧鸾“驱令还东，逞作妇人服而去”。娄逞无可奈何，叹曰：“如此伎，还之为老妪，岂不惜哉！”

又一个“木兰从军”的故事。在古代，女子要施展才华，常常需要“换装”。一旦回归“女儿”身，她们也就被剥夺了与男性平等竞争的权利。据说，为纪念娄逞的不幸遭遇，东阳郡包括与东阳交界的天台一带的人家，女子出嫁都要备围棋作嫁妆，此俗代代相传。当代天台女子围棋的兴盛，大约也是属于一种文化的传承。

与天台女子围棋有关的还有一个故事。据说，宋朝宰相贾似道是天台人，也是好弈者，他家还专门养了一个女棋童。《幽怪录》有一篇《贾秋壑侍女》，就是讲女棋童的故事。

> 元延祐间，赵源游学至钱塘，侨居西湖葛岭贾似道旧斋旁，遇一绿衣女子，年十五六。源戏问之曰：“姐姐家居何处？”女笑曰：“儿家与君为邻，君自不识尔。”源试挑之，女子欣然而应，遂留宿焉。旦去夜来，如此月余。问其居址姓名，答曰：“儿非今世之人，故宋平章秋壑之侍女也，本临安良家子，少善弈棋，年十五，以棋童入侍。每秋壑（即贾似道）朝回，宴坐半闲堂，必招儿侍弈，备见宠爱。”是时赵源为其家仆人，负责煎茶，两人俱各有意，互赠信物。为同辈所察，谗于秋壑，被同赐死于断桥之下。后男子再世为人，女棋童则不得超生，只好为鬼，与昔日情郎一通款曲，续再世姻缘。三年后，女子精气散尽，面壁而化。源大恸，投灵隐寺为僧。

与歌妓、乐妓一样，棋童在某种意义上类似于棋妓，只是有的可能只献弈不献身，有的既献弈又献身。她是主人的占有物，所以当棋童与别人私通情意，主人才会那么震怒，将他们双双赐死。棋童之地位，由此可见一斑。

奇怪的是，当现实生活中的女子常常以悲剧终结她们的“棋缘”，她们在仙界又往往充当了开解下围棋人智慧的角色。如唐代国手王积薪赴蜀道中遇妇姑，得指点，棋艺大进。“桃源双女”的故事大约也属此类。

不过，“桃源双女”的故事，围棋是附属物，“遇仙”才是核心。它终不能脱离中国传统仙话故事中常见的仙女方自荐枕席、主动献身的模式。也就是说，归根结底，这代表了现实生活中男性的欲望与想象。在这“桃源梦”中，不少都伴随着对“仙女”的占有，并且都是“仙女”主动的。翻开一本名为《佛宗仙源》介绍天台的书，关于“刘、阮遇仙”故事有这么一段：

> 那是竹瓦盖的房，里面有两张大床，挂着红罗帐，装饰得十分华美。床头各站着十名侍女。两位姑娘吩咐备饭，眨眼间，胡麻饭、山羊脯、嫩牛肉和美酒摆了一桌，都很甜美可口。然后又进来一群手捧红桃的少女，说是“恭贺你们的新郎来了”。酒酣奏乐，刘阮又惊又喜。到了晚上，让他们各睡一床，两位姑娘也进了帐，软语温存，令人乐而忘返。

这种故事在流传过程中的“加工”，所谓“添油加醋”，作为故事的“润滑剂”，更多地凝聚了大众的“智慧”与“想象”，仙界故事也就更多地具有了世俗的气息。

而今，幽居的桃源仙女又来到了闹市。面对“桃源双女”的塑像，我变换角度，拍了几张照片。一张以车站为背景，仙女的脚边是一广告牌：认真贯彻《烟草专卖法》。一张的背景是一家招待所，与基座的“桃源双女”成一斜线的是“足浴”“网吧”的招牌。这真是一个有趣的画面，仙女终于走向大众，走近芸芸众生。正这样想着，一位中年男子见我对“桃源双女”感兴趣，主动与我搭起话来。他是一位下岗职工，爱好文学，对天台的风物、掌故颇为熟悉。我们一见如故地聊了起来。他说，天台八景中便有一景“桃源春晓”。在县城西北十余公里处，有“桃源坑”，那里有溪水名“桃花坞”，有山曰“双女峰”，且有一“桃源洞”。他去过“桃源洞”，不过一般人找不着。天台还有一处地方，在山的险峻处有一天然棋枰，也许，那便是仙人下棋的地方。他还很热心地说，如果我有兴趣，他可帮我借辆自行车，免费带我去探险。我挺感动，说想先去看石梁飞瀑和华顶，如果第三天不走，再给他打电话。

看过石梁飞瀑和华顶，因在南京还有一个学术会议，决定第二天离开天台。但老远赶来，又匆匆而去，不识“桃源”真面目，总觉是个遗憾。早上起来，犹豫许久，终于拨通了邂逅的那位先生的电话。对方说我应该提前一天晚上跟他说，现在已经来不及安排了。我似有一种如释重负的感觉。我想，既然无论是武陵渔人，还是刘、阮，当他们要再寻“桃源”归路时，都“遂迷不复得路”，后人又何必一定要把某个“洞”指认为“桃源洞”，而后再生“百见不如一闻”之叹？

背起了简单的行囊，走向车站，心里默默地与“桃源双女”道着“再见”，想着，今生还会有再见之时吗？

回到长沙，翻开张谷清先生送我的《乡缘·文缘》，其中有一篇《险探桃源洞》。文章着重写险探桃源洞的过程：

> 从县城乘车沿 104 国道行七八公里向左拐进天宫办事处，然后步行过宝相村，从山口进入桃源坑。只见溪流曲折如蛇，两岸奇峰突兀。我们忽左忽右，时而踩沙涉水，时而越谷翻崖，嬉闹雀跃而进。约行一点五公里，忽见两山紧束，岩壁峻峭，我爬上一块兀立于溪沙中的巨石眺望，前面迎阳、合翠、仙女三峰，在云霞中灼灼闪光，顿生奇妙异境之感。从巨石下来，折向西行，不远，山涧飞鸣，称鸣玉洞；稍前，一泓碧潭，名金桥潭。再前行，蓦见夹岸桃林，乃桃花坞，传刘阮遇仙女品尝仙桃之处，真令人想入非非，思而生津。旁有光净巨岩，称会仙石，是刘、阮惜别桃源、仙女饯行之处。

当终于一识庐山真面目，找到“桃源洞”，正常情况下正要大力铺排之时，文章却只寥寥数笔，便草草收场：

在流沙山峡中向上爬二十多米，上面就是桃源洞，向导正架起竹梯，人们轮流上去。当我慢慢沿竹梯上去，看到慕名已久的桃源洞，心中一喜。洞大如一室，清寂幽深，平时攀登人迹较少，也找不到金碧生辉、弦歌曼舞的洞天福地的仙景痕迹。

这颇让人有失落之感。也许，世上的许多事情本来就是这样。有些东西是无须去验证的。梦里的，就让它永远存在梦里吧！

原载《围棋报》2002年4月10、13、17、20日

闻道长安似弈棋

安史之乱，唐明皇与其羽林军离开长安，仓皇西进。来到马嵬坡，部属却再也不肯走了。从官请求诛杀杨国忠，杨国忠死了仍未能大快人心，原来罪魁祸首还在，不杀不足以平民愤。倾城倾国的杨贵妃，就这样被推到风口浪尖上。一切都已无法挽回，三郎不忍见其死，反袂掩面说：“你们把她拉走吧！”

一切令人荡气回肠的故事，仿佛都免不了这样一个结局。

那唐明皇，也算得上是一个有为的君主了。唐王朝自高祖到中宗，数十年间，不断遭受“女祸”，前有武则天，后有韦皇后。作为睿宗第三子，李隆基亲平其乱，登上皇帝宝座，成为玄宗，从此励精图治，把唐王朝治理得国泰民安，声威远播。“开元之治”引来八方来客，也得到后人的无数赞誉。可惜好景不长，饱暖思淫欲，这玄宗本来就是风流浪漫之人，看上自己儿子的妃子杨玉环，两人私下里幽会，情意绵绵。为了看起来“名正言顺”，他又让杨玉环“看破红尘”，出家为道姑，号太真。尔后重回俗世，太真摇身一变，成了贵妃。

那贵妃也果真了得。色与媚自然不用说了，天生丽质，“回眸一笑百媚生，六宫粉黛无颜色”。美人如此多娇，令无数英雄竞折腰。“春宵苦短日高起，从此君王不早朝”。杨贵妃还多才多艺，琴棋歌舞，样样皆能，特别是下得一手好棋。要说“美女棋手”，追踪起祖先来，还非杨贵妃莫属。

明皇好色亦好弈。“手谈标昔美，坐隐逸前良”。从太宗始，令人“通宵连日，情忘厌倦”的围棋便在宫中大大盛行起来。到玄宗，更是变本加厉。玄宗经常与亲王、大臣、宫妃、僧人下棋，五代南唐周文矩的《明皇会棋图》呈现的就是这样的场景。玄宗还首创了翰林棋待诏制度。待诏，就是待命供奉内廷、专门侍奉皇帝的人，词学经术，合炼僧道、卜祝、术艺、书、弈，应有尽有。棋待诏的职责，一方面是陪皇帝下棋，另一方面就负责教授宫人棋艺。宫妃们学会了围棋，心有所寄，大约就不会在寂寞中胡思乱想了。

当然，宫中佳丽竞相学弈，自然更有一份私心。对于这些命运完全掌握在皇帝喜怒中的人来说，邀宠便成为她们唯一的选择。女为悦己者弈，为取悦皇帝，以杨贵妃为核心，形成了“玉枰无子不弹棋”的局面。杨贵妃好围棋、双陆，且棋艺高于玄宗，但棋对她来说，不过是邀宠的道具之一而已。棋枰之上，纤纤细手，拈子欲下未下，一边媚眼轻抛，秋波频送，“觅个中心劫”“笑拈双子倩郎猜”，止观此态，极尽勾魂，三郎如何把持得住？

“内计纵横势已危，三郎何事不知机。只应一子参差久，费尽神谋为解围。”（明董仲《题明皇贵妃对弈图》）魂不守舍的三郎，哪还有心思顾及棋内的机关。不过，乖巧的杨贵妃自然知道如何收放自如。郑板桥有一首《虞美人·无题》：“盈盈十五人儿小，惯是将人恼。挽他花下去围棋。故意推他劲敌让他欺。”以棋传情，故意示弱，对百媚千娇的贵妃来说，自是雕虫小技。

杨贵妃善于下棋，也善于观棋。段成式《酉阳杂俎》记载了一则“康猧乱局”的故事。某一个夏天，唐玄宗在御花园绿荫树下，与亲王纹枰对弈，乐师贺怀智奉命在旁弹奏琵琶助兴，杨贵妃怀抱康国猧子在旁观战。皇上使尽浑身解数，形势仍然落后。眼见大势已去，杨贵妃又无法支招，在旁看得心急，急中生智，把怀里的猧子放出，将棋局搅得七零八落，一局棋就这样不了了之。窘困中的玄宗，顿时龙颜大悦。

杨贵妃的搅局功夫真是独一无二。“深院无人看剧棋，三郎胜负玉环知”，杨贵妃能在“后宫佳丽三千人”中脱颖而出，集“三千宠爱在一身”，当然是因为她的娇媚、她的多才多艺，同时更因为她的机敏乖巧、善迎上意。《明皇杂录》中还有一段故事，说天宝年间，岭南进贡了一只白鹦鹉，聪慧可人，洞晓言辞，皇上亲切地呼之为“雪衣娘”。皇上每次与诸王博弈，只要局势落后，取胜无望，左右侍从就会呼叫“雪衣娘”，善解人意的“雪衣娘”就会飞入局中，扑腾翅膀，搅乱棋局。

两个故事放在一起，贵妃娘娘与“雪衣娘”便构成了一个意味深长的对应。人也？物也？明末清初时人王誉昌有一首《崇祯宫词》：

奁分一局两相当，坐隐还教共御床。
自分身如玉棋子，要将冷暖问君王。

这是田贵妃与崇祯皇帝弈棋玩乐的一个小插曲。自比棋子，邀宠求进幸，狐态媚人，“木野狐”“美人狐”两相对应，女性便这样沦为了“物”的存在。所谓怜香惜玉，她们只能在他人的喜好中去寻找自身的价值，在他人的目光里体会一点成功的感觉。

古人将围棋比作“木野狐”，真是绝妙。狐者，美女妖妇也，“忽然一笑千万态，见者十人八九迷”（白居易《古冢狐》）。南宋曾任枢密史、左丞相的周必大创棋色之论，作诗阐发之，曰：

局势方迷棋有色，歌声不发酒无欢。
明朝一彩定两赛，国手秋唇双牡丹。

有棋、有酒、有歌、有妓，友人赛棋，歌妓赛歌，国手、秋唇（歌妓之唇，代指歌妓）交相辉映，人生一乐也。而宫廷中的女子围棋，当更多地成为邀宠工具时，也就棋色不分家了。

可惜，一切故事都有终结的时候。“渔阳鼙鼓动地来，惊破霓裳羽衣曲”。棋枰上的风流，最终落得个枰碎子散，国破家亡，香消玉殒，唯有长生殿里倾相思，“天长地久有时尽，此恨绵绵无绝期”。元人作《明皇对弈图》，诗人张昱题诗云：

漏尽宫壶日晷移，君王犹自恋残棋。
马嵬一着无人算，只有杨妃自得知。

人生如棋。棋盘上可以相互算计，可以邀宠，可以欲赢还输，马嵬坡上的这一着，却无人算得了。当杨贵妃“自分身如玉棋子”，将自己孤零零地抛在马嵬亭上，抛在急行的车马之中，那份冷暖只有她自己知道，无人肯再去感受她的辛酸，倾听她那满腹的心事了。

“深院纹枰敌睡魔，玉环用意蹙双蛾。只因教子藏机密，不觉三郎失着多。”马嵬坡上的变故，不知是否算得上是三郎最大的失着？玄宗将唐帝国的繁荣推向一个顶峰，也使围棋这类“玩物”享尽许多的荣耀。但唐帝国的衰落也是自玄宗始，由“开元之治”到“安史之乱”，正所谓成也玄宗，败也玄宗。后来长安收复，已经退位的玄宗被从蜀郡迎回，重新经过马嵬坡，只有满眼的黄土，曾经的玉颜却已不知魂归何处。玄宗本来住在邻近大街的兴庆宫，已占住皇位的肃宗却仍担心父皇东山再起，将他遣往清冷的甘露殿软禁起来。“春风桃李花开日，秋雨梧桐叶落时”，一切只剩得不尽的悔恨与思念。

美人祸水，棋色误国，人们经常把玄宗的“失着”与玩物丧志联系在一起。《新唐书》为玄宗作本纪，中间不断穿插这样的记载：某年某月，幸温泉宫；某年某月，至自温泉宫；某年某月，幸华清宫；某年某月，至自华清宫……如此不断反复，竟有三十余处之多。“春寒赐浴华清池，温泉水滑洗凝脂”，玄宗幸温泉宫、华清宫，所为何事，其意不言自明。这真是史家的绝妙笔法，不多一语，真相已大白于天下。不过，修史者最终还是忍不住站了出来，赞曰：“呜呼，女子之祸于人者甚矣！”玄宗本来是以平女子之乱起家，却不以为鉴，又败以女子。“方其励精政事，开元之际，几致太平，何其盛也。及侈心一动，穷天下之欲，不足以为乐，而溺其所甚爱，忘其所可戒，至于窜身失国而不毁，及其始终之异，其性习之相远也，至于如此。可不慎哉！可不慎哉！”

中国的男子，既爱江山，又爱美人。一旦江山有危，他们又往往把一切推得干干净净，罪不在“我”，乃“美人”之过也。如果在“美色”之外还有“棋色”，那“木野狐”也就罪不可恕了。其实玩物未必丧志，将家国大业归结到某个佳人身上，归结到小小的黑白子中，也未免太“抬爱”了。红颜一笑，黑白一戏，何关天下兴亡？

杨贵妃魂销马嵬坡，唐明皇孤守长生殿，白居易为此写下流传千古的《长恨歌》。有一位诗人也在那遥远的蜀地，在秋风落叶中，北望长安，发悲秋之叹：

闻道长安似弈棋，百年世事不胜悲。
王侯第宅皆新主，文武衣冠异昔时。
直北关山金鼓振，征西车马羽书驰。
鱼龙寂寞秋江冷，故国平居有所思。

长安犹似一盘棋，百年世事，都如那棋局一般反复不定。物是人非，王侯第宅皆换新主，文武衣冠已非昔时。战事不断，寂寞秋风，真是长安不见使人愁啊！明皇在凄凄惶惶中欲往海上仙山一觅佳人踪影，杜甫寓居蜀道却不断对长安梦绕魂牵。都说棋局如世局，真要那样倒也好了。棋无论输赢，都还可以再来一盘，世局却不容你再来过。回首前尘往事，一切已成云烟，“上穷碧落下黄泉，两处茫茫皆不见”，奈何？

原载《围棋天地》2003 年第 10 期

丝路棋迹

沿长安西去，便是古丝绸之路了。

“渭城朝雨浥轻尘，客舍青青柳色新。劝君更进一杯酒，西出阳关无故人。”王维的一曲《送元二使安西》，使人想起那茫茫戈壁、沙漠，平添一分苍凉与感伤。

有机会沿着古人的足迹，西出阳关，已经是十多年前的事了。那时大学刚毕业，被分到长沙的一所铁路高校，带学生社会实践时，有一组走西线。坐火车到西安，再转兰州、武威、敦煌，走走停停，最后来到乌鲁木齐。

有了现代交通工具，一路走马观花，并且每一站都有铁路部门热情接送，已经无法体会古人的那份苍凉的心境了。

尽管如此，那一次西行，仍是我一生中最难忘的。除了西北人民的淳朴、厚道、热情，有几处地方，对我心灵的冲击几乎是震撼性的。

在七月的烈日下，火车沿河西走廊西进，一路都是黄沙、戈壁，好在远处白雪皑皑的祁连山不断给人送来些视觉的清凉。一天早上醒来，太阳刚刚越出地平线，突然一座孤城映入眼帘，墙是土坯垒成的，许多地方已经残破。在那一望无际的戈壁上，它显得那么高大、壮观。但历史的风霜在它身上留下斑斑印痕，使它平添了几许苍凉，特别是在冉冉升起的朝阳的映照下，它仿佛成了一张历史老人的塑像。同伴告诉我，这就是西路长城的起点——嘉峪关。

从乌鲁木齐去天池，还没上山，一路润漓漓的空气、哗啦啦的水声、农家院的花架，就仿佛让人感受到了天池的气息。汽车盘旋而上，在半山腰，一方碧水直入眼帘，高耸的雪山倒映在水底，那水仿佛可一直通向无可预知的地方，可以透彻你灵魂的深处。这就是天池了，据说它是王母娘娘的洗浴之处。坐在水边，天上是白云，背后是绿得那样饱满的草地、树冠，是散落在山坡上的奶羊，是卖酸奶的维吾尔族小姑娘。恍然间，已不知身在何处。于是想着，假如可以就这样一直坐下去……

来到敦煌，在烈日炎炎下，爬鸣沙山。满眼除了黄沙还是黄沙，脚一踩，就深深陷下去了。费了九牛二虎之力，到了山顶，突然发现那边山脚下是一汪清泉。坐滑梯一般，连滚带爬溜了下去，要不是不忍亵渎、惊扰那少女一般纯净透明的泉水，真想就那样一头扑进去。她叫月牙泉。在一望无际的沙漠中，有这样几棵小树，这样一泓像装在弯弯的小船里的水，并且无论风风雨雨，长年不涨不落，除了感叹自然的造化，还有什么可说？

嘉峪关、天池、月牙泉，就这样永远铭刻在记忆中了。

可惜，那时我并不懂棋。

后来，邂逅了黑白子。在书斋展开的围棋文化之旅中，想着沿丝绸之路去追踪围棋西游的轨迹。“青海长云暗雪山，孤城遥望玉门关”，因为有天池、月牙泉，曾经满是黄沙的记忆里便有了丰美的水草，因为有围棋，曾经的不毛之地也就有了葱茏的绿意。

一直以为围棋是那些繁华都市大街小巷里的风景，是宫廷怡情遣兴的玩物，是江南水乡和着橹声的动人旋律，是文人士子折扇轻摇时的点缀。我真的没想到，在丝绸之路上，在西去东来的人流里，在运载丝绸、陶瓷的驼铃声中，也有如此多的棋子丁丁的声音。

这棋子声首先来自佛门。汉代张骞出使西域，所谓“张骞凿空”，打开中原通向西域的通道，从此也就引来远方来客。这其中便有一位来自印度的著名高僧、弈僧鸠摩罗什。鸠摩罗什 401 年到达长安，从事译经活动。你知道他首选的是什么经？《维摩诘经》也。维摩诘吃喝玩乐、博弈游戏，无所不为。“若至博弈处，辄以度人。受诸异道，不毁正信。虽明世典，常乐佛法……入诸学堂，诱开童蒙。入诸淫舍，示欲之过。入诸酒肆，能立其志。”如此露骨地宣扬博弈嬉笑之妙处，岂有不受欢迎之理？佛门弈棋之风，从此兴盛。传说鸠摩罗什与人下棋，“拾敌死子，空处如龙凤形”。棋中还可参佛，佛中自有棋意，来自西域的弈僧反而开了此风气之先。

佛门弟子在棋子声中参悟着禅机。到二十世纪初叶，又一道神秘之门被打开，这就是沉睡了一千多年的敦煌莫高窟。此刻那些军阀、政客都在忙于内战，那些经卷便源源不断地从那位王道士手中流往世界各地，这其中便包含了一卷《棋经》。《棋经》在大英博物馆沉睡，当国人发现它的价值，已经是半个多世纪以后了。这本出自北周的中国最早的棋经居然藏在莫高窟藏经洞中，而不是在身为围棋发源地的中原，这本身就够令人惊异的了。

《棋经》的作者自称“文辞寡拙”，书中甚至错别字不断，比起出自翰林学士之手的宋代文笔优美、珠圆玉润的《棋经十三篇》，确实大有不如。但敦煌《棋经》所讲棋理又是那么实在，毫无做作。“不以实心为善，还须巧诈为能”“宁我薄人，无人薄我”，如此大实话都说出来了，令我从此又喜欢上了这位地处偏远不知名的坦率的棋人。他读的书似乎不多，从未见他用四书五经之类的东西来为自己壮声威，实在要引用，也不过是兵书或几句民间俗语、格言，一点也不故作高深，不冠冕堂皇。但他肯定又是一位棋道高手，所概括的战术、棋理简便实用，特别是关于征子之法，分解得如此之细致，令人兴叹。这位不知名的棋手如何放下棋子，拿起笔来，在如豆的灯光下，一笔一笔画下去，这些文字又如何混入经卷中，然后给千年的后人以一个巨大的惊喜，这里面也许有着许多的曲折，隐藏了许多的故事，只是我们已经无法想象了。

据说莫高窟的洞窟壁画里就有一幅围棋图。去朝拜莫高窟时，我还不知围棋为何物，自然不会着意去寻找，即使邂逅，也不留心，不知道以后是否还有机会续上一段缘分。曾在一本书上见过安西榆林窟的一幅壁画《五代对局图》。一小桌、一棋盘，三人席地而坐，观棋者神态安详，静观其变，桌两边的对弈者，一人低头静观棋局变化，右手拈子，准备下着，另一人密切注视着盘上形势的变化。山雨欲来风满楼，一场大战在所难免。这幅图便成了五代时期敦煌地区群众下围棋场面的真实记录。

忘忧清乐在枰棋，不光是男子，女子亦不甘落后。1972 年发掘的新疆吐鲁番阿斯塔娜唐墓中，有一幅绢画《围棋仕女图》。图中一位贵族妇人，身着红缎团花斜领长裙宽袖，腰束黄底绿花彩带，头梳天宝髻，扎一朵红色小花，端坐小桌一边，桌上放有木制围棋盘一个，旁边有两个小儿游戏。这位贵妇人在宁静沉思，观察棋局，右手食、中二指夹着棋子，准备落下。大约是这位女子生前好棋，到了另外一个世界，她的家人投其所好，画绢入墓。从此，在九泉之下，也就不会再寂寞了。

唐代是中西交流的繁荣时期。陆上丝绸之路到了唐代亦最为繁盛。贞观十三年（639 年），唐太宗出兵高昌，收复西域。次年在该地设都护府，后迁至龟兹，统领龟兹、碎叶、于阗、疏勒四镇，史称“安西四镇”，保证了丝路的安全与繁荣。中西各国商旅、使团沿着这条丝路，你来我往，络绎不绝。围棋这一中国艺术瑰宝，正是沿着这条“文化交流之路”逐渐传入西域。而处在丝绸之路要冲的敦煌，也就成了围棋最繁盛之地。距现在的敦煌县城西南七十五公里处的唐代寿昌城，还是一个著名的围棋棋子制作中心。武德元年，李渊就曾下令：“敦煌郡贡棋子廿具。”《新唐书·地理志》载：“沙州敦煌郡……土贡：棋子、黄矾、石膏。”这些棋子都是以石料打造而成，做工精致，且有着独特的地方风格。每年进贡二十副，以一百年计，就是两千副。它们源源不断地被送往长安，经过“杨贵妃”们的纤纤玉手，大漠风尘下的棋子便多了几分温润。

“羌笛何须怨杨柳？春风不度玉门关。”因为有棋，生活便不再枯燥，那大漠也似乎有了撩人的春风。独坐书斋，遥想大漠，常常想象着，假如有几盘棋搁在那里，会是什么景象？

一盘棋是在嘉峪关前的戈壁上（嘉峪关如今不知是否已被好事者修葺一新），那应该是武士之棋。两个分别代表不同部族的武士，以一局棋的胜负定江山。他们画下一个方圆数里的棋盘，以黑白两色箭镞当棋子，纵马奔腾，弯弓射棋，看谁能领先一步，占据更多的土地……

一盘棋在天池，那当然是仙人之棋了。在波光粼粼的水面上，驾一叶小舟，棋子呢？就用那白雪、那绿得发亮的草叶好了。“输赢都付欣然，兴阑依旧高眠，山鸟山花相伴，翁心不在棋边。”于是，这盘棋永远也下不完……

月牙泉边呢，那是两个青年男女在诉说衷情。他们彼此试探着、躲闪着、牵绊着、缠绕着、密谋着、制约着、怨着、爱着……偌大的棋盘，黑白相拥。他们说，天涯海角，这粒沙会永远跟随着；海枯石烂，这汪水也永远不会改变。于是，沙漠里的这眼清泉，这盘棋，便向世人诉说了一个关于小船，关于弯弯的月亮，关于童年的阿娇的故事……

要是把这盘棋搁在整个丝绸之路上呢？天作棋盘地作子，白云、黄沙、雪山、绿树，正所谓天地一盘棋。“秦时明月汉时关”“大漠孤烟直，长河落日圆”“天苍苍，野茫茫”……你见过这样的棋局吗？

原载《围棋天地》2003 年第 12 期

烟花三月下扬州

从长安出发，西出阳关，便无故人。若是在烟花三月，骑鹤下扬州，那就该是另一番景象了。

“故人西辞黄鹤楼，烟花三月下扬州。”孟浩然要去扬州，不知为何事。唐代的许多文人，似乎都对扬州情有独钟。杜甫晚年也曾起“老夫乘兴欲东游”之念，可惜心愿未了便驾鹤西去。杜牧的一曲“二十四桥明月夜，玉人何处教吹箫”，真是令人恨不得立马就去那二十四桥下，在月明之夜，听一听玉人的动人箫声。

扬州如此令人向往，一来大约是凭借她本身的秀色。扬州本为“杨州”，“绿杨城廓是杨州”，那一定是轻风飞絮、杨柳依依了。据说两千四百多年前，春秋时期的吴王夫差，消灭了长江北岸蜀冈上的一个小小邗国，便在那里筑城墙，驻兵囤粮，挖河道，沟通江淮。筑的这座城便成了扬州最古老的城池，挖的那条河就叫邗沟。邗沟流淌了一千一百多年。到了隋炀帝，因为忘不了扬州的绝佳风景、秀娥娇娃、美味佳肴，遂起开通大运河、“陆地去行舟”之念。有了大运河，扬州便更多了一分魅力。扬州人张若虚吟一曲《春江花月夜》：

春江潮水连海平，海上明月共潮生。
滟滟随波千万里，何处春江无月明！
江流宛转绕芳甸，月照花林皆似霰。
空里流霜不觉飞，汀上白沙看不见。
江天一色无纤尘，皎皎空中孤月轮。
…………

在春花秋月中，更有无数的歌楼舞榭、秦楼楚馆。《太平广记》曰："扬州胜地也，每重城向夕，倡楼之上，常有绛纱灯万数，辉罗耀列空中。九里三十步中，珠翠填咽，貌如仙境。"难怪杜牧要在那里流连忘返了。一方面是为棋，"林间扫石安棋局，岩下分泉递酒杯""玉子纹枰一路饶，最宜檐雨竹萧萧"，棋与酒、山水，成了杜牧晚年的最爱。另一方面，在烟柳丛中，倚红偎翠，把酒临风，浅斟低唱，也自有风流，正所谓"十年一觉扬州梦，赢得青楼薄幸名"。

古往今来人们对扬州一往情深，也留下了许多动人的文字。其实扬州也是一座著名的围棋之城。特别是在清代，围棋最兴盛之时，扬州成了围棋中心，许多国手云集于此。奇怪的是，人们对扬州的山水、风物、人情津津乐道，却很少有人去写一写关于扬州的棋。

也许是身为好棋者的偏爱，我一直固执地认为，烟花三月下扬州，肯定与棋有关。安史之乱后，北人大批南下，经济中心南移，扬州遂成为全国最大的经济都会。在夜市千灯、高楼红袖中，自免不了纹枰对坐，棋里说相思。其后，扬州历经战乱，从宋时金兵南下，元末农民起义之乱，到明代倭寇骚扰，特别是清兵屠城十日，使这个城市元气大伤。但清中叶，随着扬州盐业的兴盛，康熙、乾隆几次下江南，驻足扬州，运河边的扬州又恢复了昔日的风光。围棋活动也随之轰轰烈烈地开展起来。

在唐宋，围棋的发展除经济因素外，主要依赖于政治力量，都城自然也就成了围棋活动的中心，棋待诏就是其中的主角。到了明清，棋待诏制度已不复存在，经济成为一只看不见的手，引导了围棋的流向。都城北京不再是围棋的中心，相反，江南富庶之地对那些棋手有了更大的吸引力。晚清"十八国手"中就有十三人出自江苏，其余有四人分别来自福建、上海、湖北，只有一人为北京籍。由此可见江南围棋之盛。

江南，特别是扬州围棋之盛，还应与范西屏、施定庵两位棋坛巨擘有关。他们都来自浙江的一个小县城：海宁。年轻时，他们曾同游京师，穿梭于朝贵间，赌取声名。但他们一生主要的活动区域是在江南，特别是扬州。乾嘉时扬州富甲天下，豪商巨贾多好附庸风雅，文士棋客便常成了他们的座上宾。真正出自扬州本土的国工并不多，但四方弈士慕名而来，滚雪球一般越滚越大，也就造就了扬州围棋的鼎盛。李斗《扬州画舫录》载：

> 画舫多以弈为游者，李啸村《贺园诗序》有云：“香生玉局，花边围国手之棋。”是语可想见湖上围棋风景矣。扬州国工只韩学元一人而已，若寓公则樊麟书、周懒予、周东侯、盛大有、汪汉年、黄龙士、范西平（屏）、何暗公、施本（定）庵、姜吉士诸人，先后辉映。

棋手客居扬州，且日子过得滋润，自然是因为有人供养。据说两淮盐运使卢见曾好舞文弄墨，亦好棋，曾筑苏亭于使署，一时文宴、棋宴不断，海内弈者云集。对供养者而言，九牛一毛便可博得风雅之名、“恩公”之誉，何乐而不为？而对棋人而言，玩玩棋便有好吃好喝好盘缠，好事连连。双方各得其所，一拍即合。

盐商们每日浸润在棋里，当然也就可能泡出几位高手，胡肇麟便是其中一位。据说他曾与梁魏今、程兰如及范西屏、施定庵下棋，皆被授二子。每负一子，即出白金一两。胡肇麟棋风剽悍，好勇斗狠，每次下棋，不是大胜就是大败，号称胡铁头。铁头一碰上施、范这类内功高手，便没了脾气，一输则数十乃至上百子，棋罢案上常常已经是白银累累了。有了这些烧钱的冤大头，范西屏、施定庵这样的国手，无须棋待诏一般由政府供养，也可保衣食无忧了。

一方水土养一方棋。有了范、施这样的“寓公”，有了浓厚的围棋氛围，也就会有棋人脱颖而出。范、施之后，扬州终于出了一代国手周小松。

周小松（1821—1891年）是地地道道的扬州人，青年时代曾得僧秋航指导，技艺大进。二十一岁成国手，足迹遍及江苏、浙江、北京、山东、广东等地，与当时官僚及上层文人也多有交往。据说曾国藩曾招周小松弈棋，周让曾九子，把曾棋裂为九块，曾因此大怒而不赠一文。晚年著有《餐菊斋棋评》，选评晚清国手对局。周小松与同一时代的另一国手陈子仙齐名。双雄并世，各霸一方，究竟谁更胜一筹？便有好事者撮合，终于有了一场“双雄会”的好戏。

且说那周小松，在扬州弈者云集之地，鹤立鸡群，俨然一方霸主。小松平生亦以此自负。有人却不服，踢场子来了。他叫陈子仙。这陈子仙，可有些来历，与范、施同是来自那个小小的浙江海宁。其父是大棋迷，家中本是小康人家，相传因嗜弈而致家道中落，靠赌棋抽彩为生。陈子仙幼时在乡里即有弈名，后又遍访高手。这一天，陈子仙来到扬州，在街头闹市贴了一张大大的海报，上书“浙江国弈陈毓性来扬访友”。访个朋友，值得这样大张旗鼓、广而告之吗？那明显是来下战书的：常山赵子龙来也。

很久没什么刺激人神经的事发生了，日子一天天流水样过去，平淡寡味得很。突然有了这等好事，岂可轻易错过。俗话说，有钱的捧个钱场，没钱的捧个人场。出钱自然是富得流油的盐商们的事。一位姓黄的盐商，备下丰厚的礼物，把二人请到家里。消息不胫而走，一时黄氏之门热闹非凡，绕局作壁上观者，堆了一层又一层。

两人怎么下的棋，就不去说它了。反正是观棋者大多站在他们的棋坛领袖一边，说子仙年少犯妄，招法无理。局势似乎也在顺着人们的意愿发展，百着之后，周已居上游，观众纷纷预测陈必败无疑。实际上，此时的形势，旁观者迷，当局者清。陈从容自若，周则已汗出如注，内心饱受煎熬，不胜惶恐之状。结果，拥有主场优势的周小松以半子告负。

这样的场面，在古代并不少见，只要有人肯出银子，便不愁没有观众，没有轰动效应。不过也正因为棋赛都是私人赞助性质的，也就决定了它的不稳定。清代道光年间，盐法改变，扬州的盐业每况愈下，盐商纷纷破产。清代中叶主要靠盐业支撑的扬州，繁华也就一去不复返了。况且清王朝也已经是日薄西山，江河日下。皮之不存，毛将焉附，围棋自然也就逐渐失去了生存的土壤。这种衰落，周小松在世时就已经感觉到。“弈虽小道，恒视国运为盛衰。”一个棋手的许多人生况味，便都包含在这一句感慨中了。

“琴棋书画诗酒花，当年件件不离它。如今七事都变更，柴米油盐酱醋茶。”世道的变更，真令人有不胜唏嘘之感。过去文人士子们的风雅之事，而今都要让位于为生计的奔波了。棋手在为衣食奔走、操劳之余，自然也难得静下心来一心一意钻研棋艺。周小松在《餐菊斋棋评》中有一段关于前辈国手董六泉情况的记载：

同时对手，（董）六泉先生齿最长。道光丙午由扬客甘肃，余与分手，后遂不复相见。闻其投谒定制军，几至不遇。幸晋见后，定公念旧甚笃，资送颇丰。然归不数年，清贫如故，易箦之日，四壁萧然……

董六泉与周小松分手的时间是在1846年，鸦片战争之后仅六年，分手的地点是曾经棋风极盛的扬州。扬州如今已今非昔比，如果不是为了生计，是不必千里迢迢去投奔陕甘总督的。得一笔不菲的资费后，归不数年，又清贫如故。当时国手的生存状况，由此可见一斑。

“天下三分明月夜，二分无赖是扬州。”如花似玉的扬州，风光无限的扬州，似乎就这样沉沦了下去。二十世纪二三十年代，不少作家慕名来扬州，往往是乘兴而来，失望而去。叶灵凤有一篇《瘦西湖旧梦》，回忆少年时代去瘦西湖的情景：“那时候的扬州，早已是一个破落户，瘦西湖也像是一座旧家池馆，朱栏已经褪了色，石阶缝里长了青草，到处都显得荒凉和遗忘，可是，到处又还留下一点前代风流繁华的影子。”

《海陬冶游附录》写过一艺妓的故事。陈玉卿，扬州人。父本儒者，爱女若掌上明珠，才九岁，唐宋诗词皆背得朗朗上口。可惜父母先后亡故，寄居于叔母家，叔母待她甚恶，将她卖给娼门，辗转来到上海。藏娇小于东门外，其地湫隘嚣尘不可居，有文士往访，谓枳棘非鸾凤所栖。玉应曰：“鸾凤非敢当，君不闻鹦鹉之困樊笼乎？”玉卿能吟咏，善弈棋，有《感怀》诗两首：

看破烟花事渺茫，锦衣顿改昔年妆。可怜绣阁名门女，流落青楼暗自伤。

设帨当年岂不祥，飘零申浦泪千行。飞花误我桃源路，羞见刘郎与阮郎。

而今，桃源之路早已断绝，刘郎与阮郎也不知所终。等到我等慕名游扬州，已经是 21 世纪了。游瘦西湖、天宁寺，看莲花桥、白塔，吃煮干丝、狮子头。走马观花，已经无法想象扬州当年围棋的盛况，也无法体会那位“能吟咏，善弈棋”的青楼女子的满腹心事了。《扬州画舫录》曰：“吾乡茶肆甲天下。”只是不知如今多少茶肆里还有棋，还有那丁丁不绝的悦耳的棋子声？

原载《围棋天地》2003 年第 14 期

小楼夜听潇湘雨

故乡是湘南的一个小村庄。那里的人只知道象棋，一有空隙，便会摆开阵势，杀上一盘，却从来不知道“黑白”为何物。我当时也是如此。

直到读研究生，才接触黑白子。回去，故乡的人会好奇地问，这黑白子究竟怎么摆?

那么晚才初识黑白子，没想到一旦相识，便再也放不下。不知道是不是冥冥中的一种缘分。我在《围棋与中国文化·后记》中有一段自叙：

> 我把自己的书屋取名为“潇湘听弈庐”。在湘水源头之一的潇水流域，在娥皇、女英“斑竹一枝千滴泪”的地方，有我的故乡。而今，我又在湘江边的长沙，在橘子洲旁结庐而居。潇、湘养育着我，滋润着我。“听弈”则是拥一屋书，对窗前月，聆听古今弈人的“手谈”，听他们的娓娓诉说。……小楼夜听潇湘雨，棋子厅堂寂静中，在倾听、对话中，有所领悟，有所会心，“共藏多少意，不语两心知”，正可谓妙味无穷、其乐也融融。

“小楼夜听潇湘雨，棋子厅堂寂静中”，也许正是这种意境首先吸引了我。常常坐在书房里，与人对弈，或捧着本棋书，靠窗而坐，棋子有一子没一子地落着。或者，对着电脑屏幕，敲着跟棋有关的文字，窗外有一小方草坪，几棵梧桐树，不断有鸟儿唧唧的应和声。潇湘多雨，特别是在寂静的夜晚，雨打梧桐，棋心如水，我的思绪便会飘得很远，沿湘江一路上溯，恍然间，便似乎回到了自己的故乡。

湘江由南往北，几乎纵贯了整个湖南，它也串起了湖湘的风物、文化，包括世世代代生长在这片土地上的人们的喜怒与向往。潇水、湘水也滋润了湖南的围棋。现在湖南籍的几个著名棋手，如罗洗河、黄弈中，便分别来自湘江边的衡阳和长沙。

湘江北去，日夜涛声下洞庭，古城长沙已经接近湘江下游了。枕着这一江碧水，一边是闹市，一边是岳麓山、依山傍水的爱晚亭、麓山古寺、岳麓书院、现代大学城。古刹的钟声与书院的朗朗书声相互应和，世有出世，出世有世，“空诸所有”与“传道而济斯民”奇特地交融在一起，相辅相成，便构成了一种对立中的和谐。

都说湖湘文化最核心的精神是经世致用。宋代张栻、朱熹在岳麓书院设坛讲学，传播济世之道、心性之理。明末清初的王夫之，近代的魏源、曾国藩、谭嗣同，湖湘学脉一脉相承。但是，在拯救世道人心的忙碌的奔波和悲壮的努力中，有的人领悟的却是一个“空”字，有的人感到需要以“无益”之事来填补一点人生的空隙。于是，佛寺的钟声敲起来了，黑白子的丁丁声也响了起来。琴令人寂，棋令人闲，闲的更重要的还是一种心境。

在某一个雨过天晴的午后，在鸟儿湿漉漉的叫声中，沿岳麓山的石板路走进麓山古寺，你仿佛一下子就远离喧嚣，从现实走进了历史中。据说岳麓山为南岳七十二峰之尾，那麓山古寺也就与南岳山顶的祝融庙、山脚的南岳大庙首尾相连了。而在一千多年前的唐代，潇湘山水的寺庙间，就曾留下过一批著名的棋僧、诗僧的身影，齐己就是其中的一个。齐己为湖南益阳人，出家大沩山同庆寺（今浏阳），复栖衡岳东林，后欲入蜀，经江陵，高从诲留为僧正，居龙兴寺，自号衡岳沙门。齐己知弈，有《和郑谷郎中看棋》诗云：

个是仙家事，何人合用心。几时终一局，万木老千岑。有路如飞出，无机似陆沉。樵夫可能解，也此废光阴。”

围棋往俗里说，是一种争胜负的赌具，费时误事，且如同酒色，令人心不净；往雅上说，则有超逸脱俗之妙，令人神清气爽、物我两忘。佛门多清闲，一天到晚念经礼佛，未免太过单调，棋枰则成了最好的打发光阴之物。而唐代的诗僧、棋僧除齐己外，还有儇师、浩初师，都是湖南人。潇湘大地上一下子冒出这么多诗僧、棋僧，不知道是否与潇湘的山水之灵有关。刘禹锡有一首《海阳湖别浩初师》，前有小引，谓“潇湘间，无土山，无浊水，民乘是气，往往清慧极而文。长沙人浩初，生既因地而清矣”，潇湘山水也就赋予了其清气与灵性。“于泉石为笃，故携之以嬉。及言旋，复引与共载于湖上，弈于树石间。”这才有了那令人神往的诗境与弈境：

近郭看殊境，独游常鲜欢。
逢君驻缁锡，观貌称林峦。
湖满景方霁，野香春未阑。
爱泉移席近，闻石辍棋看。
风止松犹韵，花繁露未干。
桥形出树曲，岩影落池寒。
别路千嶂里，诗情暮云端。
他年买山处，似此得隳官。

载舟湖上，弈于树石间，棋中悟道，山水中参悟佛理，棋与山水，仿佛也就具有了某种灵性。佛门弟子中，甚至还出现过棋坛高手。刘禹锡的一首诗《观棋歌送儇师西游》，便刻画了一个嗜棋如命且棋艺高超的棋僧形象。“长沙男子东林师，闲读艺经工弈棋”，儇师本长沙人，后削发为僧。但他似乎心思并不在佛，而在棋枰中，“有时凝思如入定，暗覆一局谁能知。今年访予来小桂，方袍袖中贮新势”，坐禅入定，心里暗暗地却在复局。僧袍中藏的也不是佛经，而是围棋的新着法、新定式。打遍三湘无敌手，闻京城有“知音”，遂起西游之心。京城长安多弈棋好手，儇师或放下锡杖驻足观棋，或亲自上阵弈棋争道，

“此时一行出人意，赌取声名不要钱”，目的不在赢得钱物，而在赌取声名也。

唐代的政治与经济中心是在长安，而佛教随着南派禅宗在南方的活动，南方成为南禅的主要传播地，南岳衡山就留下过许多禅师的身影。而禅宗的“见性即佛，凡夫即佛，担水砍柴，无非妙道，行住坐卧，皆是道场，喝酒喝茶随时过，看山看水实畅情”，正为僧人好棋提供了令人惬意的理论依据。而文人礼佛参禅，与方外之人谈棋论道，也一时成为一种风气。刘禹锡不过其中之一而已。

时间过去了将近一千年，隐居在湘江边的一位大哲人又重续了一段文人与高僧的棋缘。他叫王夫之，湖南衡阳人。因晚年隐居衡阳石船山，人称船山先生。在明末清初的那个乱世，他走过了与许多文人士子相似的人生历程：早年求学取功名，然后投笔从戎抵抗清军，晚岁退隐著书。作为思想家，在明亡之后，他试图重整道统，重建儒学的道德理想主义。“为天地立心，为生民立命，为往圣继绝学，为万世开太平”，负起重振乾坤之责任。船山也就成了湖湘学人中的一面旗帜。

但另一方面，不如意的现实，又常常让他们生出归隐之心，诗酒琴棋成为他们的消愁解闷之物。在水乡周庄的中国体育博物馆中，至今还保存了船山先生用过的棋子。这棋子是真是假姑且不去管它，船山好弈却是千真万确的。据说他小时候家教甚严，座中不许杂陈戏具，唯黑白子例外。晚年与佛门中的惟印大师交往，居南岳，在落叶无声、云碓静水中诗文唱和。“偶然一叶落峰前，细雨微烟懒扣舷；长借岳云封几尺，潇湘春雨座中天。”岳顶云雾，潇湘春雨，这其中仿佛便已隐含了无限的人生兴味，棋也就别有洞天了。船山曾对方外棋友惟印说：

公以弈为游戏，与余品皆最劣。然终日欣然对局不倦，王积薪必无此乐也。一行和尚冷眼觑破，只知着着求先，故不能出普寂圈缋中。古今人当推我与公为最上国手，辄复前韵，以一绝终之：“看局如瞑烟，下子如流水。着着不争先，枫林一片紫。”

世局如烟，棋如流水，着着不争先，枫林一片紫，真令人有扣舷独啸，不知今夕何夕之感。潇湘的流水、细雨，也似赋予了棋以无限的灵气与温润。

时光又悄悄流逝了近两百年。沿湘水上溯，在潇水边的道州，我们便来到了大书法家何绍基的故乡。绍基为道光年间进士，书法为有清二百余年第一人。绍基喜弈，好游山水，常以棋局相随。有《舟中即景八首》，所谓“船窗初日，波心明月，天末晴云，江浦长风，良宵命酒，明窗小楷，击楫高歌”。《伏案围棋》即为其中之一：“篷底秋枰乍合围，送春天气汗沾衣。晴村野鸟时窥局，静夜江神许叩扉。云意懒时人意捷，雨声喧处子声稀。凡才是逐中原鹿，从古边隅好建畿。”

潇湘夜雨，曾被列为山水画中著名的八景之一，也激发过无数诗人的想象，留下许多动人的诗句。如果夜雨中伴有棋子丁丁声，那就该更添一分温馨了。特别是在不晴不雨的闷热天气，一场喜雨，棋子声、雨点声声声在耳，“快拼灯下棋敲碎，喜听阶前雨滴深”，也就构成了一种令人流连的境界。

从古以来，潇湘下棋之人似乎都是集中在寺院与书院，这是僧人之棋与士大夫围棋，至于普通民众，他们是否与围棋结下缘分，我们就不得而知了。民国时，书院似完成了它的历史使命，日渐从人们的视野中淡出。在岳麓山下的岳麓书院所在地，出现了一所新式的大学——湖南大学。在这所大学的校园里，有一位光绪年间的举人在这里当上了教授。他在长沙城南，筑一座小楼，名“弈楼”。日夕适性于黑白两奁之中，客至则对弈，对弈则尽欢。春秋佳日，乐此不疲，酷暑背上冒汗，严寒手被冻裂，在所不惜也。且弈客不分贵贱，无论高逸至友，还是里巷庸人、贩夫走卒，皆一视同仁。生在乱世，终日子声丁丁不绝，以斗室为深山穷谷，拈子构思，老僧入定，楼外喧嚣浑然不闻。闲来著文，诗文曰《弈庐诗集》《弈庐文集》，又著棋史，名《弈人传》。“浇胸块垒棋为酒”，聊以自娱。

此人名叫黄俊，著《弈人传》二十卷，为历代弈人五百余人作传，采录历代棋艺著述，可惜未能刊行。直到 1985 年，岳麓书社才将它正式出版，一部奇书得见天日，可谓善莫大焉。只是出版者在肯定了该书的价值的同时，又说该书作者“注采倾家，因棋废学，足为前车之鉴”，则有些煞风景了。这是说一个大学文学教授，本来该干点“正事”，有更高的成就的，却因棋废学，教训深刻啊！似乎棋艺研究算不得学习，而是玩物丧志？

这个社会，竟变得如此地讲求实际，风雅不再。胜负与功利主宰了一切，似乎已容不下一张平静的棋桌、一丝浪漫与闲情。而湖南围棋本来有自己的传统，当代也出现过一些著名的棋手，却因为种种的原因，现在也日趋没落了。

据说，湖南省棋协最近正在筹备围棋文化节，除业余围棋俱乐部联赛和名人围棋赛外，还有一系列的文化与娱乐活动。活动将竞技、文化、娱乐融为一体，发挥围棋多方面的功能。开幕式就在岳麓书院举行，其中有名人对弈和围棋文化演讲。继承湖湘文化传统，承接历史与现实的对话。届时，千年书院里传出棋子声、论道之声，该是另外一番风景吧！

原载《围棋天地》2003 年第 17 期

人仙之间

那天，刘仲甫一个人来到骊山。

他似有些心事，沿着一山间小径，不知不觉就走到了山的深处。在一处空地上，有一木屋。他想讨口水喝，敲门，没人，稍一推，发现门是虚掩的，好奇中，不由自主地走了过去。屋子不大，陈设也很简陋，一桌、一椅、一床而已。四壁清爽，只挂着一张木棋盘。棋手的本能驱使他凑了上去。看起来，那是一张再普通不过的棋盘，但木纹的线条生动跌宕，流水般一浪一浪地起伏着，弥漫开来，仿佛一直要漫到棋盘外去。这么一端详，棋盘一下子就显得丰盈充实起来，有了鲜活的生命感。他忍不住伸手摸了一把，不知道是自己的手，还是棋盘，竟颤了一下，他赶紧缩回手来。

许多年后，刘仲甫一直记得手触棋盘时那凉凉中又带着些温润的感觉，并且时间越久，记忆越发清晰，再也挥之不去。

当时，天色渐渐暗了下来，刘仲甫不便久留，赶紧回到山外投宿的那座庙里。他只是觉得奇怪，谁住在这里呢？只见棋盘，棋子又在哪里？

晚上，他却再也无法安然入睡。心中的疑团成了一个巨大的诱惑，促使他天蒙蒙亮就爬了起来，急匆匆上路，周围的风景浑然不觉，径直往那座神秘木屋赶去。

到了那里，已是日上三竿。正准备上前敲门，门突然吱呀一声开了。一位女子站在门边，村姑模样打扮，看起来并无任何娇媚之处，但素朴中自有一种清雅脱俗之气。刘仲甫一下子呆了，所来何为，他也一下子不知该怎么说了。那女子仿佛看透了他的心事，微微一笑，说：“公子请进！”

刘仲甫进门，第一眼就往那墙上望去，奇怪的是棋盘不在了。女子见他神情，问："公子可是下棋之人？"刘仲甫平时颇有些以棋待诏身份自得的，今日在这女子面前，却不想与官家扯上什么瓜葛，仿佛一说就俗。于是，他只说："小生确实好棋！"

刘仲甫心里琢磨着这女子的身份。想起唐代诗人崔护的奇遇诗："去年今日此门中，人面桃花相映红"，不禁有些走神！

再想这木屋所处的地方，荒无人烟，这屋里的陈设中无任何生产工具，甚至灶台都没有一个。庄子《逍遥游》写那仙人居藐姑射之山，"肌肤若冰雪，淖约若处子，不食五谷，吸风饮露，乘飞气，御飞龙，而游乎四海之外"。这女子难道是仙女不成？难道还是棋仙？想起唐代翰林棋待诏王积薪的奇遇，也是溪边小屋，也是平平常常的妇姑，更觉千载难逢的机会不可错过了。刘仲甫也确实好奇："都把仙女的棋吹得如何如何，积薪得仙人简略地指点了一些攻守、杀夺、救应、防拒之法，就已经无敌于人间了，今日可得好好见识见识！"他说："小姐也定是此中高手吧！不知可否请教一盘？"

女子沉吟不语，仿佛有什么为难之处，过了好一会，才说："明天你到山顶来吧！"

接下来，就是关于那盘棋了。那真是一盘说不清的棋。首先，谁黑谁白，谁胜谁负，便有不同说法。其次，骊山女子究竟何许人也，有说是仙子，那样那盘棋自然就没有了真实性，不过是他人伪托仙子所为；有说是隐居在骊山的某弈高手，如果那样的话，即使输了，能与棋待诏刘仲甫杀得如此难分难解，那中国女子围棋史，也该改写了。

再看这局棋的命名。有说是"遇仙图"，附会在中国源远流长的人仙之间的故事；有说是"呕血谱"，当然指的是战况之激烈，令人呕心沥血；还有一更直白的名称："刘仲甫遇骊山老媪弈棋局面图"。在中国古代，棋仙多是以老翁、老妇、童子的形象出现。老翁、童子就不说了，而仙女，只有那些思凡的仙女，才风情万种，分外妖娆。"崇巘之巅，顾盼之际，化而为石。或倏然飞腾，散为轻云。油然而止，聚为夕雨"，诱惑着世间男子。而下棋的仙女，倒正经多了。棋仙充当的是开解人智慧的角色，她们在其他方面的魅力，大家反而不苛求了。不过，把楚楚动人的骊山女子说成老媪，毕竟有些煞风景。

于是，关于骊山女子，关于那盘棋，就可以有许多种写法。如果是骊山女子杀败刘仲甫，事情倒简单了，无非是古代传说的又一版本，仙人的棋艺如何高超。假如刘仲甫是胜者呢？增加了这盘棋的一些真实性的同时，就更容易使人浮想联翩了。

其实，所有的故事，都是在人的叙述中建构起来的。不同的人在阅读这一故事时，读出的东西也往往不一样，这正是阐释的魅力。正因为如此，同一个故事，在不断的讲述、阅读中，也就不断被赋予了新的意义。说实话，前面刘仲甫怎么遇到骊山女子，就完全是我自己的一种想象、杜撰。

曾经想写一部小说，名字叫《黑白》。设想小说有两条线索：一是当下的现实，关于一位大学教授的爱情、婚姻与围棋的故事，当然也包括当代知识分子的生存处境，各色嘴脸；一条是历史的线索，就以宋代棋手刘仲甫为主角，写他棋行天下的潇洒，作为宫廷棋待诏的荣耀与辛酸，特别是与骊山女子的那盘扯不清的棋。现实中的主人公，是教绘画的，作为棋迷，一直想画一幅《刘仲甫遇仙图》；或者是教文学的，想写一本关于刘仲甫的传记。于是，现实与历史的线索就贯穿了起来。

最重要的还是那盘棋。把棋与人事、与情感的纠缠糅在一起，正所谓黑白之棋、黑白人生。

那就让我们继续展开想象吧！

原来那骊山女子就是木野狐，刘仲甫那天在墙上看到的挂着的棋盘，就是她变幻的了。所以第二天再去，棋盘不见了，却多了位盈盈女子。正所谓“千岁之狐，预知将来；千岁之狸，变为好女”。

那天，刘仲甫一身黑色装束，应约来到骊山顶上的一处峭壁上，那位女子已在那里，盘腿而坐，一袭白衣，在山风的吹拂中，飘飘欲举，似乎随时都有可能随风而去。再配上那似雪的肌肤，更让人觉得清雅脱俗。刘仲甫觉得，此时一切的话语都已多余。他默默地在她对面坐下，面前的棋盘，似乎是刚在石上划出来的，边上有一堆黑白石子。

那女子也不搭话，轻轻拿起一颗白子，往右上角星位的黑子上挂去。刘仲甫不假思索，一间夹，白跳，黑跟着在外面跳，白飞下，黑反夹，白再跳下，星位的那颗黑子，顿时被四颗白子团团包围了。刘仲甫并不着急，因为这一切似乎都是古棋的套路，入腹争正面，掌握中原才是最重要的。他轻灵地大跳，试图温柔地把白棋包围进去。

此时，白棋面临选择了：是在黑棋包围圈的缺口中轻灵地飞出，还是直接靠断做近身肉搏？白衣女子陷入了沉思。时间悄悄地过去，太阳已经升得很高，映照着白衣女子的脸庞，刘仲甫偷偷望去，她呼吸的气息似乎加重了，胸口一起一伏，脸上也泛起了红潮。刘仲甫觉得，这位仙女样的人儿，一下子有了更多的人气，亲切多了。

确实，这位女子的内心正面临着巨大冲突。五百年了，身为木野狐的她，在这深山里修行，一直心如止水，眼看就要化身为仙。命里注定她在蜕变的那一刻，会有一盘棋，只要赢了，一切就大功告成了。她等待着那个人的出现。她相信凭她修行的功力，任何凡间的人都无法改变她的命运。

可是，自从昨天刘仲甫轻轻地触摸了她一下，她便触了电一般颤抖起来。古井般的心有了躁动，心绪再也宁帖不下来。怎么回事？怎么会这样？她不明白。她只好告诫自己：好好下这盘棋吧！也许，这盘棋一结束，一切都会过去。

此时，手中的棋也面临着选择，要在往日，她会毫不犹豫地轻灵地飞出去。此时，她内心中有一个声音却在不断地跟她说：“贴上去，你很快就可以把他赢下。”难道是魔障？她也这样想过，但那声音的诱惑实在太大，她干脆闭上眼睛，什么都不想，一切任随天意吧！等她睁开眼睛，那颗闪亮的白子已经靠在了黑棋的肩上，仿佛一对勾肩搭背的恋人。

一切就这样注定了。扳、顶、挡、断……一场血腥的厮杀在所难免。她擅长的试探、闪转、腾挪，现在都用不上了。黑白子缠绕着、牵绊着、扭打着……在残酷的窒息中，她又感到了一种从未有过的快意。途中本来有一次机会可以转身，但她顺着快意，义无反顾地放弃了。

她是快乐地走上这条不归路的。她就想抱着黑棋，这样一直走下去，走下去，从一角到另一角，天涯海角都行……她相信，也许对面的这个黑衣人，也会跟他的棋子一起，跟着她，走到一个未知的地方，尔后歇息下来。她这样想着，等到惊醒，她的一对白子不仅没有包住黑棋，反而被困在网中间，前面就是一块辽阔的土地，阳光明媚，但她已经出不去了。

大梦方醒一般，她这才惊醒过来。为什么会走到这一步，难道是中了邪，她不明白。仙界是去不成了，索性再放肆一回。她正想自杀性地往那厚壁上撞去，突然，一口血涌上来，喷到了棋盘上。

刘仲甫永远都记得她那最后的眼神。那是什么样的眼神啊！悲哀、感伤、绝望、快乐、爱意无限……棋盘上的血，似在燃烧着。尔后，一切都消逝了，那棋盘、那血、那白衣女子。

刘仲甫恹恹地回去，丝毫没有赢棋的快乐。经过那块空地，他甚至没注意，那座木屋也已经不在了。

许多年后，刘仲甫记下了这盘棋，名“呕血谱”。那女子居骊山五百年，在凡人看来，当然是老媪了。

原载《围棋天地》2003 年第 19 期

锦川河畔棋子声

中年负笈，入蜀道，过剑门，来到成都，师尊摇身一变又成了学子。而今这世道，读博成风，借用《围城》的话说，就像出麻疹，每个人早晚都要有那么一回。只是我等迟钝之人，“麻疹”出得太晚了。不过，我还是庆幸，在四川平原那块富庶的土地上，我度过了一年难忘的时光，并且以围棋为研究课题，完成了博士论文，成为首位因为围棋获得博士学位的幸运者。也许，这就是缘分。

我在博士论文《围棋与中国文艺精神》后记中有一段话：

> 非常怀念在川大的那些日子，学友们在望江楼旁，黄龙溪的乌篷船上、大榕树下，喝茶，下棋，谈学问。常常，我们在清谈时，边上麻将、棋牌一字儿排开，大家各就其位，各得其乐。这真是一幅意味深长的画面。也许，这就是生活。至今回想起来，犹有一份让人心动的感觉。

读着这段文字，时光仿佛又回到从前。成都真是一个悠闲的城市。不说街上大大小小、不计其数的茶楼，公园、庭院、河边、树荫下，只要有块空地，就会有桌椅，供你喝茶、下棋、打麻将。茶桌或三三两两，让你享一分清静，或成排成列，场面蔚为壮观。曾在“灯笼论坛”上见过浪子一歌的一张帖子《府河边的悠闲》：

> 少不入川，老不出川。一觉睡到日上三竿，难得蓉城秋高气爽、

阳光明媚，遂起床上街，挥手招来一辆人力三轮车，至彩虹桥下、府河之阳的银杏园。

临河而坐，叫一壶竹叶青，旁有擦鞋女递来拖鞋换去皮鞋，再花两元买来五份报纸，在温暖的秋日阳光按摩下，点一支红塔山，袅袅烟雾中，纵览蓉城之风云、品味茶之清香。……报纸读毕，抬头四处观望，邻座有若干漂亮“美眉”，莺歌燕语荡人心旌，惜另有“帅哥”相陪，只好偷看以养眼。偷看总似不便，遂招掏耳人至前，各种专业耳勺、剃刀、棉球招呼耳朵之时，即能大大方方面向美眉。既养眼又养耳，好不惬意！……臼齿上深深的凹槽记录着过去嗑瓜子的辉煌，三下五除二嗑完四两瓜子，端起茶杯去旁观一桌老头老太打麻将。……之后叫一碗豆花爽爽口。小吃过后该吃水果了，卖橘者老大不情愿我挑来拣去、讨价还价后只花两角买一个橘子，又一乐也！

饮香茶以清心，
读报纸以练脑，
观“美眉”以养眼，
闻川语以悦耳，
食小吃以爽口，
嗑瓜子以磨牙，
美好生活大抵如此
……

浪子在成都多年，真是深得其中之精髓。有道是，琴令人寂，棋令人闲。有了这份悠闲，棋自然也就蓬蓬勃勃地生长开来，延伸到城市的每一个角落。在成都，只要有茶的地方，无论茶馆大小、雅俗，室内室外，都会备有棋具。曾经跟原蜀蓉棋艺出版社的老社长刘善承先生在一处叫“皇城老妈”的地方下棋，这是一个集餐饮、茶艺、琴棋书画、蜀文化展览于一体的高档会所。茶楼在顶层，仿佛一个巨大的天井，顶上是磨砂玻璃，若明若暗。四面是长廊，屋内是各种蜀文化展览。在这种地方对弈，在充满杀气的棋之外，仿佛也就多了一分书卷气、温雅之气。当然，我等俗人，下棋最多的时候还是与几位学友、棋友，在川大小小书屋后面的那块坪子里。茶室由学校工会经营，里面有间很大的屋子，但只要不下雨，一般人都不肯到室内去，而就在树荫下，围棋、象棋杀将起来。至于花费，茶加棋一律两元。

到了周末，公园便成了许多市民的第一选择。许多次，我们也是在川大边的望江楼公园度过周末的时光。公园就在府河边，树荫下就摆了许多桌子，许多人在那里打麻将、下棋，一排一排地蜿蜒开去，场面壮观极了，让人叹为观止。这似乎成了成都市民的一种生活方式，也造就了一种根深蒂固的休闲文化。在这种氛围之下，围棋想不火都难啊！成都于是成了业余围棋开展得最好的城市之一。各大报纸，像《成都商报》《华西都市报》，对围棋的报道也都不遗余力。有了肥沃的土壤，根深而能叶茂，职业围棋也就有了坚实的根基。四川娇子围棋俱乐部的职业棋手，都来自本土，即可为证。

成都围棋，或者说休闲文化的兴盛，应该说有它地理的、文化的根源。四川地处盆地，四周的山脉为它构筑了一个天然的屏障。平原又造就了这块土地的富足。在相对封闭的空间中，人们安居乐业，小富即安，生活便多了一分悠闲。还是在三国时代，围棋就在这块土地上扎下了根。三国时，蜀国军中不少将领都好棋。诸葛亮轻挥羽扇，激浊扬清，这其中当然也少不了棋，至今仍能在成都等地找到他下棋的遗迹。如宋代王应麟《玉海》云："成都棋盘市，一曰南市，在广盗媷下，武侯陈营处也。"湖南邵阳市，古称宝庆府。清《宝庆府志》载："棋盘崖在宝庆府城南五里，相传武侯宴兵着棋于此。有石盘广六尺，棋痕尚存。"从这些传说中可看出，诸葛亮不但在行军打仗时经常下棋，而且似乎有意识地在军中倡导围棋。《三国志·蜀书·费祎传》便载有费祎下棋的故事。蜀后期正是国家多事之秋，公务烦琐。费祎"常以朝晡听事，其间接纳宾客，饮事嬉戏，加之博弈，每尽人之欢，事亦不废"。《三国志》还有关羽一边下棋，一边刮骨疗毒的故事，其后《三国演义》做了更生动详尽的描写：

公饮数杯酒毕，一面仍与马良弈棋，伸臂令佗割之。佗取尖刀在手，令一小校捧一大盆于臂下接血。佗曰：“某便下手，君侯勿惊。”公曰：“任汝医治，吾岂比世间俗子，惧痛者耶！”佗乃下刀，割开皮肉，直至于骨，骨上已青；佗用刀刮骨，悉悉有声。帐上帐下见者，皆掩面失色。公饮酒食肉，谈笑弈棋，全无痛苦之色。

须臾，血流盈盈。佗刮尽其毒，敷上药，以线缝之。公大笑而起，谓众将曰：“此臂伸舒如故，并无痛矣。先生真神医也！”佗曰：“某为医一生，未尝见此。君侯真天神也。”

当然，这是关于英雄的故事。“旧时王谢堂前燕，飞入寻常百姓家”，英雄终有一天要灰飞烟灭，但他们对社会大众的影响力，却又可能持久而深入。特别是在生活相对安宁之时，围棋这类玩物，便可能轰轰烈烈地发展起来。不光是人，连仙人也要来凑热闹。清《四川总志》便载：“灌县灵岩山之极峰，有棋盘石，仙人尝弈棋于此。石有棋势，旁有年号，乃天祐二年。”天祐二年，即公元 902 年。连年代都如此准确，仿佛实有其事一般。

唐以后，成都还成了著名的棋盘棋子的产地。唐代僧人齐己有一首《谢人惠十色花笺并棋子》：

陵州棋子浣花笺，深愧携来自锦川。
海蚌琢成星落落，吴绫隐出雁翩翩。
留防桂苑题诗客，惜寄桃源敌手仙。
捧受不堪思出处，七千余里剑门关。

陵州乃唐代州名，在今四川仁寿。锦川即成都府河，传说蜀人织锦濯其中则色彩鲜艳，故有其名。陵州棋子浣花笺，应算得是这里的两大特产了。浣花笺为十色花笺，纸上花木隐隐，千状万态。而棋子海蚌琢成，如群星散落，光亮可鉴。清《四川总志》还有一则“棋石”传说：“唐田真人，名大神，自南阳来，隐栖妙山观中。能驱绝蛇虺，履水如平地。尝与二道士弈，撒棋于江，人取以献蜀王，旋失去，后又得于玉局洞前石盘内。自是江中产棋石。”四川棋子既如此有名，其围棋的热度自然也就可想而知了。

四川自古就以棋子闻名。宋代，还出现了一种别具一格的织锦棋盘。织锦棋盘产于丝织手工业十分发达的成都，质地柔软，既便于携带，又非常精美。诗人楼钥得一织锦棋盘，高兴异常，爱不释手，欣然作《织锦棋盘诗》：

锦城巧女费心机，织就一枰如许齐。
仿佛回文仍具体，纵横方罫若分畦。
烂柯未易供仙弈，画纸何须倩老妻。
如欲拈棋轻且称，当求白象与乌犀。

有了织锦棋盘，又得寸进尺，希望有象牙犀角制成的黑白棋子相配，正体现了一种文人雅趣。当然，并不是所有文人都有如此的幸运。诗圣杜甫在落魄中就曾住在成都浣花溪畔建一草堂，“老妻画纸为棋局，稚子敲针作钓钩。多病所须唯药物，微躯此外更何求”，围棋成了他们在困苦的生活中聊以消愁的最好药物。有人饱食终日，长夜难消；有人生活困顿，忧思绵绵，都不妨下棋。这正所谓饱暖思围棋，困苦亦围棋。“地僻昏炎瘴，山稠隘石泉。且将棋度日，应用酒为年。”诗人在潦倒的生活中，有棋相伴，也算不幸中之幸了。

于是，“楚江巫峡半云雨，清簟疏帘看弈棋”又成了一种让人流连的境界。博士论文答辩完后，临行前的那个晚上，几位学友又相约来到府河上新修的一座桥上喝茶聊天。这真是一座独特的桥，也许只有成都人才可能有这种创意。桥名为安顺廊桥，不长却宽得离奇。桥面上，两边是走廊，中间竟围出两座很大的屋子，一为餐厅，一为茶楼。雅致的茶桌边，有人摆龙门阵，有人打牌，有人下棋，但一切都是轻轻的。室内花木扶疏，隔出了许多相对独立的空间，透过窗户，桥外风景尽收眼底。闲聊中，不知不觉就到了午夜，披衣起身站在廊桥上，看两岸连绵的灯火，流水可能难说清澈，在夜色中却有了朦胧之美，在灯光的照映下，亦多了几分妩媚。这里正是府河与南河的交汇之处，合江亭就在不远处静悄悄地守望着河水，桥常在，水长流，仿佛是在共守着一个千年的约定。夜色如水，如在此时此刻，在廊桥上，与一会心人摆一局棋，“共藏多少意，不语两心知”，该也是一种惬意之境吧！

原载《围棋天地》2004 年第 2 期

棋行天下

武侠小说常常写的是仗剑行游、浪迹天涯的故事。情节多是如此：一个少不更事的少年，由于某种原因闯入江湖，自此四海为家，八方游荡。在此期间，少年拜得名师，习得武林一绝；路遇侠女，结成终身伴侣；发现仇敌，诛杀邪派高手。小说结束，历尽艰辛成就功名的大侠回首平生，终于大彻大悟。江湖中的残酷争斗，血雨腥风，到头来都成一场空梦。

武侠小说的魅力，也就在这“游”的过程中。“某一日风雨如晦，杨过心有所感，当下腰悬木剑，身披敝袍，一人一雕，悄然西去，自此足迹所至，踏遍了中原江南之地。”孤独中的漫游、寻求，带着些悲凉之气，也给人无限的遐想。

当然，那毕竟不过是虚拟的江湖。现实生活中，确确实实有一批棋人，他们凭一技之长闯荡江湖，在棋上打开一片天地，闯出一个世界。也许我们可以称他们为棋客、棋侠。

他们都是离土离乡的游民。在他们离开土地、离开故乡的那一刻起，就注定了他们作为“客”的漂泊者的身份。他们都是在小时候，因为某种机缘，学得一手好棋，渐渐在家乡没了敌手，遂起远游之心。他们的远游，可以有各种目的，最常见的当然是扬名立万，在棋坛的较量中闯下一块地盘。这一部分人基本上一辈子就是以棋谋生了，所谓职业棋客是也。

目的各异，方式却只有一个，以棋打天下。就像唐代的王积薪，据说本来不过是一个砍柴的，以“积薪”为己任。冯贽《云仙杂记》说他“梦青龙吐《棋经》九部授己，其艺顿精”，他每次出游“必携围棋短具，画纸为局，与棋子并盛筒中，束于车辕马鬣间。道上虽遇匹夫，亦与对手。胜则征饼饵牛酒，取饱而去”。

看来，王积薪不过一介平民，最多算个寒士。他的“游”似乎并没有明确的目的，优哉游哉，漫游而已。行游天下，在清贫的生活中自得其乐，不在乎棋具的简陋，也不计较对手的身份，赢棋的战利品也不过一顿简单的酒饭。他后来发迹，得以陪侍皇帝，那是以后的事。

到后来，棋手的“游”似乎也越来越功利化。明代话本小说《小道人一着饶天下，女棋童两局注终身》便讲述了一个在棋盘中赢得妻子的故事。且说宋时有一村童，姓周名国能，学得一身好棋技，与人赌赛时常赢些银两，“渐渐手头饶裕，礼度熟娴，性格高傲，变尽了村童气质，弄做个斯文模样”。农家之女已不入他眼，寻思以棋之“绝艺”，出外寻个好姻缘。于是打扮成小道人模样，从此云游四方，当然目的不在寻师访道，而在美貌女子也。在汴京、太原等地均无所获，想到“燕赵多佳人”，来到辽国地面。他使尽种种伎俩，终于将那辽国围棋第一国手、丽质无偶的妙观赚到手，成就了一段“好姻缘”。

这真是娶妻莫恨无良媒，棋中自有颜如玉。当然，棋中也自会有银子，有黄金屋，有了不起的声名。棋在人间的对弈也就越来越像江湖争斗，十年寒窗无人问，一战成名天下知。就像那刘仲甫，本江西人氏，来到临安住在旅舍中。刘仲甫此行的目的很明确，通过争棋检验自己的棋艺，制造轰动。刘仲甫每天溜出去，至夜深才回来，他外出干什么呢？侦察敌情也。等他将城中的围棋状况摸了个一清二楚，便在自己的住处挂出招牌：江南棋客刘仲甫，奉饶天下棋先。并出银三百两，以此作为彩金。

这叫舍不得孩子套不住狼。不一会，便观者如堵，一传十，十传百，传遍整个临安城。此后，自然会有好棋的豪贵出银子，有好事者推波助澜，营造气氛。棋，不用说，肯定是刘仲甫胜券在握，只不过还得有意制造点悬念，以给观棋者留下更深的印象。值得注意的是，刘仲甫的自我表白：“仲甫江南人，少好此技。忽似有解，因人推誉，致远国手。年来数为人相迫，欲荐补翰林祇应。而心念钱塘一都会，高人胜士，精此者众，棋人谓之一关。仲甫之艺，若幸有一着之胜，则可前进。凡驻此旬日矣，日就棋会观诸名手对弈，尽见品次矣。

故敢出此标示，非狂僭也。”最后，观众终于对他心服口服，盛情款待十数日，复又备下厚礼为其送行。刘仲甫也如愿以偿，北上汴京，终于当上翰林棋待诏。

翰林棋待诏制度始于唐玄宗时。待诏，就是指待命供奉内廷、专门侍奉皇帝的人，词学、经术、合炼、僧道、卜祝、术艺、书、弈，应有尽有。棋待诏的职责，当然就是专陪皇帝下棋，日出而来，日落而退。如果有外事活动，就由他们代表国家出战。这批人应算中国最早的“专业”棋士了。

在官本位的社会里，“官”成为衡量一个人价值的重要标志。大家都想与“官”沾点缘分，看戏有“看官”，住店便成“客官”，待在家里，也可做个“官人”。棋待诏可是正儿八经被册封的“官”，尽管地位不高，毕竟有了正式的身份。

棋手由江湖入庙堂，尽管刚刚沾上点“庙堂”的边，也应心满意足了。毕竟，中国士人的理想，就是怎样谋得一官半职，尔后拯救苍生。而棋手，有了这“职业”的身份，也就至少可以衣食无忧了。他们的“游”也就到此结束。

但棋待诏终不过是供皇帝取乐而已，其角色其实与“自分身如玉棋子”的宫妃无异。为了取悦于圣上，对弈难争第一人，造就了无数“棋艺高超”“智勇天纵”的皇帝。就棋手而言，他们的英雄气概，也就往往被代之以取媚逢迎、察言观色，竞技之棋也就更多地成为“玩物”。

这便构成了“居”与“游”的一对矛盾。做了“官”，安居乐业了，自然惬意，但也常常需要付出不自由甚至人格受损的代价。正因为如此，武侠小说中江湖中人最为警惕的就是官府。与官府沾上边的一定是汲汲于荣华富贵之辈。江湖中人除了武功侠义，最看重的便是那份生命的自由自在。孤独中的漫游，其魅力就在于这“孤独”和“游”中。正如《云海玉弓缘》中金世遗所宣称的：“大丈夫当独往独来，一空依傍。”《笑傲江湖》中的令狐冲则称“大丈夫不能自立于天地之间，觍颜向别派托庇求生，算什么英雄好汉”。“亦狂亦侠真名士，能哭能笑迈流俗”，适性自恣，狂放不羁，无拘无束，正昭示了生命的自由境界。

所以，江湖中人才那么看中仗剑行游中的那一“行”字，寻师、寻仇是行，心事已了，他们又会开始新的人生旅程。人海茫茫，何处是家园？其实，家是一个世俗的概念，他们是不可能真正地有家的。武侠小说中，永远是从家被打破，主人公流落江湖开始的。小说结尾，主人公一旦有了家，故事也就戛然而止了。因为，家的故事永远是关于世俗生活的故事，不属于江湖。

江湖世界的魅力就在于各门各派的相互争斗。武侠小说常常写到一些好棋的侠士，仗棋行游，以棋盘作兵器，棋子为暗器，纵横江湖，百劫千难。而棋坛也往往被人看作一个江湖。就像刘仲甫，奉饶天下棋先，分明就是打遍天下无敌手的架势！每一个棋手，在他出山时，总是有过关系他一生命运的生死攸关的一战。当年的过百龄，本为无锡名家子弟，据说生而慧颖，好读书。十一岁时，见人弈，则知虚实、先后、进击、退守之法，与人弈，无往不胜。不几年，学成，自忖可以闯荡江湖了。京师诸公卿闻其名，作书邀他前往，于是到了京师。这时的京师棋坛，乃国手林符卿之天下，一山不容二虎，自然不会容许一个“黄口小儿”来撒野。一日，诸公卿会饮。林君对百龄说：“我与你，同游京师，未尝有机会一争胜负，那么诸位公卿怎么好使用我和你呢？今天咱们就一展所长，给诸位先生逗个乐子。”诸公卿见有好戏可看，岂可轻易放过，同声说好，并争着出注。百龄客气了一下，林君愈加骄妄，于是开枰对弈。棋未到一半，林君面颈泛出赤热，而百龄信手以应，旁若无人，一派举重若轻的大将风度。林君三战皆北，诸公卿哗然：“林君向来称霸，今得过生，乃夺之矣！”复皆大笑，于是百龄棋品遂第一，名噪京师。

林花谢了春红，江山代有才人出，从来只见新人笑，何必去管旧人哭，江湖就是这样无情。林、过之战标志了一个旧的时代的终结和一个新的时代的开始。林符卿曾自诩：“四海之内，不知几人称帝，几人称王？非徒胜我者不可得，即论敌手，阒无其人。吾不取法于人与谱，而以棋枰为师。即神仙复出，自三子而上，不敢多让矣。”天下舍我其谁的气概溢于言表。但是，新陈代谢的规律却无人能挡。江湖上的那些大侠，仿佛是越老越厉害，这当然是小说家的伎俩，是当不得真的。残酷的竞技世界里，最铁面无情的就是那如水一般流逝的时光。

如果说唐宋时顶尖棋手顶着棋待诏的头衔，还可以由朝廷供养，明清后，棋手完全被推向社会。于是，八仙过海，各显其能。一般的棋工在街上摆个摊、在茶楼酒肆设个局来维持生计。有名些的就有达官贵人请去，不时给些盘缠。

有吸引人眼球的争局，自然有热心的有钱人出钱。棋手们以此维持生计，倒也基本上可保无忧。他们与操其他艺业的人一起，构成了社会上职业化的“艺人”阶层。明代沈榜曾记京都有八绝：李近楼琵琶、王国用吹箫、蒋鸣歧三弦、刘雄八角鼓、苏乐投壶、郭从敬踢毬、张京象棋、阎橘园围棋。一些棋手在地方上出道后，往往挟技游京城，以求在更大范围里扬名立万。而江南则是富庶之地，商业经济与市民文化最为发达，更为包括棋戏在内的各种“艺能”提供了良好的土壤。

按理，写棋行天下，写棋侠们仗棋行游的飒飒英姿，棋盘上纵横驰骋的壮志豪情，不应该提到他们的生活来源的。有些事情不能明说，一说便俗。就像武侠小说，男女结伴走江湖，从来只写他们雌雄合剑，哪怕爱得死去活来，也很少有苟且之事。而侠客既不事生产，又不经商、卖艺，那靠什么维持生计？不能问，一追究，侠客便成了为柴米油盐酱醋操心的俗人，甚至有可能沦为打家劫舍的强盗。这叫江湖有江湖的游戏规则。

而棋侠们，既然生活在现实世界中，那就不能不提到他们的生计。棋手的生活，大多只能依附于王公贵人的供养。为一己生计计，难免委曲求全，那些乖巧之人，总能左右逢源。只有少数孤傲之士能保持自己的独立品格。《清朝野史大观》有一段关于国手李湛源的记载：

> 湛源性疏放而桀骜，咸、同时弈风犹盛，王公大人每邀致高手以为娱乐，而高手与此等贵官弈，亦辄优假之，盖利其贿，不得不尔也。湛源独不肯与王公大人弈，科头跣足如平时，贵官或屡负，使人阴贿之，求其让一二局以全名誉；湛源阳诺之，及对局取胜如故，更使人诘之，大声曰：“我故不贪尔贿也！”故所如不合。世称弈手，其不藉弈为稻粱谋者，惟湛源一人云。

不肯为“稻粱谋”，恐怕就只有安于困顿了。周小松与曾国藩下棋，让九子，把曾的棋裂为九块，均为两眼苦活。曾大怒之下，一文不给就把周给打发了。

可想棋手要保持自己的独立品格有多困难!

明代小说家吴承恩写过一首《围棋歌赠鲍景远》。鲍景远是善棋之人，但是除了围棋，无固定职业，居无定所。“文楸玉子即为家，野鹤闲云本无住”，豪门贵族饰马相迎，玉堂学士题诗相访，也许就是在与公侯文士的周旋中维持生计。一日，在南京的鸡鸣寺与人对局，围观者众，摩肩挨踵，几无缝隙。形势紧张相持不下时，观棋者也屏住了呼吸，四座寂然如夜间入梦一般；而一旦下出妙手，人声鼎沸，笑声如海潮一般涌起。但是，热闹过后，前路却渺茫：

团宾转主十日饮，欢喜连宵通烛花。
河桥鸣冰雪涂树，别我又将何处去?
文楸玉子即为家，野鹤闲云本无住。
由来绝艺合烟霄，何事尘中犹布袍?
愿尔逢人权放着，世间万世忌孤高。

这就是一个无任何官职的棋手的生存状态。连诗人都在劝他“世间万世忌孤高”。难怪武侠小说中，要让那些江湖中人保持自由自在的生存状态，就首先要远离官府庙堂，也不说明他们的生活来源，不然，仗剑行游的英雄也就不过是俗人了。

棋行天下，自然给人以英雄豪迈之想象，但是，人生的种种况味，酸甜苦辣，也尽在其中了。

原载《围棋天地》2003 年第 22 期

第二辑

围棋地理

长安别是一家棋

2004 年 6 月，第四届华山围棋大会暨“炎黄杯”名人围棋赛在西安举行。“炎黄杯”一个重要的议程，就是去拜谒黄帝陵，举行祭祖仪式。在苍松古柏间，沿着一条石板小道，拾级而上，仰慕、崇敬的心情也一分一分地增长着。这条小路被称作谒陵神道，特别是当看到“文武官员至此下马”的石碑，看到汉武帝祭祀的仙台，看到郭沫若手书的那几个大字：黄帝陵。心中更增添了几分肃穆。静静地绕陵一周，心里想着：黄帝作为中华民族的“始祖”，又被称为“人文初祖”，在他发明创造舟车、房屋、服装、文字、音律、医学、算数时，不知有没有围棋。无论如何，龙的传人认祖归宗，围棋大约也就回到了它的故乡，完成了一次“寻根之旅”。

人们常说，黄土高原是中华民族的发源地，黄土地造就了五千年的民族文化，黄河水养育了无数代华夏儿女，当然，它也滋润了围棋。在中国围棋的发展过程中，长安也就成了一个非常重要的城市。秦时明月汉时关，秦皇汉武都曾在这里留下丰功伟绩。特别是唐代，唐王朝声名远播，长安也盛极一时，围棋活动也就轰轰烈烈地开展起来。

西安，古称长安，历史上曾有十四个朝代建都于此。“长安别是一家棋”，这棋声首先来自宫廷。唐太宗就是一个棋迷。“手谈标昔美，坐隐逸前良”，太宗的“五言咏棋”，引来君臣唱和。玄宗时，还专门设置了棋待诏与棋博士制度，把围棋纳入到体制之内。尽管棋待诏地位不高，但毕竟他们是专门以棋为职业的人。唐代著名的棋待诏有王积薪、王叔文、王倚、顾师言、滑能等人，他们成为中国围棋走向专业化、职业化的标志。

唐玄宗与杨贵妃弈棋的故事为围棋增添了几分柔媚。女为悦己者弈，陪皇帝下棋，或观棋助兴，也就成了杨贵妃的功课之一。“春寒赐浴华清池，温泉水滑洗凝脂”，美人出浴，春宵一局，让玄宗乐不思蜀。那天，“炎黄杯”的最后一轮就在华清池畔举行，边上就是贵妃出浴的雕塑。山、水、棋、人……围棋也就多了几分别样的风情。

而文人呢，也得风气之先，大多好弈。白居易有诗云：

何处春深好，春深博弈家。一先争破眼，六聚斗成花。鼓应投棋马，兵冲象戏车。弹棋局上事，最妙是长斜。

“博弈家”类似于今天的私人俱乐部，这里设置了围棋、投壶、象戏、弹棋、双陆等多种棋戏，供人娱乐。它们反映了这些棋戏在社会上普遍流行的情况。唐代的长安经济发达，社会安定，城市繁荣，上层追求奢华与享乐。《国史补》云：“长安风俗，自贞元（德宗年号）侈于游宴，其后或侈于书法图画，或侈于博弈，或侈于卜祝，或侈于服食。”在这种“仆马豪华，宴游崇侈”的风气之下，博弈之风长盛不衰。它也就影响到人们的价值观念和行为方式。重六博而轻六艺，以善弈为荣，以不善弈为耻，使弈棋成为一种时尚。

大唐时期威震海内的强盛国力和吐纳百川的恢弘气度，使长安成为当时世人景仰的文化高地。日渐繁荣的围棋，此时也随同文明古国悠久灿烂的黄土文明一道，从这块高地向四处蔓延，开始了它的天涯之旅。在西安古城墙西门外，就矗立着这么一座雕塑，举世闻名的“丝绸之路”便是以这里为起点。西出阳关，在黄尘古道的尽头，在大漠孤烟中那空旷的马蹄声和驼铃声里，自然也不乏棋子丁丁的声音。

长安也是围棋东游的起点。大唐盛世，长安成为亚洲最繁华的国际化都市，来自日本、朝鲜半岛等地的使臣、留学生、僧侣、乐工、画师、舞蹈家纷至沓来，他们在这里学习先进技术，摄取文明养分，其中就包括学习围棋。唐玄宗就多次与日本学问僧辨正切磋棋艺。而唐宣宗时，日本国王子入唐，与中国国手、棋待诏顾师言进行了一次比赛。顾师言第三十三手以镇神头制伏日本王子。这应该是有史记载的中日国手间最早的一次围棋比赛了。

与此同时，新罗也不断派遣留学生到唐都城长安来。其中朴球就以客卿身份在长安任棋待诏多年。朴球归国时，进士张乔还专门作《送棋待诏朴球归新罗》诗以送之：

海东谁敌手，归去道应孤。
阙下传新势，船中覆旧图。
穷荒回日月，积水载寰区。
故国多年别，桑田复在无。

朴球带回宫阙中新传的棋势，在归国的船中犹不断解拆研究。围棋也就这样漂洋过海，在朝鲜半岛，在日本，在世界各地留下它的踪迹。

这次华山围棋大会，仿佛成了一次连接历史与现实的盛会。开幕式上古乐悠悠，轻歌曼舞。围棋，仿佛又走进了历史，走进了古老的文化之中……

蓉城秋梦棋子声

由长安南下，越秦岭，沿古栈道，过剑门关，便进入四川盆地了。蜀道之难，难于上青天。越过了崇山峻岭，眼前又是别一番风景：平畴田园，阡陌纵横，好一片肥沃的土地。就在这片广袤的平原上，诞生了一个城市：成都。

成都据说在商代中晚期就已发展成一个具有相当规模的城市，这也是一座不设防的自由之城，工商业成为它的命脉。商贾云集，人来货往，也就决定了这座城市的基本面貌。

这里也是蜀文化与中原文化的交汇之地。中原文化源源不断地流入古蜀地，自然也包括围棋。围棋入川不知始于何时。有一种说法是诸葛亮将围棋带进了蜀国。诸葛亮淡泊名利，至今仍能在成都等地找到他下棋的遗迹。如宋代王应麟《玉海》云："成都棋盘市，一曰南市，在广盗媷下，武侯陈营处也。"诸葛亮不但在行军打仗时经常下棋，而且似乎有意识地在军中倡导围棋。《三国志·蜀书·费祎传》便载有费祎下棋的故事。蜀后期正值国家多事之秋，公务烦琐。费祎"常以朝晡听事，其间接纳宾客，饮事嬉戏，加之博弈，每尽人之欢，事亦不废"。关羽一边下棋，一边刮骨疗毒，更是被传为英雄佳话。

这是一片富庶的土地，盆地四周的大山又为其提供了一个天然屏障。在相对封闭的空间中，人们安居乐业，小富即安，生活便多了一分悠闲。围棋在这里生根，也就有了丰厚的土壤。到唐代，不少文人在这里留下他们的下棋吟诗的身影。诗圣杜甫就曾在成都浣花溪畔建一草堂，"老妻画纸为棋局，稚子敲针作钓钩""且将棋度日，应用酒为年"，在诗人潦倒的生活中，棋成了他最好的伴侣。而诗人李洞的一首《锦江陪兵部郑侍郎话诗着棋》，更是充满了下棋吟诗两不误的文人雅趣：

落叶溅吟身，会棋云外人。
海枯搜不尽，天定着长新。
月上分题遍，钟残布子匀。
忘餐两绝境，取意铸陶钧。

诗的前六句分写吟诗与弈棋，在秋日落叶、秋夜月明之时寻觅佳句，在清静寺院暮钟悠悠时丁丁落子，一诗一棋，错落有致。最后两句总括：赋诗与弈棋，都是极妙的境界，其乐无穷，令人忘食。与此同时，诗与围棋都是圣人制驭天下之道，凡人也可以陶冶情性。这正可谓诗境棋境，相得益彰。

晚唐时王建起兵，又建蜀国，史称“前蜀”。宫廷里，夜夜笙歌，自也少不了围棋，妃子花蕊夫人作《宫词》：

日高房里学围棋，等候官家未出时。为赌金钱争路数，专忧女伴怪来迟。

诗中生动地再现了宫中围棋的情况。王建还招来一帮文人、僧道中人，为其所用，其中就有著名的诗僧、棋僧贯休。“一瓶一钵垂垂老，千水千山得得来”，王建称之为“禅月大师”“得来和尚”。贯休一边在大慈寺讲经说法，一边围棋不辍。“琴弹溪月侧，棋次砌云残”“帘卷茶烟萦堕叶，月明棋子落深苔”，令人流连忘返。词人韦庄还做了前蜀的开国宰相，贯休与韦庄诗来棋往，说韦庄“棋阵连残月”。而成都人唐求有诗云“何年亦作围棋伴，一到松间醉一回”，足见士弈之风的兴盛。而后蜀孟昶在位三十一年，正当中原干戈不息之时，这里却是太平日久，民乐小康，珠帘玉翠，芙蓉盛开，好一派锦城风光。

而国手刘仲甫、孙佚、杨中和、王钰的一盘联棋，名《成都府四仙子图》，更是我国最早的联棋记录。“侵窗气清，埋檐雪白，可乘一时之兴，共筹四子之枰”，此情此景，令人悠然神往。

“九天开出一成都，万门千户入画图”，富足而悠闲的成都，成就了休闲文化的兴盛。从古到今，茶楼为成都一绝。喝茶、摆龙门阵，早已成为成都市民的一种休闲方式。有茶楼，就会有麻将声，有棋子声。诗人流沙河撰《老成都》，副标题就是《芙蓉秋梦》。锦江绵绵，时光悠悠，在这蓉城秋梦中，大约也少不了武侯陈兵的戎马棋情，少不了“四仙子”们的忘忧清乐吧！

秦淮棋影

说到南京，首先想起的便是秦淮河，那烟笼寒水月笼沙的秦淮河，那桨声灯影里的秦淮河，总是激起人无限的浪漫想象。秦淮河作为长江的一条支流，流到金陵城下，分出内外两支，内秦淮穿城而过，经夫子庙、镇淮桥出西水关，形成了名扬中外的“十里秦淮”。

叶兆言写的《老南京》说秦淮河由两种声音构成：一是繁华，一是伤感。其实，这两种声音也是金陵古城的回声。南京被称为六朝古都：东吴、东晋、南朝宋、齐、梁、陈。如果加上五代十国之南唐、明初、太平天国、民国那就是十朝了。可是这些王朝大多偏安一隅，历史的沧桑更替，从南京古地名的不断变换中就可以反映出来：金陵、秣陵、扬州、丹阳、湖熟、建业、建康、江宁、集庆、应天、天京……围棋，也就随着这历史的变迁载沉载浮，演出了许多或喜或悲的故事。

金陵古城里，似乎总有两种气息交织在一起：英雄气与脂粉气。想当年孙权定都建业，看中的就是这块“龙盘虎踞”之地的“王气”。东吴也是三国围棋最昌盛之地。好棋者既有孙策、吕范、顾雍、陆逊等英雄豪杰，更有被称为“棋圣”的严子卿、马绥明等弈中高手。“一灯明暗覆吴图”，“孙策诏吕范弈棋局面”成为流传下来的最早的一张棋谱。弈风太盛，人们“不务经术，废事弃业，忘寝与食，穷日尽明”，大有泛滥成灾之势，以至太子孙和要命韦曜作《博弈论》，号召大家回到正业上来，以图纠正世风。

韦大人的努力，终无济于事，“青山遮不住，毕竟东流去”。到两晋和南北朝时，围棋反而越来越热，出现了中国围棋史上的第一个兴盛期。

梁朝沈约在《棋品序》中说："汉魏名贤，高品间出。晋宋盛士，逸思争流。""间出"者，偶尔出一人才也。"争流"则是群星争辉，它确切地表达了两晋、南北朝的围棋盛况。而从东晋到南朝四代，围棋文化的中心都在都城建康。南朝历代皇帝都好弈。宋明帝还专门设立了执掌围棋事务的机构——围棋州邑。此后齐、梁时，还有过几次大规模的品棋活动，由专门的机构来评定棋人的品级，梁武帝还亲撰《棋品》《棋评》和《围棋赋》，由此可见棋风之盛。

魏晋时，围棋观念的一大变化就是确立了围棋作为"戏"的独立存在的价值，并将它纳入到"艺"的范畴。魏晋士人把足以引起人的精神愉悦的活动都称为"戏"。诗酒琴棋山水，都成了他们人生之乐的重要内容。所谓魏晋风度，正是这一意识的体现。而弈棋，也往往成了他们展示其风度的一个方面。如《世说新语》写淝水大战时谢安弈棋破敌：

谢公与人围棋，俄而谢玄淮上信至，看书竟，默然无言，徐向局。客问淮上利害，答曰："小儿辈大破贼。"意色举止，不异于常。

前秦苻坚率八十万大军进抵淝水，东晋军队仅八万人。谢安运筹帷幄，让谢石、谢玄迎敌，自己从容弈棋。胜利喜讯传来，谢安内心的激动可想而知。但他不动声色，"意色举止，不异于常"，其非同常人的气度跃然纸上。

"江东全倚谢家安，雅量形容对弈间。"在秦淮河边，有乌衣巷，有王谢故居。虽是后人仿制，但犹可想见当年谢安的风姿。谢安既为名士，有高世隐逸之志，棋上自有风景；又为儒将，杀敌于阵前，挽狂澜于既倒，治国安邦、从容对弈两不误，这正代表了中国人心目中名士的理想形象。

谢安弈棋退敌，成了流传千古的佳话。到明初，莫愁湖边，又有著名的胜棋楼的传说。据说朱元璋与徐达对弈，徐达赢了朱元璋，又在棋盘上弈出"萬歲"（万岁）字样，一方面赢得胜棋楼，一方面又奉承了皇上。胜棋楼可算得上是那个高度专制时代的产物。这个故事也由此少了些英雄气，多了几分无奈。正如楼前的那副对联：粉黛江山留得半湖烟雨，王侯事业都如一局棋枰。让人生出无限感慨。

徐达在秦淮河边有一处花园式府第，名东园。文征明画有《东园图》，虬松湖石，林木修篁，厅堂水榭，曲水栏杆，人们在这里下棋宴乐，令人好生羡慕。如今，这里据说已辟为白鹭洲公园，园内只留得一个“东园故址”的门楣。

明清时，秦淮河热闹依旧。不过总令人感觉在英雄气短、儿女情长中多了些历史的感伤气息。六朝金粉，那些青楼女子撑起了那梦一般的繁华。秦淮八妓，她们不少都是多才多艺的女子，棋也往往成为她们的才艺之一。一出《桃花扇》，让李香香名声大振。今人修缮的李香香故居里，一间屋子里还赫然摆着古色古香的棋盘棋子。而柳如是，喜与文人士子交往，自视甚高，觉得委身之人，总非“博学好古，旷代逸才”不可，终于攀上名士钱谦益。在绛云楼里，他们日夕相对，下棋作诗，“争先石鼎搜联句，薄暮银镫算劫棋”，固然快乐，但清兵的炮火转瞬间便惊破了《霓裳羽衣曲》。清兵渡江，谦益投降，做起了礼部侍郎。五个月后，又激流勇退，隐居起来，日日以诗、酒、棋为乐，写下观棋诗三十余首。“寂寞枯枰响泬漻，秦淮秋老咽寒潮。白头灯影凉宵里，一局残棋见六朝。”“霜落钟山物候悲，白门杨柳总无枝。残棋正似乌栖候，一角斜飞好问谁？”道尽人生沉浮与历史兴亡的感慨。

清代文人袁枚晚年筑随园于江宁小仓山，优游于诗文、林泉、棋酒中，作《随园杂兴》，其九曰：

花下开酒觞，觞毕作棋戏。
一杯醉扶床，一局败涂地。
萧萧新竹枝，似有扶我意。
扶起谢东山，一笑吾犹未。

文人在棋、酒中放浪疏狂，在倚红偎翠中寻一精神解脱。正所谓“烟雨河山六朝梦，英雄儿女一枰棋”。秦淮棋影，随着那烟波、那桨声渐渐远去，留给人一帘幽梦，几许慨叹……

河洛王里话黑白

去洛阳，看龙门石窟。想象中北方干旱，龙门石窟大约也是在荒山秃岭上，供人凭吊。到了那里，方知大谬。两山对峙，一条清流穿过，如同一天然门户。慕名已久的佛教石雕艺术，就分布在两岸的山崖间，青山秀水，冷冷的石雕，也就仿佛有了灵气。

那对峙的山，就是龙门山和香山；水即伊水。

伊水出洛阳，与洛河汇合，后注入黄河。河洛地区，也就成了中华文明的摇篮。

“河出图，洛出书，圣人则之”，传说伏羲氏就是在河图、洛书的启发下创立了八卦和太极图。围棋的产生跟它们有没有直接的关系倒不好说。反正有不少人认为，画地为盘，折枝为子，这原初之“弈”就是从古人推卦演绎中分化出来的游戏，后人也经常拿这个来抬高围棋。东汉的班固，一边在京城里撰他的《汉书》，一边又写《弈旨》。“局必方正，象地则也。道必正直，神明德也。棋有白黑，阴阳分也。骈罗列布，效天文也。”围棋被当作了象天则地之物。北宋理学家邵雍，三十岁开始定居西京洛阳，撰《伊川击壤集》。其《观棋大吟》中也谓：

消长天旋运，阴阳道范围。
吉凶人变化，动静事枢机。
……
同道道亦得，先天天弗违。

穷理以尽性，放言而遗辞。

一阴一阳之谓道。这是天道、地道，也是黑白之道。如果说成都的围棋，多世俗气；南京的围棋，英雄气之外又有几分脂粉气；这商周古都、河洛文明中孕育出来的围棋，也就仿佛多了几分王气、道学气。

“崤函帝宅，河洛王里”，有史料称夏、商就曾在洛阳一带立国，此后，东周、东汉、曹魏、西晋、北魏、隋、唐（武周）、后梁、后唐等先后在这里建都。“九朝古都”由此得名。西周时，周公奉命营造洛邑，制礼作乐。公元前770年，周平王从镐京迁都洛阳，史称东周，历五百余年。人们习惯于称这时为春秋战国，虽是乱世，却在百家争鸣中成就了思想学术的繁盛。老子在京都做守藏史，管理国家图书典籍。《老子》五千言，成了道家经典。而据说孔子也曾“入周问礼”，洛阳不仅是政治中心，一时间也成了思想文化中心。而围棋有文字记载，也正是在春秋时。老子虽没提到过围棋，他的关于“道”的思想，却成为中国围棋思想的源泉。

东汉光武帝刘秀即位，又一次迁都洛阳。围棋在这时也取得很大的发展。围棋本为玩物，班固的《弈旨》、马融的《围棋赋》等，却从“道”的角度确立了围棋的正面意义。围棋“上有天地之象，次有帝王之治，中有五霸之权，下有战国之事，览其得失，古今略备”。既如此，人们玩起来也就名正言顺了。

三国争霸，魏、蜀、吴各霸一方，围棋盘也似成了他们的虚拟战场。曹操盘踞洛阳，征战天下。曹操雄才大略，棋力也自不弱，据说与当时围棋高手山子道、王九真、郭凯对局，不相上下。子承父业，曹操两个儿子魏文帝曹丕与任城王曹彰也好棋。在士大夫中，也不乏棋艺爱好者。建安七子中的孔融、王粲等都是颇有影响的文人中的“弈士”。

西晋的第一个皇帝晋武帝司马炎，也是一个有名的围棋爱好者。他在宫中常与中书令张华、侍中王济下棋。《忘忧清乐集》就保留有他和王济的一局对局谱：“晋武帝诏王武子弈棋局”。而竹林七贤啸傲山林，诗酒琴棋，则体现了围棋的另一面。

南北朝时随着大批士人在战乱中纷纷南迁，文化中心也开始南移，江南繁华之地慢慢成了围棋新的中心。不过北方弈坛也有灵光闪现之时。北魏孝文帝于公元494年迁都洛阳，力行汉化，盛修文教。洛阳“礼仪富盛，人物殷阜”“文雅大盛”，堪与建康比肩。以洛阳为中心的北方弈坛迅速崛起。这时还有过一次南北围棋之间的较量。《魏书》载：高祖时，有范宁儿者善围棋。曾与李彪使南齐，南齐皇帝萧赜令江南上品王抗与宁儿敌，范宁儿竟制胜而还。一局棋的胜负虽然有偶然性，但也至少说明了北方棋艺的进步。

另一个故事则说明了北魏时洛阳弈风之盛。《魏书・甄琛传》说有一个叫甄琛的人，“少敏悟，颇学经史”，到京城来参加考试，却不务正业，“颇以弈棋弃日，至乃通夜不止”。还命手下仆人秉烛，稍一瞌睡，就大加其杖，奴不胜其苦，说：“郎君辞父母，仕宦京师。若为读书执烛，奴不敢辞罪，乃以围棋，日夜不息，岂是向京之意？而赐加杖罚，不亦非理！”琛惕然惭感，从此苦读不懈，终有所成，入了仕途。

这是一个浪子回头的故事，虽有劝诫之意，但客观上也说明了孝文帝时期洛阳弈风的兴盛，以至让人差一点迷途难返。

唐高宗李治和武则天时期也曾以洛阳为都。龙门对面就是香山寺，始建于北魏，武则天时重修。诗人白居易也曾捐修香山寺，并撰《修香山寺记》，还把自己在洛阳写的八百多首诗编为十卷，名《白氏洛中集》。诗人常居寺内，自号“香山居士”，还和胡杲、刘真、张浑、僧如满等结为“香山九老”。“晚酒一两杯，夜棋三数局”，他们在宴游之余，自也少不了围棋吧！中国古代围棋名画中，就有好几幅以香山九老为题材的。

不过总的来说，宋以后，随着政治、经济、文化中心的南移，同时战乱不断，古城洛阳日渐衰落，围棋这类闲情逸趣之事自然也变得奢侈。倒是中华人民共和国成立以后，洛阳围棋又开始复苏，绵延两千余年的围棋文化焕发出新的光彩。如今的洛阳不仅职业高手辈出，还是著名的棋具产地，这正应了那句名言：数风流人物，还看今朝。

西京过处是东京

西京过处是东京，由洛阳顺黄河东去，百多公里，就是另一古都开封了。

开封古称大梁，又名汴梁。自战国时期的魏国在此建都，到五代时的后梁、后晋、后汉、后周，经北宋和金，开封成了七朝古都。不过，它最风光的时候是在北宋。

960 年，赵匡胤在陈桥发动兵变，建立了宋王朝，定都开封，称为东京。976 年，赵光义登基为帝。宋太宗前半生戎马倥偬，后在东京落下脚来，可以在围棋这类玩物中歇一口气了。御城楼上，太宗一边在这里与臣僚、棋待诏们对弈，一边自制棋势：对面千里、独飞天鹅、海底取明珠……战事已了，太宗仿佛从此要在棋盘上行游天下。他的棋艺也果真了得，叶梦得《石林燕语》说太宗“琴棋皆造极品”，《杨文公谈苑》说“太宗棋品第一”，经常与太宗弈棋的潘慎修献诗云“如今纵得仙翁术，也怯君王四路饶”，固然有拍马屁之嫌，就像那位棋待诏贾玄，时时故意输一子，以博龙颜一悦，但太宗棋艺水平应该不低。而当有谏臣上疏，说贾玄辈常常进“新图妙势，悦惑明主”，劝太宗别沉迷于此，误了国家大事，太宗说“朕非不知，聊避六宫之惑耳”。下棋成了逃避女色诱惑的一种手段。说到围棋的功用，又可以增加一条了。

宋太宗开风气之先，以后历代皇帝好弈者众，翰林棋待诏制度一直被延续下来。到宋哲宗时，职业围棋迎来一个高潮。李逸民《忘忧清乐集》的跋称：“我朝善弈显名天下者，昔年待诏老刘宗，今日刘仲甫、杨中隐，以至王琬、孙侁、郭范、李百祥辈。”宋徽宗还别出心裁，设立女子棋待诏，并亲自作《宣和宫词》曰：

忘忧清乐在枰棋，仙子精工岁未笄。
窗下每将图局按，恐防宣诏较高低。

小阁轩窗，忘忧清乐，真是一幅优美动人的图画。宫廷围棋的兴盛，上行下效，自然使棋也成了一种社会娱乐时尚。北宋时的东京可说极一时之盛。整个城市由皇城、里城、外城三重构成，由里向外辐射。四条宽大整齐的“御街”纵贯东西南北，惠民河、汴河、五丈河、金水河穿城而过，构成了四通八达的交通网络。而东京的城市布局还有一个独特之处，这就是打破以前其他城市“坊”（住宅区）与“市”（商业区）分割的格局，大街小巷临街开铺，住宅与店铺交互错杂。透过张择端的《清明上河图》，可以想见当年汴京的繁华。瓦舍勾栏、茶楼酒肆……娱乐，成了都市生活的一种时尚。棋待诏们呆在深宫里陪皇帝下棋，文人则在雅舍间定期聚会，“琴弈相寻诗间作，笑谈终日有余欢”。北宋文人士大夫中，好棋者如欧阳修、王安石、苏东坡、沈括、黄庭坚……可以列出一大串。翰林学士张拟（一说张靖）还写出了著名的《棋经十三篇》，这里暂且不表。就市井中人而言，他们“谈笑无鸿儒”，照样可以在棋摊、在茶楼酒肆中过足棋瘾。北宋开封围棋的一大变化，就是围棋不仅在宫廷、在士大夫的小圈子中流行，它也走向了大众，走近了芸芸众生。曾经高雅的围棋，在走向世俗中也就更让人多了几分亲近。

欧阳修《归田录》就写到一民间高手李憨子：

近时有李憨子者，颇为人称，云“举世无敌手”。然其人状貌昏浊，垢秽不可近，盖里巷庸人也，不足置之樽俎间。故胡旦尝语人曰：“以棋为易解，则如旦聪明，尚或不能；以为难解，则愚下小人，往往造于精绝。”信如其言也。

笔记野史还有棋待诏刘仲甫不敌市井围棋高手王憨子，仲甫阴害之的说法。无论传闻是否属实，仲甫输给了王憨子还是李憨子，有一点无疑的是，民间业余棋手已达到一个较高的水平。而水涨才能船高，围棋必然有了它广泛的群众基础，才会有“精英”脱颖而出。据说北宋全盛时，士大夫沉溺于喝茶下棋不能自拔，有的甚至废业弃官，有人遂将茶笼称为“草大虫”，棋枰呢，就是“木野狐”，说它媚惑人就像那美女狐，由此可见棋风之盛。

棋不仅混迹于茶楼酒肆，寺院道观中也不断传来丁丁的棋子声。《忘忧清乐集》所记的不少棋局往往都有这样的记载：“东京梁门里兴国寺戒坛院”“东京万胜门里长生宫”，还有“万寿观”“佑神观”“上清宫”之类。就像那著名的“相国寺”外就是一个大市场，棋子声也使佛道庄严清静地多了几分世俗的气息。

东京多酒楼也多妓院。孟元老的《东京梦华录》就不断地提到这烟花之地，大约一个城市的繁盛都要靠那些婀娜多姿的“细腰”来支持。《梦华录》中写到那酒楼：“凡京师酒店，门首皆缚彩楼欢门……向晚灯烛荧煌，上下相照，浓妆妓女数百，聚于主廊槏面上，以待酒客呼唤，望之宛若神仙。”“所谓花阵酒池，香山药海。别有幽坊小巷，燕馆歌楼，举之万数，不胜繁碎。”不过，古时的妓女，似乎更重视艺术素养与品位的提高，所谓色艺双全。歌、舞、棋都是她们的技艺之一。那李师师，《东京梦华录》在“京瓦伎艺”一节就把她列在“小唱”之首。小唱者，以拍板合他乐演唱也。李师师的棋也不弱。宋无名氏《李师师外传》就曾记宋徽宗偷偷与名妓李师师幽会的情景：

> （宣和）四年三月，帝从潜道幸陇西，赐藏阄、双陆等具，又赐片玉棋盘、碧白二色玉棋子、画院宫扇、九折五花之簟、鳞文蓐叶之席、湘竹绮帘、五彩珊瑚钩。是日，帝与师师双陆不胜，围棋又不胜，赐白金两千两。

其时，正是北宋末年内忧外患、民不聊生之时，宋徽宗在政治上昏庸不堪，在琴棋书画等“消闲”之物上又颇有造诣，是个著名的玩家。可惜一切的风雅总难免一个感伤的结局。金兵南下，士人仓皇南度，被掳的徽宗却只能在那遥远的北方，偶尔做一做“东京梦”了。

战乱使开封几乎成了一片废墟。而滔滔黄河水更把昔日的“东京”埋在了黄土下。明末以后，开封日渐没落。到了近代，由于黄河多次泛滥，沙丘遍野，盐碱茫茫，开封成了“无风三尺土，微雨一街泥”的沙城，其残破令人慨然。

如今，再走进开封，由马道街、书店街过宋都御街，在杨家湖、潘家湖的簇拥下登上龙亭，看御园碑林，漫步清明上河园……你就仿佛走进了历史中。不过这“历史”的开封与现实的开封仿佛是两个完全不同的世界。在那些“仿古”的街道上漫步，难免发一些思古之幽情，回到日常生活的开封，却感觉灰头土脸的，多了分枯燥，少了分浪漫。有次在开封参加一个学术会议，一干人每晚在一位开封学友的陪伴下闲逛。几次来到龙亭公园，园内龙亭大殿森然，湖边灯火一片，湖心亭的影子隐隐约约在水中荡漾，令人悠然。遗憾的是，晚上八九点钟，园门就已紧闭，附近也找不到一个可以喝喝茶、赏赏景的地方。太安静了，于是想，要是在北宋的东京，如此良辰美景，该是笙歌不断，满楼红袖招了吧！不知今日开封的围棋，是不是也已经风流不再？

只把杭州作汴州

1126年，金兵攻陷汴京，赵家王朝被迫南迁，先后建都扬州、建康、越州（今绍兴）。1138年，终于在临安落下脚来，史称南宋。

南宋虽偏安一隅，在临安这“诗酒琴棋歌舞地”，仍旧是歌舞升平，“暖风熏得游人醉，只把杭州作汴州”。《永乐大典》说高宗皇帝当天下承平之时，“乃以万机之务尽付之，陶冶圣情，恬养道真，所乐者，文章、琴、棋、书、画而已”。而文人士大夫呢？“何日挂冠宫一亩，相从识取棋中趣”（王之道《蝶恋花·和鲁如晦围棋》）成了一种雅尚。

“地有湖山美，东南第一州”，其实，杭州的繁华并不自南宋始。“东南形胜，三吴都会，钱塘自古繁华。烟柳画桥，风帘翠幕，参差十万人家。”北宋初年柳永的这一曲《望海潮》，据说就引得金主完颜亮对杭州垂涎三尺，遂有投鞭渡江之志。这虽然是好事者的附会，但杭州的魅力可见一斑。

杭州之美，又多半有赖于“浓妆淡抹总相宜”的西湖。北宋初年，有一位高人姓林名逋号和靖，独居西湖孤山，植梅养鹤，终身不仕，亦不婚娶，人称“梅妻鹤子”。这位隐逸诗人曾自谓“世间事皆能之，唯不能挑粪着棋”，时人一定以为他是围棋的门外汉。可他又有诗云“坐读棋牖下，眠看酒恰中”“弹弓园圃阴森下，棋子厅堂寂静中”，可见他并非不会下围棋。“梅妻鹤子”之外，加一“棋友”，亦不为过。

林逋隐居西湖，自得其乐。刘仲甫棋行天下，却是在杭州奠定了他的声名。《春渚纪闻》说他自江西入都，行次钱塘，舍于逆旅。每天白天出去，至夜方归。有一天早上，突然于旅舍前悬一帜云：“江南棋客刘仲甫，奉饶天下棋先。”

他出银盆酒器等三百星，作为赌金。不一会儿，观者如堵。翌日，数土豪集精棋者会城北紫霄宫，且出银如其数，推一棋品最高者与之对手。关于这一局棋，《春渚纪闻》还有详细描写，这里略过不表。反正是仲甫大胜，观众拜服并将作为赌金的酒器如数奉上，还热情地招待了十数日，又集一笔浓重礼金为其送行。仲甫至汴京做了棋待诏，擅名二十余年，无与敌者。

林逋与刘仲甫，作为文人之棋与棋士之棋的代表，正好体现了两种不同的生存方式。文人士大夫以纹枰为“簸弄风月，陶冶性情”之物，以体现其隐逸雅趣。这一倾向在南宋更盛。“一枰白黑棋子，肥边瘦腹都闲事”（魏了翁《摸鱼儿》），有“书数册，棋两局，酒三瓯”（徐经孙《水调歌头·致仕得请》），人生即此足矣。当然，这其中包含着许多无奈。就像陆游，作为一个爱国志士，时刻憧憬着金戈铁马、征战沙场，“楼船夜雪瓜洲渡，铁马秋风大散关”（《书愤》），临死还不忘告诫儿子“王师北定中原日，家祭勿忘告乃翁”。可是，作为一个在现实生活中时时碰壁的文人，琴棋茶酒之类又成了他最好的消闲之物。“高楼笛数曲，小轩棋一枰”（《幽居记今昔事》），“棋局每坐隐，屏山时卧游”（《夏日》），“悠然笑向山僧说，又得浮生一局棋”（《夏日北榭赋诗弈棋欣然有作》），“消日剧棋疏竹下，送春烂醉乱花中”（《书怀》），这些诗句成了其人生的写照。而像民族英雄文天祥，起兵抗元，慷慨激昂唱《正气歌》，另一方面，他也有“闲云舒卷无声画，醉石敲推一色棋”“扫残竹径随人坐，凿破苔矶到处棋”的闲情风雅诗句。其中包含的许多人生况味，只有读者去细细体会了。

罗大经《鹤林玉露》载有陆九渊观河图悟棋局棋艺大进的故事：

> 陆象山少年时，常坐临安市肆观棋。如是者累日，棋工曰：“官人日日来看，必是高手，愿求教一局。”象山曰：“未也。”三日后却来，乃买棋局一副，归而悬之室中，卧而仰视之者两日。忽悟曰：“此河图数也。”遂往与棋工对。棋工连负二局，乃起谢曰：“某是临安第一手棋，凡来着者，皆饶一先。今官人之棋，反饶得某一先，

天下无敌手矣。”象山笑而去。其聪明过人如此。

不解棋之人，因悟《河图》数而胜临安第一高手，这里显然有着某种附会，也体现了士大夫重道轻技的传统。“十年学弈天机浅，技不能高谩自娱”（刘克庄《棋》），“技不能高”，并不影响从棋中获得乐趣。而刘仲甫的故事，倒更真实地体现了作为一名棋士的生存状态。它反映了以下几点：其一，棋坛类似于江湖，要在江湖上扬名立万，往往需要历经无数厮杀；其二，下棋是带彩的；其三，一局棋要有轰动效应，需要广而告之，需要有豪富出奖金，有好事的看客推波助澜；其四，棋而优则仕，刘仲甫努力奋斗的目标，是要由江湖入庙堂，争得宫廷棋待诏的地位。而刘仲甫将自己的成名一战选在繁华的杭州，客观上说明了杭州的社会影响力及其围棋的广泛的群众基础。

到南宋时，宫廷中仍豢养了一批棋待诏以满足帝王享乐的需要。周密《武林旧事》专述南宋临安的城市景观、朝廷典仪、里巷风俗。有一节《诸色伎艺人》，列各类“伎艺”如作画、小说、影戏、杂剧、弹唱、角抵、蹴球、弄水等五十余类。书中记录围棋棋待诏有郑日新、吴俊臣、施茂、朱镇、童先，象棋棋待诏还有十人。未录的著名棋待诏还有沈之才、赵鄂等。这些棋待诏主要是陪皇帝下棋，地位不高，但相对于普通棋手，他们又属于特殊阶层，生活比较安定、富足。一般只有少数高手才有成为棋待诏的机会。更多的棋手则只能当棋师、门客，有的被邀到达官显贵府上专门陪他们或教其家人下棋，类似于食客、闲人。吴自牧《梦粱录》载：“闲人本食客人……食客者：有训导蒙童子弟者，谓之‘馆客’。又有讲古说今，吟诗和曲，围棋抚琴，投壶打马，撇竹写兰，名曰‘食客’。此之谓闲人也。”社会相对富足，才有这类馆客、闲人的生计。

南宋以后，杭州虽然不再拥有都城的荣耀，但物产的富庶，交通的便利，商业的繁荣，加上西湖的秀丽风光，仍然使杭州成为世人向往之地。上有天堂，下有苏杭，这繁华之地也带动了浙江围棋在明清时代的繁盛。清初著名棋手周懒予就是浙江嘉兴人。相传周懒予成名后称雄南北弈坛，山阴唐九经邀集全国名手大会杭州西湖，十余高手以车轮战法轮番上阵，却被懒予一一挑落马下。

懒予之后，钱塘人徐星友又异军突起。他师从黄龙士，据说为钻研弈艺曾三年不下楼，终成一代名手，前承黄龙士，后启四大家（梁魏今、程兰如、范西屏、施定庵）。而被称为“棋中李杜”的范西屏、施定庵，他们的家乡就在离杭州不远的一个小城——海宁。

西子湖畔棋子声。有的弈棋争宠，有的闲敲棋子，有的征战江湖，有的弄棋抚琴，正所谓风景这边独好。钱塘弈风的兴盛，在新的时代也被一直延续下来，杭州同时拥有省棋院和市棋院，这在全国大约也是独一无二的。据说新的杭州棋院大楼又将作为中国棋院唯一的分院在西子湖畔拔地而起，这大约就是一种历史的传承吧！

千古河山棋一局

拍围棋文化电视系列片《黑白之旅》，去的第一站就是湖北。站在长江大桥上看长江东去，龟山、蛇山雄踞两岸，黄鹤楼巍然耸峙，想起崔颢的那首《黄鹤楼》：

昔人已乘黄鹤去，此地空余黄鹤楼。
黄鹤一去不复返，白云千载空悠悠。
晴川历历汉阳树，芳草萋萋鹦鹉洲。
日暮乡关何处是？烟波江上使人愁。

思绪便会飘出很远……

江汉平原乃楚文化的发源地，它与西边的巴蜀文化、东邻的吴越文化，共同依托于长江，构成灿烂的南方文化，与产生于黄河流域的中原文化遥相对应。老庄的哲学，屈原的骚赋，赋予了这片土地以玄思妙想。楚国故都，就在江汉平原西部的江陵（荆州）。而诸葛亮隐居的隆中，据说就在汉水边的襄阳城的西南：

苍天如圆盖，陆地似棋局。
世人黑白分，往来争荣辱。
荣者自安安，辱者定碌碌。
南阳有隐居，高眠卧不足。

三国争霸，也许本来就类似于一棋局。公元221年，孙权迁都鄂县，将鄂县改名武昌，并在此称帝，由此奠定了三国鼎立的格局。

鄂州古称武昌，此名一直沿袭到1912年。由武汉顺长江而下大约五十公里就是鄂州了。全国第一家围棋专业报纸《围棋报》就是在鄂州这个不大的城市起家的，这引起了我们的浓厚兴趣。来到鄂州，听说鄂州对面就是苏东坡的贬居地黄冈，著名的赤壁也在对岸，赶紧驱车前往。对我来说，著名的赤壁大战是否就是在这里展开的倒不重要了，更吸引我的是苏轼在这里留下的足迹：躬耕东坡之余，在睡乡亭里高卧，与“江上之清风，山间之明月”共适，驾一叶扁舟，到对岸的西山，在灵泉古寺与高僧谈禅论道。《续传灯录》卷二十《东林照觉常聪禅师法嗣》记苏轼：

> 抵荆南，闻玉泉皓禅师机锋不可触，公拟仰之，即微服求见。泉问：“尊官高姓？”公曰：“姓秤，乃秤天下长老底秤。”泉喝道：“且道这一喝重多少？”公无对，于是尊礼之。

棋某种程度上是论道的一种方式。据说在西山寒溪寺有一读书堂，为晋代曾任江夏、武昌太守的陶侃的读书之地。何法盛《晋中兴书》说陶侃荆州为官，见佐史博弈戏具，投之于江，曰：“围棋，尧舜教愚子；博，殷纣所造。诸君并国器，何以此为？”这里彰显的是一种有为的人生。但在现实生活中，有抱负不得舒展的其实更多。于是，苏东坡式的人生也就更为中国文人所津津乐道，棋也往往成了他们人生中的一个重要内容。

我们来到西山，爬上武昌楼。背后是山，前面是长江水，鄂州城就在这山水之间，“孤帆远影碧空尽，唯见长江天际流”。山水赋予这块土地以一种灵气。我们似乎也就可以理解《围棋报》为什么生长于斯了。

这片土地孕育了围棋，催生了《围棋报》。而《围棋报》为了求得更大的发展，最终迁到了武汉，因为毕竟那里天地更为广阔。

武汉的围棋也是在近代发展起来的。汉口本为商镇，在宋代就与河南朱仙镇、江西景德镇、广东佛山镇并称为我国四大名镇。到清代更成了著名的商务繁盛之地。它也带动了围棋的发展，晚清时出现了著名棋手徐耀文。徐本为湖北沔阳人，但其主要活动之地是在武汉。徐耀文不仅好弈，还著有《国朝弈汇》三卷和《稼书楼手谈》一卷。据《弈人传》载，在同治乙丑八年，国手陈子仙曾来武汉，下榻程寅谷家。程善弈，被授三子，而徐耀文也曾让程寅谷三子。于是汉上嗜弈之士沈吉田、安鸾声、郑文轩、郑筱珊、刘海珊、萧健堂、吴爱之、蔡善堂、张寿山诸君，宴请陈子仙、徐耀文于晴川住持绘空之所。陈与徐对弈二局。第一局，陈胜八子半。第二局，徐胜二子半，可谓旗鼓相当。于时微雨初晴，天空云净，远山蕴藉，近水清澄。不少人还以诗记其事。郑筱珊诗曰：

千古河山战一枰，而今江汉喜澄清。
当湖以后无斯盛，鹦鹉洲前雨乍晴。
一天霁色为谁开，国手相逢旷世才。
我欲烂柯学王质，隔江黄鹤也飞来。

蔡善堂诗云：

才子怜才自古同，楚江浙水竟相通。
不矜智巧名儒派，别具英奇健将风。
海内千秋传二局，阁中一日薄三公。
半生好弈空依傍，此遇天叫起聩聋。

楚江浙水两相通，以围棋结缘，名流雅集，堪与当湖之盛媲美。如此盛事，天朗气清，隔江黄鹤忍不住好奇，也飞来助兴，正所谓千古风流事尽付烂柯中，令人悠然神往。今日江汉围棋的兴盛，大约也有着这样一种历史的传承吧！

徽州围棋是一绝

关于安徽，我只去过黄山和黟县的几个古村落，却留下了深刻的印象。黄山之奇不用说了，“黄山棋石峰”也留下神仙弈棋的动人传说。周家森《留余簃弈话》载：“棋石峰有枰方正，仙人对弈处也。游恒夫怀黄山叠诗所谓‘烟封苔锁静推论，留得仙棋一局存’，则指此也。”在绝壁之上，松风之中，弈一局棋，凡人也会有飘飘欲仙之感啊！

黟县的西递、宏村仿佛是桃花源。古朴精致的院落，灵动多彩的砖雕、木雕，随处可见的匾额、对联，处处透出一种文化气息。“读书好营商好效好便好，创业难守成难知难不难”，这种开放的观念使很多人走出那块土地，闯荡天下。明清时，徽商成了一大奇迹，棋弈也极一时之盛。

明代中期的围棋，永嘉派、新安派、京师派三足鼎立。古新安又称徽州，位于皖南山区，明代府治就设在歙县，包括歙县、休宁、婺源、祁门、黟县等地区。古越文化与中原文化在这里交汇，形成了独特的徽州文化。这块土地上民多技艺，徽刻、徽墨、徽画、徽弈均独树一帜。

新安派的开创者为婺源人汪曙。汪的棋力稍逊于永嘉派的鲍一中。及至歙县程汝亮出现，成为新安派的中坚棋手，他多次游吴中，与京师派的李釜角逐，初多败，后不相上下，遂奠定徽派围棋的地位。王世贞《四部稿》评鲍、程、颜（京师派颜伦）、李四大家围棋：“譬之用兵，鲍如淮阴侯，有搏沙之巧；李则武安君，横压卵之威；颜则孙吴，挟必胜之势；程则诸葛，修不破之法。”

到万历年间，新安派的阵营又不断扩大，出现了方子振、江用卿、汪绍庆、吕济、苏之轼、汪廷讷、李少梅、雍皞如等一大批著名弈人。他们的出生地不仅限于皖南的徽州，而是扩大到安徽其他地方，总称皖派。这些棋手多是在家乡学弈，尔后行游天下，与其他各派弈人纹枰争胜，赢得声名。他们中不少人还著书立说，如苏之轼有《弈薮》，雍皞如有《弈正》，人以书传，书以人显，可谓相得益彰。

如果说，在这些棋手中不少是以棋为生的“职业”弈人，富商汪廷讷则是个例外。汪廷讷，安徽休宁汪村人，自幼出继于同宗的富商为养子，为吴江沈词隐弟子。大约二十二岁进入南京的文人圈子，又出钱取得南京国子监生员的资格。三十岁时，捐资当上监课副提举。汪氏以官盐运使致富，甚好事，喜作曲，工乐府，善刻书。万历二十八年（1600年）在家乡松梦山下大兴土木，始修建坐隐园和环翠堂，次年开挖深七尺许的昌湖，布置了一百多景点，日为诗酒琴棋之会，又撰《坐隐弈谱》。汪廷讷由富商而朝廷命官，再为隐士，走过了一条中国士人常走的道路。他在《坐隐弈谱》自序中称：“余性不偕俗……以故深惟二氏之学，释则修性，玄则修命……间中有谈者，即相与弈棋，以洗其尘嚣，祛其世味，惟知弈之可盘桓也，遂号坐隐先生。”以棋为游戏，为适情之具，化艺为道，典型地体现了文人论棋，将棋名理化、玄妙化的思路。

清代，歙县又出了几个大家。先有汪汉年，与来自江苏六合的周东侯齐名，两人相遇于扬州，大战几十回合，难分胜负。后两人又与程仲容、盛大有会于杭州，相与角逐，还刻谱刊行。其中汪汉年与盛大有一局，拟太极图布局，一时传为佳话。后又有汪幼清，据说他曾从钱谦益于行营中冲锋陷阵，又在秋猎中上马张弓，勇不可当。其弈亦有侠气，“沉雄精悍，绝伦逸群，每一遇敌，目光迸裂，透出方罫间，出奇制敌，横纵背触，譬如骏马追风，饥鹰洒血，推枰决胜，掷帽大呼，虽受其攫撇者，未尝不拍手叫绝也”。幼清自视艺高，容易轻敌，一旦出现失误，往往能于危急中出奇制胜。人谓幼清之棋，不畏其不误，而畏其误。小误则小胜，大误则大胜，可谓一绝。

到清中叶，随着歙县程兰如的出现，皖派围棋可说达到高峰。程兰如与梁魏今、范西屏、施定庵并称清代围棋四大家。程兰如壮年游北京，与徐星友对弈十局，屡胜之，迫使星友一气之下退出棋坛。后又在湖州与施定庵多次交锋，不相上下。程兰如还是著名的双枪将，象棋也为一绝。李斗《扬州画舫录》甚至说他“弈棋不及施、范，而象棋称国手”。

明清之际，新安(歙县)地区出现如此多的棋手，其背后的历史、经济、文化原因颇值得探讨。这种传统一直延续到近现代，著名的过旭初、过惕生两兄弟就是在这块丰厚的土壤中成长起来的。

而合肥的围棋却是在近代才发展起来。清末棋手李子干，出身合肥巨室，曾与合肥地方棋手共同组织弈社，撰《咏棋十绝》诗，编棋谱《手谈随录》。这期间，名手张乐山异军突起，他曾在1910年间受二子与日本高部道平大战几十回合，虽胜少负多，却成了中日近代围棋交流的见证人之一。之后，段祺瑞、段宏业父子也以他们各自的方式，在中国现代围棋史留下了浓重的一笔。

不过，无论是歙县还是合肥，这片土地孕育了一代一代的棋手，但这些棋手的活动天地却多是在他乡。浪迹天涯，仿佛也就成了他们的一种宿命。他们在他乡谋求生计，赢得声名的同时，不得不忍受独在异乡的孤寂与落寞。幸与不幸，也就只能靠后人去揣度了。

皇城根下的围棋

在中国的古都中，北京至今仍然显赫着。说到北京的古老，只需想想周口店里的“北京人”就够了。而北京的辉煌又与它自元代以来基本上是各朝的都城有关，从金中都、元大都到明成祖朱棣从南京迁至北平，改北平为北京，北京城“生齿日繁，物货益满”“民庶且富，文教大兴”，琴棋书画之类的雅艺也就流行起来。

在中国，棋戏之类游艺的发达往往与政治有关。明成祖好弈，十一岁时就曾与著名国手相礼对弈。胜负姑且不论，这一行为本身就造其名气。明太祖朱元璋曾造逍遥楼，见人博弈者，就“拘于楼上，使之逍遥，尽皆饿死”。这一禁弈厉政却很快被好弈的子孙们淡忘了。明时的北京城，士弈风行，先有朝官杨士奇、李时勉开启重艺薄道之风，后有李东阳、杨一清、乔宇等重臣推波助澜，一时间弈棋成为一种雅尚。

朝官们一方面弈棋自适，另一方面又喜欢把那些著名棋手招至门下。士大夫与国弈的联姻客观上推动了围棋热。明初著名棋手有相子先、楼得达、范洪等。清《宁波府志》曾载范洪事迹，说他“生而颖异，赋性清介。幼习举子业，数奇不偶，遂有高士之志，弈棋以自娱。于是挟技游京师，时李公东阳、杨公一清、乔公宇当朝，每延致对局，备极欢洽。”时人以金忠卜、袁珙相、吕纪画、范洪棋为四绝。

在举业上“数奇不偶”，转向棋戏，以技游京师，得台阁重臣看重，遍历公卿间，这大约是那个时代棋手的共同命运。北京也就成了吸引四方弈士的宝地。到明中期，“京师派”崛起，与“永嘉派”“新安派”鼎足而立，形成相互竞争的格局。“京师派”代表人物颜伦，字子明（或误作阎子明）。他曾独霸北方弈坛十年之久。明代沈榜曾记京都有八绝：李近楼琵琶、王国用吹箫、蒋鸣歧三弦、刘雄八角鼓、苏乐投壶、郭从敬踢毬、张京象棋、阎橘园围棋。这里的阎橘园据推断就是颜伦。之后李釜（字时养）又崭露头角，开始尚不能与颜伦抗衡，十年后逐渐势均力敌。京师弈派一时形成双雄对峙的格局。后颜伦逐渐罢弈，李釜在北方已找不到对手，遂南下挑战江南弈坛。万历十四年，李釜赴浙江余姚，永嘉派、新安派各出名手，相互较技。这次有组织的围棋活动成了围棋史上一次著名的盛会。不同地区、不同派别的棋手相互切磋、竞争，在这种激烈的竞争中，不仅大众的兴趣提高了（有派别、有悬念的争棋往往更能吸引大众，古今皆然），参与竞争者的棋艺水平也提高了。而以“地”为标志的围棋流派的出现，也预示了中国围棋开始摆脱皇家体制，获得独立发展。

到明末清初，过百龄又异军突起。过百龄，江苏无锡人，却是在北京度过了他棋艺生涯的鼎盛时期。据说他生而慧颖，好读书。十一岁时，见人弈，则知虚实、先后、进击、退守法，与人弈，弈辄胜。之后百龄之名，噪江以南，京师诸公卿闻其名，有以书邀致者，遂至京师。他与国手林符卿的成名一战，民国裘毓麟《清代轶闻》有生动描述：

> 有国手曰林符卿，老游公卿间，见百龄年少，意轻之。一日，诸公卿会饮。林君谓百龄曰：“吾与若，同游京师，未尝一争道角技，即请先生何所用吾与若耶！今愿毕其所长，博诸先生欢。”诸公卿皆曰：“诺。”遂争出注，约百缗。百龄固谢不敢，林君益骄，益强之。逐对弈。枰未半，林君面颈发赤热，而百龄信手以应，旁若无人。凡三战，林君三北。诸公卿哗然曰：“林君向固称霸，今得过生，乃夺之矣！”复皆大笑，于是百龄棋品遂第一，名噪京师。

弈坛如江湖，从来就是这般无情。江山代有才人出，到清代，江南经济进一步发展，逐渐成为围棋活动的中心。京师的围棋，反而日渐没落了。《棋国阳秋》

倒是记载了一个别开生面，以弈棋择婿的故事：

> 八旗贵人之居京师者，无他业，一演戏，二饲雀，三弈棋。其女子梳高髻，著屐游都市，与人酬接无避忌。有宗室某，善弈，女曰芙卿，传其艺。及笄未字，媒至皆不许，问其意，曰："有弈胜吾者，愿事之。"而京师之能弈者颇多，一日有三人至，与其父弈，皆胜之。三人者：一齐侍郎子，一金孝廉，一僧秋航也。秋航弈最高，齐次之，金又次之。约翌日与女弈，僧、齐复胜，与金得和局。女曰："齐大非吾偶，禅心本自空。金兰如有契，白首一枰同。"父遂受孝廉聘。女归后，琴瑟甚笃，尝一枰相对，其乐有甚于画眉者。至其以弈自择同心之好，尤为人所艳称云。

以棋择婿，也算得上是围棋的额外功能了。

民国时，北京、上海取代浙江、江苏逐渐成了新的围棋中心。其中段祺瑞府上就曾招致了一大批棋手，也包括少年时的吴清源。在民国时的北京，既有本土的名手，如汪云峰、雷溥华、王幼宸、金亚贤、崔云趾等，也有由外地迁居北京的，如顾水如、刘棣怀、过惕生。他们都曾执棋坛牛耳，遂有"南王（子晏）北顾""南刘北过"等等之说。良好的围棋氛围，也为后起棋手的成长创造了良好的条件。吴清源先生就曾在回忆录中谈到在"海丰轩"茶楼与顾水如、汪云峰、刘棣怀等名手讨教的经历。吴清源十三四岁即已称雄北京弈坛，除了个人的天赋，也不能不说是得益于那片丰厚的围棋土壤。吴先生在九十岁高龄时重回故都，拍摄以其个人经历为主题的电影，回首来时路，他老人家恐怕也会是感慨万千吧！

海上棋谭

因为要写上海，翻出手头的两本书《中国历史名城》《名城史话》，却怎么也找不到“上海”的名字。恍然觉悟，原来上海是没有“历史”的。尽管南宋时就有了上海镇，但相对那些“长须白发”的名城，上海实在是个不起眼的“孩子”。直到1842年6月英军攻陷上海吴淞炮台，8月《南京条约》签订，上海被列为通商口岸，这个不起眼的孩子才开始了他发家的历程。

现实常常就是这样：没有历史的荣耀，同时也就可能少了许多因袭的重负。上海在近现代得以成为著名的国际化大都市，恰恰与他的“年轻”有关。年轻意味着活力。近代上海的围棋活动在二十世纪初开始，以后它逐渐成为中国围棋的中心城市，这大约也跟这个城市的“活力”有关。

其实，上海围棋也是有它的历史的。康熙年间，上海地区就出现了刘上林、张吕陈、黄颖、姚文侯等棋手。来自安徽歙县的吴贞吉（字瑞征）也移居上海嘉定，一方面转战四方，交流棋艺，另一方面致力于围棋理论建设，参与修订陶式玉主持的《官子谱》，还另著《不古编》。

乾隆年间，据说范西屏在游历江南时也曾来上海。据《清朝野史大观》载，当时上海倪克让弈品居第一，但平时不屑与人对弈。富嘉禄等人则常在豫园设局，招四方弈客以逐利。范西屏来此观棋，见一人将负，忍不住指点一二。众人不悦，说：“这是彩棋，岂容多语？你既擅此，何不上去一决胜负？”西屏应承下来，众人争出注，西屏说：“我下棋不禁止人说话，你们一起来吧！”一局未半，众人已手足无措，急忙请来富嘉禄。富入局，被让三子仍然输了，再让又负。众人遂去请倪克让。倪至，乱其枰曰：“此范先生也，君等何可与敌！”

不一会儿，这事便传遍了全城。有富商将西屏请去住下，与倪对弈，倪被让四子。观者将棋局记录下来，遂有《四子谱》。

据说倪克让小时见人对弈，观之即知虚实、先后、进击、退守之法，他还说："是无难也。"人戏与弈，辄为所胜。遇疑难处，每翘首观天，及落子而人皆不能应，所谓"其技盖由天授，非学力所致也"。其性格特异，不屑治理生活，也不娶家室，所居仅一木榻，对客时，曾整日不发一言，人遂呼为倪痴。暮年技益精，然与西屏较技，仍有四子差距。倪克让客观上也代表了当时上海地区的围棋水平。

上海围棋真正兴盛是在民国时。北京曾作为政治、文化中心吸引了四方弈士，上海则是以它的开放性、经济的繁荣哺育了现代围棋。民国时，上海先后聚集了一大批棋手，如吴祥麟、潘朗东、陶审安、顾水如、王子晏、刘棣怀、魏海鸿、陈藻藩、王幼宸、过惕生、汪振雄、余孝曾、张恒甫、胡沛泉等。这些棋手除顾水如是上海金山县人，其余多为外乡人。他们到上海多是为了谋生，所谓下棋都"为稻粱谋"。因而，他们也并不一定长居上海，而是在北京、上海、南京等地不断如候鸟一般地迁徙。顾水如（1892—1971）在1914年来到北京，受段祺瑞赏识，被送到日本学习围棋，两年后归国成为北京弈坛之代表。1933年南迁上海。而过惕生一度来上海也是因为受顾水如之邀共同创办"上海弈社"。至于刘棣怀，本为安徽桐城人，生于南京，十六岁即成为南京知名高手。民国初到北京求学，二十世纪二十年代末因北京棋界一度衰落，南下上海，逐渐成为上海弈坛的一面旗帜。

在这些棋手的迁徙中，生计成为制约他们职业方向的最直接因素，这往往少不了围棋资助者的作用。正像北京有段祺瑞，上海则有富商张澹如。张澹如出身于浙江湖州的盐商家庭，其二哥张静江曾出巨资支持孙中山的革命活动，成为国民党的元老之一。有这样的家庭与政治背景，张澹如在上海的生意自然是如鱼得水，财源茂盛。张澹如又是个棋迷，资助围棋事业不遗余力。他在自己的私宅创建"上海围棋研究会"，从民国初期到二十世纪三十年代，维持长达二十年。在此期间，他每月给研究会的棋手提供津贴、膳食，同时经常邀请日本棋手来上海访问，加强围棋交流，以提高中国棋手水平。刘棣怀的南下，就是因为受聘担任“上海围棋研究会”的围棋指导。

不过，棋手靠“供养”为生往往是缺少保障的。正像北京棋界随着段祺瑞的下野而分崩离析，张澹如在二十世纪三十年代中期因为经营房地产失败，财力大减，也就再无力为围棋活动提供巨额资金，棋手只好自谋出路了。顾水如、过惕生共同创办“上海弈社”，就是希望通过棋社来“造血”。而刘棣怀在1935年到南京，受聘担任“公余联欢社”围棋组织指导，也是生计所迫。除此之外，各种私家棋会、茶楼，便成为棋手谋生的主要场所。中华人民共和国成立后，“品芳茶楼”“延安棋室”“襄阳公园”等还是棋手活动的主要天地。老棋手顾水如、刘棣怀等在尚未进文史馆时，还只能靠下棋赌彩为生。据说顾水如还自制过一种指导券，购券者付上几张券，即可被指导一局。上海围棋既有广泛的群众基础，又国手辈出，促成了民国时期上海围棋的兴盛。上海围棋的兴盛除了整个城市的经济实力与文化内蕴，民国时一直延续下来的棋社、茶馆，也功不可没。

首尔：韩国围棋的崛起与兴盛

首尔作为韩国首都已有六百余年的历史，相传公元前 18 年，百济始祖温祚王南下在今首尔城址上修筑慰礼城定都，后改称汉城。公元 392 年至 475 年高句丽占领这一地区，把现在首尔附近称为南平壤。7 世纪中叶，新罗统一朝鲜后，将此地编入汉山州。1068 年此地被升格为三小京（西京、东京、南京）之一的南京。1308 年升格为汉阳府。李氏王朝李成桂 1393 年在此大兴土木，1394 年迁都在此，称汉城府。1910 年日本强占时，改称京城府。1945 年光复后，复称汉城。1949 年 8 月，韩国将汉城定为特别市。2005 年，韩国政府将首尔旧译汉城的中译名正式更改为首尔。

提起首尔及那穿城而过的汉江，总令人想起中国的汉朝，那源远流长的中国文化仿佛是拐了道弯就流进了朝鲜半岛。朝鲜半岛成了中国文化东游的桥梁，围棋也是这样开始了自己的东游。

围棋源流

朝鲜半岛上的古代居民主要是东夷族。中国古籍关于古朝鲜的记载，主要有箕子的东走、燕国与朝鲜的交涉、秦开的拓地与燕国的扩张。箕子是商末著名贵族人物，因反对殷纣王的暴虐，曾被囚禁。周灭商后，箕子退隐，后远走朝鲜。杨晓国在《论陵川棋子山与围棋起源》一文中认为，箕子与围棋的起源存在着密切关系。如果此说成立，那箕子带给古朝鲜的不知有没有那个时代的围棋。

朝鲜半岛的围棋活动最早见于朝鲜的史籍《朝鲜史略》，相传高句丽的长寿王巨琏，打算攻占百济，招募了一个僧人道琳，让其假装获罪，逃到百济。道琳长于下围棋，通过下棋取得了百济盖卤王的信任。道琳就蛊惑百济王滥用民力，大修宫室、城郭、坟墓，百济仓廪虚竭，人民穷困。高句丽王发兵，攻占了百济的首都，百济王兵败被杀。这件事发生在公元475年，大概在南朝刘宋末年。这说明在475年前，围棋传到高句丽和百济已有一定的时间，才有可能得到两国统治者和僧侣的喜爱。

朝鲜围棋在中国的南北朝时期颇为兴盛。李延寿《北史・百济传》中说："百济之国……俗重骑射，兼爱坟史，而秀异者颇解属文。能吏事。又知医药、蓍龟与相术、阴阳五行法。尤尚弈棋。"

唐初，朝鲜半岛上依然是高句丽、百济和新罗三国鼎立的局面。公元675年，新罗在唐王朝的帮助下统一了朝鲜半岛。社会的统一与安定促进了唐王朝与朝鲜半岛的文化交流，为围棋的发展、棋艺水平的提高创造了更好的条件。开元二十五年（737年），新罗王兴光卒，其子承庆继承父位。唐玄宗知道新罗号称"君子国"，文化发达，特派大使前往吊贺，又听说新罗国人多善围棋，于是特派善棋人率府兵曹杨季鹰为副。据说季鹰去后，新罗国手棋艺皆在季鹰之下，对季鹰极为恭敬。这大约是史书记载中中朝善弈者之间最早的直接对话了。与此同时，新罗也不断派遣留学生到唐都城长安来，其中朴球就以客卿身份在长安任棋待诏多年。以留学生身份而能跻身于中国围棋国手之列，颇为难得。朴球归国时，进士张乔还专门作《送棋待诏朴球归新罗》诗以送之：

海东谁敌手，归去道应孤。
阙下传新势，船中覆旧图。
穷荒回日月，积水载寰区。
故国多年别，桑田复在无。

朴球带回宫阙中新传的棋势，在归国的船中犹不断解拆研究。“阙下”一句实际上是御制棋势的委婉说法，大约是皇上为送别朴球而特意精心准备的。朴球棋艺高超，归国后不仅找不到敌手，而且故乡也可能发生了很大的变化，这岂不太孤寂了。诗人对友人的一份拳拳之心跃然纸上。

围棋转型

唐以后，中朝之间的围棋交往反而慢慢少了。古代朝鲜半岛没有留下围棋棋谱，因而无法判定其实际水平。今天所见的最早的棋谱，对局者为尹敬文和孙得俊，对局时间为1927年9月27日，对局地点为今天的首尔。全谱初刊于《每日申报》，共九十三着。值得注意的是，这局棋尽管弈于二十世纪，却仍旧保留了朝鲜半岛古代围棋的制度：首先是座子制，座子多达十七个，黑九子，白八子，由白方开局。这令我们想起藏棋，以中原地区为坐标，在一东一西的两个地方分别保留了比中国围棋对角型“座子制”更原始的置子制度，其中颇多值得人们探讨之处。其二，胜负计算法也有独特之处。朝鲜围棋沿用中国古代数目法，但规定，双方地域内的冗子（即己方地域内，紧邻对方棋子之外的子）均取走，再比较目数的多寡。这样一来，单劫的价值增加，单官也可能有目。

朝鲜半岛古代围棋向现代围棋的转型主要得益于日本。近代日本围棋的突飞猛进使终年积雪的富士山成为各国棋手心中的“圣地”，他们踏波蹈海，赴日研修，有的面壁十年，呕心沥血，终在异国他乡成为叱咤棋坛的一代风云人物，就像赵治勋；有的则艺成还乡，在自己的祖国推广普及围棋，被誉为“韩国围棋之父”的赵南哲就是后者的典型代表。年轻的赵南哲在日本学成回国后，这位有识之士推着手推车，载着棋子棋书，吱吱呀呀地走街串巷，向韩国民众推介围棋。谁曾想到，一部小推车竟推出了韩国围棋偌大的一片天地。

今天，围棋在韩国的普及程度甚至超过了中国和日本。在首尔，懂围棋人口已占到首尔总人口的四分之一，许多学校实施了正规的围棋教育，明知大学还有了正式的围棋本科专业与硕士学位点，电视台有专门的围棋频道。浓郁的围棋氛围催生了一批又一批世界级的优秀棋手。在第一届“应氏杯”世界职业围棋锦标赛上，曹薰铉力挫群雄，夺得冠军。继他之后，天才少年李昌镐横空出世，独领风骚……一时间，世界棋坛“韩流”滚滚，韩国围棋以惊人的速度崛起，与中国、日本三足鼎立，并且大有凌驾于其上之势。

赵治勋被称作“斗魂”，虽在日本长大，成名，他的根却在韩国，他身上也就有了一个永远的韩国印。韩国人民在历史上的劫难似乎造就了这个国家高度的凝聚力、顽强的意志、永远不屈服的精神。而赵志勋所表现出的正是韩国人在围棋竞技场的那种可怕的斗志，那种坚忍不拔的精神。

韩国棋手大约也是把棋盘当作了足球场，执着地战斗，玩命地拼搏，时刻准备发出致命一击，不到最后一刻绝不言败。当日本棋手在本格、求“道”中日益走向自我封闭时，韩国棋手却敢于打破一切条条框框，棋盘便成了生命、个性、才情自由挥洒的舞台。就像“战神”曹薰铉，早生华发，却始终巍然屹立。我们从不屈的曹薰铉身上，也就可能探测到一点韩国围棋崛起、兴盛的秘密。

京都：日本围棋的故乡

日本作家川端康成有一部小说，题为《古都》，作者称这部作品为“一部探寻日本故乡的小说”。古都是指京都，作者就出生在距京都十多里的茨木市，京都也算得上是他的故乡了。当然，这故乡更多的还是指文化、心灵意义的“故乡”。京都的古老历史、自然风物、人文传统，使它成了日本传统文化的代表，折射出了日本的民族精神。

京都位于东京西南五百公里外，距大阪四十一公里，是有名的历史之城。从公元794年在平安京建都到江户时代（十七世纪至十九世纪中），一千多年间，京都一直是日本的首都。它既是日本的经济、文化中心，又是纺织物、陶瓷器、漆器、染织物等传统工艺品的产地。同时，它又是日本花道、茶道的繁盛之地，被称为“真正的日本”。围棋，也正是孕育于这样一种传统文化氛围中，浸润了日本文化的优雅。

像花道、茶道一样，围棋也是来自中国，当然在传播的过程中又日益染上了日本文化的色彩。在我国史籍中，最早记录日本围棋情况的见于唐代的《隋书·东夷传·倭国》：“无文字，唯刻木结绳。敬佛法，于百济求得佛经，始有文字。知卜筮，尤信巫觋。每至正月一日，必射戏饮酒，其余节，略与华同。好棋博、握槊、樗蒲之戏。”说明隋朝时，围棋在日本已较为流行。那么，围棋传入日本，最晚应是在南北朝时期。

唐代是中日文化交流的鼎盛时期。大量的日本“遣唐使”来到中国，他们在摄取中国文化的同时，自然也加强了中日围棋间的交流。唐玄宗即多次与日本学问僧辨正切磋棋艺。还有唐宣宗时期，日本国王子入唐，与中国国手、棋待诏顾师言比赛的记载。

中国围棋在很长一段时间，一直把围棋首先是当作一种“艺”，其次才是“技”。围棋主要在文人士子、官宦阶层中流行，形成一种风雅的传统。围棋传入日本后，这一传统也为日本所继承。在日本平安时代（794—1192年），围棋主要还是流行于贵族阶层中。上层贵族崇尚优美，注重细节上的生活情趣，作为与琴、书、画并称四艺的围棋，也自然成为上层社会人士必备的修养之一。唐末曾被任命为遣唐大使的菅原道真（845—903年），作为一个以博学多才著称的公卿，就曾以汉文写下过不少围棋诗。其中一首名《山家晚秋》，写与友人对弈：

数局围棋招坐隐，三分浅酌饮忘忧。

若教天下知交意，真实逍遥独此秋。

菅原道真围棋诗均以汉文写成，其基本意象也源于中国围棋传说，而其中所体现的人生情趣：清幽闲静，浅酌忘忧，作仙界逍遥之游。这与中国文人士大夫的隐逸情趣有颇多相通之处，从中可看出中国审美文化对其的影响。

平安时代，围棋在宫中也颇为盛行，除了天皇，对弈的棋手多为知识阶层的僧侣和宫廷的女官。宽莲法师就是日本围棋史上最早出现的名手，被尊称为“棋圣”，相传他曾作围棋理论著作《棋式》献给天皇。《今昔物语》还有这样的故事：醍醐天皇（885—930年）召宽莲法师对弈，以金枕头作赌注，结果天皇输掉了金枕头，在宽莲法师的归途中，他又派人袭击夺回。

在宫廷女官和贵族小姐中，懂围棋也往往是不可或缺的修养。紫式部《源氏物语》、清少纳言《枕草子》等也曾多次写到宫廷、贵族下棋的场面，展示了围棋这一“高雅的娱乐”在上层社会的流行情况。

日本现存最早的对局谱是日莲上人与其弟子吉祥丸于建长五年（1253年）弈于松叶谷草庵的一局棋。值得注意的是，这局棋是日本现存的唯一采用“座子制”的对局，并且，盘上是五个座子，与中国古棋通行的对角星四座子不同，中心天元处多了一子。这局棋的真伪尚有争议，有人疑为伪托之作，那么伪托者为何要设置五个座子，倒是值得思考的问题。

日本围棋从古棋到近代围棋的变革是从战国时代（1467—1575年）后期始，经由安土桃山时代（1576—1603年），到江户时代（1603—1868年）初期完成。这时也正是日本从中世到近世的转型期，也是封建社会走向成熟的时期。

这时期具有划时代意义的一个人物就是第一代本因坊算砂。算砂1559年生于京都，是一位僧人，原名加纳与三郎。他七岁出家，为京都日渊上人弟子，法名日海，在京都寂光寺下属的小寺“本因坊”出家。著名武将织田信长在京都时听说日海棋力绝高，曾召其到营中对弈，结果被授五子仍不能取胜，从而尊称日海为“名人”。据日本安藤如意《坐隐谈丛》记载，1582年6月，算砂与名手鹿盐利玄于京都本能寺对弈，巧成三劫连环，判为无胜负结局。当日，织田信长被部下判将明智光秀所杀，故当日所弈之局成为著名的“本能寺三劫”之局。后又受丰臣秀吉宠爱，享受固定俸禄。天正十六年（1588年），日海改名为“本因坊算砂”，开本因坊一门。“本因坊”本为佛寺，尔后成坊门围棋一派，延续三百余年，由此也可见日本围棋与佛教文化的因缘关系。

日本围棋，正是在京都浓郁的古典文化的熏染下成长起来的。不过，自从1603年德川家康设立江户幕府，江户幕府逐渐控制了日本的政治、经济，围棋的中心也就日益从京都转向了江户城（东京）。关西与关东，构成了日本东西不同的文化。如果说关西曾经是日本文化的故乡，关东更多地代表了新崛起的日本。日本围棋也是如此。到1924年，日本棋院成立，位于关西的大阪仅仅被设为棋院的一个分部。1950年9月，关西棋院在大阪宣布成立，日本围棋又开始了新一轮东西之间的抗衡与对话。

东京：见证日本围棋的转型

东京与京都，一个在关东，一个在关西，它们几乎串起了一部日本的历史。有人说，东京代表活力充沛、今日的日本，京都代表古色古香、过去的日本；东京是日本的头脑，京都是日本的灵魂。

完备的竞技体制

五百多年前，东京还是一个人口稀少的小渔镇，当时叫作江户。1457 年，一位名叫太田道灌的武将在这里构筑了江户城。1603 年，日本建立了中央集权的德川幕府，江户城成了德川家族居住的城池。尽管皇室还在京都，江户城却成了事实上的政治中心，史称江户时代（1603—1868 年）。日本围棋从古代到近代的转型就是在这个时候完成的。

在江户时代之前，围棋主要还是作为宫廷、贵族的风雅玩物，到了江户幕府时，开始设立棋所，作为在寺社管理下的棋界管理机构。德川家康还授予以算砂为首的七名棋士优厚的俸禄，从这七人中产生了本因坊家、井上家、安井家、林家四大围棋家族。俸禄实行世袭制，这四家也就成了幕府公认的“官赐棋院”。

宽永三年（1626 年），德川家康又确立了“御城棋”制度。每年 11 月 17 日，在江户城的统治者面前举行“御前比赛”，由七段以上的高手在御前对弈供将军观赏，这成了展现各大家围棋实力的最好机会。

元禄时代（1688—1704 年），在本因坊道策的主持下又确立了段位制，从初段到九段，同时也确定了不同段位间对弈的规格，从而使棋手的棋力有了具体的评判标准，也使棋手间的比赛有章可循。九段即为“名人”。

日本接受了中国围棋后，在继承中国围棋风雅传统的同时，又大大强化了围棋竞技的一面，并且将棋上的胜负上升为一种精神，一种信仰之道，这就是武士道精神。中国传统文化往往把各种竞技都看作是“戏”与“艺”，日本围棋则在江户时代初期开始获得独立的身份，建立了较完备的竞争机制。围棋门派的形成，“棋所”的设立，御城棋制、段位制等的确立，标志了围棋的职业化、制度化。正是在这样一种体制下，各大家之间形成激烈的竞争。几百年中，争棋不断。每一次争棋都事关本门的荣辱兴衰，因此才会有棋盘上的拼死相搏，有“因彻吐血”之局。有人用“菊与刀”来概括日本文化，其实，它也代表了日本的围棋文化。

明治维新与围棋改革

1868 年日本开始了明治维新，也是在这一年，日本皇室从京都迁到江户，改其名为东京。这是日本由封建社会向资本主义社会的转型时期，西方文化大量涌入，传统文化受到冲击。政府无力顾及围棋这类虽风雅但毕竟与国计民生不直接相关的东西。四大家沿袭二百余年的俸禄被取消了。除本因坊一家尚苦苦支撑，其余三家均难以为继，相继退出历史舞台。

面对围棋的衰微，在逆境中，棋界的一批有志之士为弘扬棋道，重新组织了棋艺研究会。明治十二年（1879 年），村濑秀甫、中川龟三郎等在东京发起、组织了新型的围棋社团“方圆社”。“方圆社”成员不少曾是坊门弟子，但他们公然与秀荣的本因坊家对抗，独自主办比赛，发行段位证书，出版机关杂志，指导业余棋手，从而形成坊社对峙的局面。

大正时代（1912—1925 年），围棋界继续酝酿着变革。一方面，新闻媒体开始介入围棋，不少报刊纷纷开辟围棋栏目，围棋的专刊和图书陆续刊行，给棋界带来一派生机。另一方面，在棋界，坊社对峙的局面又面临着改变。大正十一年（1922 年），雁金准一、铃木为次郎、高部道平、濑越宪作脱离方圆社结成“裨圣会”。“裨”即副，意思是仅在圣者之次。于是，在棋界形成了本因坊家的中央棋院、方圆社、稗圣会三足鼎立的局面。

禆圣会首先在围棋规则上向传统挑战。它废止了规则森严的段位制，一切对局都采用分先方式，并且规定时间为对局双方各十六小时，超时判负；另外，在对局暂停时，不限黑方或白方，只以时间为准。这些变革，意味着围棋开始打破森严的等级制度，向平等、公正的现代竞争原则靠拢，在当时因循守旧的棋界具有划时代的意义。

1923 年 9 月 1 日，关东地区发生大地震，三家院社均元气大伤。当时大仓财阀的主人大仓喜之郎提出，若本因坊、方圆社、禆圣会三家能捐弃前嫌，精诚合作，他将给予经济支持。在此背景下，1924 年 12 月，团结各派力量的日本棋院在东京宣告成立，这是日本围棋体制的又一次具有革命意义的变革。

日本近代围棋，是四大门派对立、合作、竞争、发展的过程。到二十世纪，唯坊门一脉尚苦苦支撑，但亦出现后继乏人的状况，加上坊门历代弟子为继承权之争纠纷不断，鉴于此，1937 年，最后一代本因坊秀哉做出一个划时代的决定：“让具有实力的强者继承本因坊吧！”最终将本因坊的称号转让给日本棋院。本因坊四百年的历史宣告结束。本因坊的世袭制度让位给更具现代精神的公开、平等的竞争体制，可谓意义深远。

名人告别赛：终结与开始

1938 年 6 月 26 日，最后一代本因坊秀哉的名人告别赛在芝红叶馆举行了开棋仪式，对手是经过选拔赛晋级的木谷实七段。比赛从箱根到伊东，几易对局场地，历时近半年，以名人执白五目负告终（黑先不贴目）。1940 年 1 月 18 日，曾经叱咤风云的名人寂寞地离开了这个世界。

这是具有划时代意义的一局棋。川端康成在小说《名人》中写道，秀哉乃是日本传统围棋的代表人物，而告别赛，则预示了时代的转折与交接。比赛是按照现代方式进行的，限时制、禁闭制、封手制，更符合现代公平、平等的竞争原则，对于习惯了随心所欲的名人来说，是一种限制。可以说，传统的名人是以现代方式进行了一场与传统告别的比赛。现代“合理主义”与传统棋道的优雅之间不可避免发生了冲突，但最终，现代“合理主义”胜利了，这同时也就意味着，一个旧的时代终结了，一个新的时代开始了。

这是日本围棋从近代到现代的转型。尽管川端对此无限感伤，但却不可逆转。从竞技的角度说，这种转型无疑是围棋发展史上的一大进步。当然，正如川端所忧虑的，其代价是围棋风雅传统的丧失。当围棋纯粹成了一种竞技，它失去的部分，直到许多年以后的今天，人们才开始有所意识。

第三辑

网上棋缘

上网下棋

列位看官，在下“黑白仙子”，栖身新浪网一年有余，不打不相识，结下许多棋缘。这其中有赢棋的得意、输棋的懊丧和交友的喜悦，当然也不乏黑色的幽默。正所谓酸甜苦辣咸，五味俱全。这回暂时放下棋子，写一写网上下棋的种种滋味、故事。假如能等来一个偶然，棋友们从棋盘上分神片刻，眼球往这厢瞟上一瞟，我也就算没有白抛这许多媚眼。

一

你看，刚一上道，就往斜（邪）里去了，都怪我家主人帮我取的“黑白仙子”这个名字，常常让人浮想联翩、心猿意马。既然是“仙”，当然可男可女，就像王质上山砍柴时遇着的下棋的仙人，仙人是童子？是老翁？是女子？后来便有了许多的版本，直到现在也没太弄明白。元代的刘因《清平乐·围棋》就把那仙人称作“烂柯仙子”。而后面，“输赢都付欣然，兴阑依旧高眠。山鸟山花相语，翁心不在棋边。”这一“翁心”，而非“伊心”，又让“仙子”的性别云里雾里了。

我家主人说，这样最好，男女棋迷都容易接受。名曰“仙子”，就是要在登场亮相时，多吸引些眼球，多赚点人气。毕竟人都是好奇、爱美的！况且，我在联众还有个情敌，叫什么“zmkm”。那蝌蚪样的符号，一看就是番邦女子，来路不正。我家主人说这个名字是“芝麻开门”的意思。我才不信呢！那分明就是“紫妹 kiss me（吻我）”什么的。有天我偷偷看了他的邮箱，他还在跟我那情敌吹嘘：“许多棋坛高手，一看到‘km’，就眼睛发亮，争先恐后，大献殷勤，我一概帮你笑纳了。”是可忍孰不可忍？唉，不可忍也只能忍了。下棋的男人都这样，每个网上都要去开个房间，金屋藏娇。你说我们这些寄人篱下之人，有什么办法呢？

好在我家主人说，那联众虽说声势最大，但一来棋盘太小，并且鼠标在界面里老是一闪一闪的，晃得你眼花，所以一般他只要上得了新浪，找得到我，就不去会那“zmkm”了。二来林子大了，什么鸟都有，耍痞的小人也最多。有一次我家主人气急败坏地跟我说，他在联众网上跟一个叫“野人”的1段下棋，盘面领先了几十目，数目结果却是倒了过来。他不同意，要求恢复到对局状态。刚要恢复，系统却突然判他中盘负，气得他七窍生烟。来见我时，还一直在嘀咕“不知那野人究竟使了什么妖法”。就这样一来二去，他对“zmkm”便没了兴致。感谢联众！感谢“野人”！！

那“zmkm”正为失宠而哭哭啼啼，我这边却是一现身访问的人便不断，人气指数一路飙升，一时真有飘飘欲仙之感，过瘾，过瘾。

不过，大部分棋友并不管你是男是女，只管下棋就是。“忘忧清乐在棋枰，棋中自有颜如玉。”下棋的那份快乐，就够你消受的了，哪还顾得上其他？但也有棋翁之意不在棋的，一上来就想问个究竟：“是不是‘神仙美女’？”并且执着得很，打破砂锅问到底，颇有不达目的誓不罢休之势。他们纷纷认定，有志者事竟成，只要志不移，仙子也动心。碰到这类痴心人，我一概来个一问三不知，沉默才是金。因为我家主人就是这样吩咐我的。他说网上小人、骗子多得很，都居心叵测，想要勾引良家妇女，让我千万不要和陌生人说话，要善于守住自我。我虽在仙界，也是读过几句古文、几本列女传的，知道“男女授受不亲”的道理，从来就是守身如玉，不失赤子之心。不像“木野狐”那狐狸精，见人就缠，一旦被她缠上便没完没了，再难自拔，常常彻夜不眠，第二天红着眼睛迷迷糊糊去上班，走路都飘忽。

那凡间有些男人非常贪心，狡猾得很。他们要求自己的老婆贞静贤淑，行己有耻，而自己却在外拈花惹草，还视为雅事，“十年一觉扬州梦，赢得青楼薄幸名”。这样还不满足，又尽打我们仙界的主意。什么楚怀王邂逅巫山神女，刘晨、阮肇天台遇仙，还有七仙女、白蛇娘子……这些故事中一个个都是我们仙女自荐枕席，主动献身，好似天上掉下个林妹妹，想得真美。还说我们仙界寂寞，“嫦娥应悔偷灵药，碧海青天夜夜心”，简直是胡说八道。你想想，我们仙界也有玉皇大帝，有威猛天神，有虾兵蟹将，仙女都下凡去了，他们怎么办？

过去的男人编造仙人故事，其实也就过过干瘾而已。现在好了，有了网络，那里面应有尽有。这不，刚打开电脑，“非常男女”“美女帅哥”“100 万会员与你相约 2003”就扑面而来。尽管“白天不懂夜的黑”，但“开在黑夜的玫瑰不需要你来懂我的心”。你看，多平易近人，多体贴，急群众之所急，想他人之所想，简直就是活雷锋。

有人会说，那我不也下凡来了吗？这您就不懂了。这网就如过去的仙界，现在都是我家主人来看我，何曾见我去过他家？并且他来会我，也只是带我去下下棋，从无其他苟且之事。尽管如此，我心里还是认定他了，立志“从一而终”。所以哪怕有许多追求者，也不会轻易自贱了身份，傻乎乎被几句甜言蜜语就熏晕了。

那天碰上一位号称“永州霸刀”的 3 段棋手，棋倒不错，历史战绩四胜零负，就是名字霸蛮了一点。背着个张飞式的丈八长矛、李逵式的板斧，舞来舞去的，总觉少点优雅之气（不过也许是在现实生活中做惯了君子，被“河东狮”管得紧了，要到棋上来出口气，也未可知）。果然，“霸刀”一上来，就霸气十足地说：“我跟你打赌，输了嫁给我好吗？”我平时本来从不跟人调情的，那天也许是我家主人看到“永州”两字，勾起他的思乡之情，特许我跟他的小老乡斗嘴玩玩。在“霸刀”急不可耐的催促声中，我不动声色地问：“你想当小道人吗？”对方愣了一下，问：“啥易（意）思？”咳，这也太“性”急了吧！“意思”也“易思”得不是地方。我调侃到：“小道人是谁都不知道，一边凉快去吧！”

我家主人年轻，英俊，又有学问。曾经沧海难为水，你“霸刀”要打动我的芳心，可得拿点真本事。

他无话可说，只好转换话题：“你冒匆（充）女孩子？”我可没说，是你先入为主，你才以“冒匆”为“冒充”呢！我说：“先去读一读《小道人一着饶天下，女棋童两局注终身》，再来跟洒家聊天吧！”他哈哈笑起来：

“可西（惜）你不是女的。”

“何以见得？”

“洒家有女的吗？”

“时代不同了，女的就不能说洒家吗？”

“还想骗老夫？哈哈。”

一见到“老夫”，我的灵感又来了，顺水推舟：“你既为糟老头子，学问又不行，还想跟女孩子套磁，省省吧！”

他又是一声“哈哈”，之后口出狂言：“我让你两子，你信不信？”

我堂堂仙子，岂能被你如此羞辱，心里有点气，反唇相讥：“是气糊涂了吗？”

“哈哈！要不我们赌赌。晚上九点，不见不散。”

晚上，我本来想去会会他的，也给他一点教训。我家主人却说，你再赢几局即可升5段，那“霸刀”的棋力，显然不止3段，用不着为斗气影响了升段大业。我知道，他私心里还怕我因此惹出什么插曲，心里暗笑，表面上却只好说：“那是，那是，一切以大局为重。”

二

那天跟“永州霸刀”斗完嘴，我家主人回去就写了一副对联：棋犹是也，人犹是也，何分男女；总而言之，统而言之，都是棋迷。

虽是改编之作，却也还贴切。如今这媒体上流行“美女棋手”之说。我可不想让人家以为，我赢的棋都是使了美人计、迷魂大法什么的。当然，您要自己先把持不住，咱也没办法。就像那依田，一坐到小朴面前，就犯了晕乎。

咱们回过头来，还是说说我与我家主人网恋的经过及下棋中的一些趣事。

听我家主人说，他第一次触网是在好些年前了。当时学校信息中心的一位棋友跟他说那网上有棋可下。好奇之余，有一天晚上，他来到他朋友上班的地方，用朋友的名字进入了那神秘的围棋王国。一分钟十五步，简直就像下飞行棋。

手忙脚乱地点着鼠标，还好局势居然领先。哪知即将大功告成之时，激动之余，在一角上死活处手一打战，鼠标点错了地方。咳，怪谁？只好自己打自己一嘴巴。

真正在网上邂逅我，是一年前的事了。他贵为师尊，为时势所迫，只好再当一回学子。这一来，导师可一下撕去了假面具，“野”上了。联众网里那个可恶的“zmkm”，就不说她了。在新浪，他本来想注册个“黑白子”的名字，不想被告知早已有人抢了先；想换个“黑白双煞”“白发魔女”之类，总觉与他读书人的身份有点不符。就这样，才与咱“黑白仙子”结下了缘分。

网上下棋，咱是新手。本来学棋就晚，招式多是看书学来，况且在“仙界”，大家下的都是“卫生棋”，总想不战而屈人之兵，胜固欣然败亦喜，没经过多少训练。常常在需要贴身肉搏时，咱首先想的是如何保全名节，不让人近身。如此羞涩、矜持，如何能克敌制胜。我家主人也说过我很多次。我发誓一定改，但临到头来，总难以完全去除心理障碍。特别是如果遇人不淑，被算计、暗害，那赢局也就鬼使神差成了输局。同时，我家主人又有点小气，来会我，宽广大道他不走，偏要挑个校园小径，说这样更浪漫。这可苦了我，那校园网既慢，断线率自然高，这注定了我在武器装备上便如那伊拉克，落后了一大截。有时碰上网上传递信息的使者闹脾气罢工只能安慰自己，说是天意，“青鸟不传云外信，丁香空结雨中愁”，奈何？

在网上折腾了几十局，总是负多胜少，升段遥遥无期。主人也许也不耐烦了，竟然移情别恋，喜欢上那不男不女的“风中之棋”。居然还跟我约定，状态好时就让“风中之棋”掌灯，状态不好时才带我进去玩一把。可怜我贵为“仙子”，花容月貌，一下子就成了“小三”。“风中之棋”那位，不知道吃了什么药，雄赳赳，气昂昂，勇武非常，锐不可当，怒涛九连胜。眼看升5段的头功就要被他抢走，那样我今生今世就再无出头之日了！还好，我好歹在仙界混了些年头，雕虫小技咱平时不屑用，关键时刻也顾不得那许多了。那晚“风中之棋”又上去了，踌躇满志，得意洋洋，仿佛就要大功告成一般。我趁他不注意，给他下了点迷魂药。哈哈，那晚他就像中了邪一般，经常连简单的棋都看走眼，居然五连败。一气之下，主人把他打入冷宫，这才又想起那被抛在柴房里的“仙子”，赶紧把我接回来，并且好言相劝：“毕竟相处一年多，有了感情。咱们从此忘了那来路不明的‘风中之棋’，相依为命，苦熬着吧！只要心中有爱，瓜果野菜，也胜那海味山珍。”

我听了真是感激涕零，不能自已。表忠心的话满肠子打转，就是倒不出来。唉，都说女人易动情。我对他的花心、见异思迁还没表示严正的抗议，他一回转，我反而就摇尾乞怜起来，我就像被杨康那小子弄得神魂颠倒的穆姑娘。我好歹也是个“仙子”啊，居然也不能免俗。

这一切不说也罢，咱就学一回白求恩，毫不利己，专门利人吧！从此我每局都兢兢业业，既小心翼翼，又该出手时就出手，胜率直线上升。这个成绩的取得还得归功于我家主人那位凡界的夫人。尽管我经常大骂“zmkm”“风中之棋”那些狐狸精，但对主人的夫人可是尊敬有加，从未说过不敬的话。那夫人貌美如花，虽不会下棋，却也得过围棋知识电视竞赛的大奖什么的。最难得的是知书达理，非常支持丈夫不时来网上会会我，也从未见他们因为我而红过脸。其实那夫人聪明得紧，老公一门心思在我等身上，自然也就不会在“凡界”拈花惹草了。况且，我们最多只能算精神上的恋人，连小三都算不上。而有的傻女人，老公一到网上溜达一下，就嘀嘀咕咕、唠唠叨叨的，这不是存心要把老公往外推吗？

这样说起来，我也该知足了。正因为如此，我也很知趣，明白要获得最大的自由就得忍受一定限度的不自由的道理。每次他来，一过十二点，我就会劝他回去早点歇息。他偶尔任性一下，一般都很听话。这样大家相处融融，岂不很好？

有了这样安定团结的大好局面，你说，能不赢棋吗？

一路凯歌，终于挣够了二百分。还剩下十余局，再挣二十分就可升段了。那 5 段仿佛已在跟我招手。没想到平地又起波澜，新浪开始收费，且一年的费用就是一百二十元。很多棋迷接受不了，纷纷发表告别新浪宣言，甚至骂新浪铜臭气。新浪不为所动，我行我素。我家主人说，这钱早晚是要交的，不过也要配合棋迷的抗议浪潮暂缓交费，以表明立场。这可就苦了小女子我了，以后每次在新浪，只能看看棋，至于下棋，得等别人来挑你，那感觉就像小姐坐台，被挑来拣去的，忒不舒服。一旦被挑上，那分析棋势、试下之类的程序，人家可用，你却不行，只能干瞪眼。条件虽然艰苦了点，不过有棋下就行。

那天碰上一个 3 段棋手，属于比较“面”的那种，轻易便赢了第一盘。再差一局就可升段了，心里那激动劲儿，就别提了。哪知第二局情绪波动加上轻敌，又重回二百分的起点。还好那天咱人气不错，又被一 4 段棋手挑中了。小心翼翼地落子，很快取得绝对优势。只剩下一些小官子了，双方进入一分钟读秒期，对方突然提出，他要去厕所，能否先数目？我没听说棋没下完就可数目的，生怕有诈，便打一行字过去：你棋已大差，先认输，再去解决问题吧。他不肯，又泡了近半小时。棋局终于结束。点子，他不同意，恢复对局，也不同意。我问：“咋回事？好歹也是4段了，不至于这样吧？”他突然回过来一句：“你不是人！”

在新浪磨炼一年多，斗嘴之类也不再陌生，本仙子还怕你不成。马上反击：“如果人都是你这样，那这人不做也罢！”想想，我本来就是“仙”嘛。

“人家一泡尿都快憋死了，都是你害的，我也要让你尝尝难受的滋味。”

原来如此！我心有些不忍，辩解说：“不是跟你说了嘛，盘面差二十目的棋，爽快认输，先去解决问题，再重来一盘，何必这样？”他骂：“你真卑鄙，听我朋友说，你趁我去厕所，又请求重新开局。”我说：“那是因为你对数目结果不同意，只好请求回到对局状态了。”

就这样一来二去，双方僵持着。他突然问：“你是女的吗？”哎，有戏了。我反问：“你是男人吗？”他说啥意思，我说没意思。他也许想做个“好男”，终于先软下来了：“人家肚子疼得要死，你一句道歉的话也没有。”我一想，还是那十分要紧，论理永远是论不完的，赶紧说：“就算我对不起了。”他终于按下了认输键。

这次斗嘴使我想到，其实不肯接受输棋的并不都是有意做小人，也许是双方有些误会。对骂起来矛盾便可能不断升级，其实矛盾是可以解释清楚的。下棋交友为上，和为贵。

赢了这盘棋，就差最后一局了。那天正在看棋，一位号“百弩”的 3 段打上门来，胜率还不错。我做好持久战的准备，稳扎稳打，中间本有机会吃他一片棋，怕“百弩”身上藏着暗器，抵御诱惑，补厚自己，终于将八九目的优势保持到终局。“黑白仙子”转眼成了5段。我的主人那天高兴得手舞足蹈，碰到人便大肆宣扬。我也就有了女为悦己者弈的成就感。总算彻底将“zmkm”“风中之棋”们打压了下去。突然想起那位“永州霸刀”，如果还在3段群中混，那我可要反过来让他两子了，痛快，痛快！“怎么样，小老乡，来一盘不？当然，请放心，你要输了的话，我也遂你所愿，让你去做压寨夫婿。”

升上5段，终于有机会让咱也在报纸上露回脸。我家主人说算是对我的奖赏。不过，下次再想露脸，除非升了6段。我那主人写文章可是大大的有名，却也怕我抢了他的风头。再说，咱出头露脸太多，他也没有安全感。唉！文人都这样小气。小女子只好再为那遥遥无期的6段奋斗了。各位棋友，如果还想看到关于我的美文，以后网上见面，可得承让一二，下手可别太狠。小仙子这里先有礼了！

首发灯笼论坛，载《围棋报》2003年5月17、24、31日，6月7日

洪洲兄

各位棋友，也许你会问，上回我家主人刚说了，在升 6 段之前不再让我抛头露面，怎么这么快就又来招摇了。实话跟您说了吧，上次我把我家主人狠狠夸了一通，说他年轻、英俊又有学问，他高兴得合不拢嘴。他说这在他们那个什么“学术界”就叫“社会反响与评价”，评这个优那个奖的，可重要着呢。因此，他又做了个补充规定：以后凡是吹捧他或能连赢三局，就不限制我抛头露面。

接下来，你又会问了：“那又跟洪洲兄有什么关系？”洪洲兄是我家主人新结识的朋友，也是属于网上结棋缘的那种。他们一在网上见面，就说久仰大名、如雷贯耳什么的，互相吹来吹去，还称兄道弟。物以类聚、人以群分，龙配龙、凤配凤，配个老鼠打地洞，把朋友抬高了，自己不也就显得有身份了嘛！这叫互抬轿子，曲线救国。我写洪洲兄，我家主人自然有他的考虑。

且说那洪洲兄，可是大大的有名——《一盘没有下完的棋》让他家喻户晓，以后又挂着个首都文艺界围棋联谊会秘书长的名头，在首都棋界、文艺界之间来回折腾，好不得意。文艺圈中的人，本来就好作秀。那首都文艺界的围棋联谊赛，被他弄得像个琴棋书画展示会，棋倒成了道具。他还把这“秀”作到了日本去。每年的中日文坛围棋交流曾经好不热闹。无奈一切都成往事，风流总被雨打风吹去。那洪老先生回到蜗居的斗室，又不甘寂寞，听说那网上好玩得紧，遂起“网上放浪老来狂”之想。他自称还小，六十有八。五十九岁学电脑，六十三岁练开车，六十七岁上网下围棋，还取了些俏皮的昵称，专门招引少男少女。他写了没正经的《游戏黑白》，不想歪打正着，在那清风围棋论坛、灯笼论坛上赢得满堂喝彩，升任“斑竹”。但那毕竟是虚幻江湖，洪老掌门也不知道那正统世界是否能接受他。听说我家主人是“专门家”，想听听意见，遂修书一封，内容是“欲与兄行棋文之交往”云云。

你道这“专门家”是干什么的，职业“吹鼓手”也，用他们的行话，叫“评论家”，专门给那些作家吹喇叭，抬轿子。要把作家与读者的关系比作婚姻的话，那“评论家”就是媒婆，把待嫁女子吹得天花乱坠，十全十美，一旦让人娶了去，人家若发现娶的不是原来相看的那个人，那就不关他的事了。这天洪老掌门亲自上门，我家主人以为肯定又是碰上了要嫁女的主，到时谢媒酒、猪头肉总是免不了的。看过那《游戏黑白》，果然有趣，我家主人大笔一挥，便品评了起来：

洪洲兄：

花两天时间，将《游戏黑白》看完了，一句话：挺好！

首先，是游戏的定位。黑白是游戏，写黑白也是一种精神的游戏，这便为写作提供了很大的自由度。中国人常常喜欢将一些东西弄得很严肃、很神圣，好像不如此便不足以突出其地位、其意义。就像围棋，古人常常要把它跟天地之象、仁德之道联系在一起，今人要通过它挣钱糊口，还要为国争光，难免太累。中国社会与文化，为游戏留下的空间太少，好在还有围棋，还有一批什么也不为就为找乐子的棋迷。本书完全以游戏的心态对待围棋，对待有关的人和事，反而使围棋的快乐得到最大限度的发挥……

其二，是本书的视角，取的完全是棋迷的视角，这就决定了它的内容及其价值所在。一部围棋史，常常是职业棋手的征战史、荣誉录，用当今学术界时髦的话说，就是充满了宏大叙事。而棋迷常常是被忽略不计的。本书恰恰将重心放在棋迷身上，并且毫无古代文人叙述市井之棋时那种居高临下的姿态，所以即便从围棋史的角度说，书中所写的棋迷百态、中日民间围棋交往也是有意义的……

洪兄一看，这“专门家”还真有一套。平时写时可没想这么多，只是好玩而已，经这一点拨，原来自己的“游戏”还有如此之意义，被升华之余，感觉特别神圣、崇高，并表态从此要把它当作自觉的追求。

洪兄不知道，这“吹”的功夫也是要经过科班训练的，关键是要能微言大义，吹的最好是作者、读者都想不到的，“无”处也能生“有”，这才显得你高。他们那流行“阅读是一场自由的梦”“我所评的就是我自己”什么的，他在评你，其实是在自说自话呢！后面，他为了显示中允、客观，用他那秘书写总结的笔法，再写道：“顺便指出几处笔误……”

满以为评得如此得体，应是十全十美了。洪掌门却又不满意了，他说是诚心诚意想听意见的，怎么如此敷衍。

我家主人大感意外。文人永远觉得文章是自己的好。那学术界，平时一个个自谓握灵蛇之珠，抱荆山之玉，老子天下第一，谁也不服谁。你要跟他商榷一二，他便认为你存心跟他过不去，把你认作了仇敌，学术之争就成了门派之斗。给本门的人写书评，常常连“一九开”的“一”都免了。

看来，江湖中人还真比所谓的“学问家”实诚。得，那就说说不足吧！我家主人平时吹惯了，得心应手，挑刺反倒嗅觉不灵了。嬉笑怒骂的东西倒也不少，但对朋友又嫌不妥。憋了半天，才想出一条：增加一点历史感、文化气息。这不又是自说自话，投自己所好嘛。让小二黑穿西装，红高粱模特队踩猫步，您说是啥样？洪兄呀，你千万别听他那馊主意，该咋样还咋样。我见他写给你的信，那么正儿八经，一看就是为了等你书出来拿去赚稿费的。

我家主人也翻出一些陈年旧货，什么“长安道上”“乌衣巷口”之类，明里请洪“斑竹”斧正，其实是想借“斑竹”的职权，也往那网上论坛贴一贴，并且来个“精品特别推荐”什么的，隆重推出。以后他再去评什么奖，便成了作品被引用和转载的证明。洪“斑竹”不便明说，这陈谷子、烂芝麻的，谁看？只好客气地提醒，能不能增加一些现实感。

好吧！那就写最时髦的，名曰“上网下棋”。他叫我执笔，完了署上他的名字（这在那学术界也特盛行，叫导师出题目，学生出文字；导师拿项目，学生卖苦力）。洪“斑竹”一看，说可喜可贺，仁兄也肯写这等轻松点的文字了，不过还是不够洒脱。你看网上那帮年轻人的帖子，活力四射，灵气逼人。我那主人大为丧气，又大不以为然，说那叫学者的幽默，他们不懂的。不过，他还是跟我说：“那你就随便处理吧，我的名字也不用挂了。”这才有了咱仙子的第一篇大作。

说了半天“文”的交往，还是回到棋上来吧！

洪洲兄在那新浪网上，有个化名，叫“黑白顽主”，3段，与咱正好棋逢对手。那天约好在棋室见面，打了个招呼，便厮杀起来。其间黑白顽主不断打行字过来，问候一声，或想对下过的棋做点探讨。我本来想回应一二，我家主人却说：“别作声，好好下棋，赢棋要紧。”嗐，对朋友也这样。我知道他还怕“顽主”对我有所企图。王朔帐下的那些顽主们，一个个没正经特能侃，号召女人都学雷锋见行动，让人人奉献自甘吃亏蔚然成风，他们趁机大占便宜。我家主人也写过关于王大爷的文章，对那些“顽主”心有余悸。可是，他分明知道，下棋的“顽主”仅仅是个老头，要碰到“永州霸刀”之类，吃点醋也就算了。唉，拿他有什么办法呢？那晚赢两输一，只有十分进账，我家主人虽有点遗憾，还是比较满意地回去了。那洪老爷子却直在那里叹气：“一个晚上没说上几句话，郁闷！”

过了一些时日，眼看离5段只剩几个赢局，我家主人又想到洪兄身上扒分来了。一上来，便开始了肉搏。那晚“顽主”玩的就是心跳，完全是不要命也要先击你一掌的战法。真真是岂有此理！稳住心神，一上来就拿住他一片棋，心想这棋可以结束了。哪知“顽主”也不是好惹的，到处挑起战火。我这里既想求稳，有时又实在忍无可忍，失去冷静，稀里糊涂把一盘好局葬送了。气急败坏之下，也顾不得再打个招呼，马上重开战局。知道“顽主”有些野力能折腾，咱却一直以棋理清楚、官子细腻自诩。这回吸取教训，稳扎稳打，终于要以小优终局，不想网上那传递信息的使者又开始了恶作剧，眼看又一个十分不见了，这下轮到咱主人郁闷了，一晚都在一边责备我，一边唉声叹气。

第二天再上网，发现那二十分还好端端地在那里，怎么回事？想起昨天下棋时，那里有一行字：友谊对局。原来“友谊”就是这样的。早知如此，没有了那么重的心理负担，那棋不就赢下来了？我家主人不禁自嘲：“胜敌无封爵之赏，获地无兼土之实。一盘无足轻重的棋，居然也看得那样重。”对职业棋手，由此也就多了一份理解。你想想，一盘棋的“赌金”以数万计，还要把全国人民的“面子”“心情”都扛在身上，能有平常心吗？

洪洲兄一直以不能与我家主人自由自在地对话为憾。想想，一边手谈，一边“笔谈”，追慕那晋人遗风，口手相应。“应答如流，围棋不辍”才对得起琴棋书画之风雅。偏偏我家主人，虽为文人，却不解风情，既老土，又势利。开始是不会，后来是不肯，说棋本身就让人脑袋不够用了，哪还有闲心顾及其他。况且，下棋是业余，自然不会盘算现实的利益，码字在他却是职业，一成“职业”，就难免斤斤计较。就像职业棋手要免费指导你一盘，那简直就是天大的恩惠。我家主人码字时，每一个字可是都在算计着可值几分银子，所以他从来不去那什么聊天室免费跟人神聊，太不划算。文人也就弄得像那律师一般，多没劲。

洪“斑竹”，你在那网上弄得那么潇洒，那般热闹，据说你也已把我划归好友之列，有机会也开导开导我家主人，让我等也去见见世面，开开洋荤。拜托了！

首发灯笼论坛，载《围棋报》2003 年 7 月 5、12、19 日

小仙子翻身记

上回吹洪洲，顺带把我家主人的所谓“学术界”臭了一通，被他大骂一顿，说我越来越放肆了，没大没小，挂着个仙界的名头到处招摇。一气之下差点又把我赶进柴房。好在洪“斑竹”说情，又竭力劝他，让我也去见见世面，别老待在那下棋的房间里，痴痴守望，一不小心就化作了石头。

就这样，我才有机会来到灯笼居。这在我可是大姑娘上轿——头一回。过去也听说那清风论坛热闹得很。可我家主人自恃名门正派，且拿着官府的俸禄，不屑与江湖、绿林中人来往。小仙子也就只好临渊羡鱼，空有思凡之心了。

这天，要上灯笼居去了，我家主人一反常态，热情地说他要陪我走一遭。这可是太阳打西边出来，我感动之余差点又要涕零了。来到灯笼居，他又主动帮我登了记，然后才跟我告别，说：“你就放心玩去吧。”

人逢喜事精神爽，自由真好！那灯笼居，活脱脱就是一个大观园。一进门，就是一驾马车，挂着灯笼，那架式俨然一副广纳天下英才的样子。

走过一个甬道，来到一议事厅，桌后坐着两主任模样的人，一位笑容可掬，一位却一脸的杀气，那肯定就是洪“斑竹”介绍过的“阎王十八”无疑了。想起古时候一位秀才见阎王时“颂屁”的美文，暗自叮嘱自己，可得把它记熟了，什么时候“阎王”内急，咱也可以送上一帖子：“伏惟大王，高耸尊臀，洪宣宝屁，依稀丝竹之音，仿佛麝兰之气。”

你问仙子怎么也变得这么俗了？咳，都是我家那位“秀才”熏陶的。他们那什么“学术界”，也不是什么世外桃源！评这个奖、那个奖的，囊中羞涩的也得求爹爹告奶奶。连平时发篇文章，要不想出版面费，就得多跟编辑大人套近乎。我来这灯笼居，除了瞎逛，可也还有点私心，就是找那洪“斑竹”，发发文章露个脸。我长这么大（新浪注册一年，按仙界的算法，起码也是个妙龄少女了），还从来没有体会过被人欣赏的滋味。

你又问了，黑白仙子与黑白顽主什么关系？同志关系啰！同志者，志同道合也。我们都是来自五湖四海，为了一个共同的“黑白”，走到一起来了。咱可从未行过贿，与他也无任何儿女私情（他年纪一大把，谁愿意跟他）。最多只是在我家主人带我跟他见面、下棋时，我多抛几个媚眼，多装一点灿烂的笑容，多说点他乐意听的话，什么“熟透了才有魅力”“人生第五季”“桃花开了在冬天”“腊月听蝉鸣之类”。偶尔叫他一声“阿洪”，他便笑得比我还灿烂，胸脯拍得山响，连说有事找他好了！

果然，咱仙子在灯笼居一现身，那洪“斑竹”就打出横幅：喜见仙子下凡，欢迎欢迎热烈欢迎！咱虽在仙界，可也不过是一个小仙子而已，何曾见过这等阵势，真有受宠若惊之感。

心满意足地转了几圈，想起正事还没办，赶紧来到那《弈人呓语》，先看启示。不看不知道，一看吓一跳。发表文章十篇之内都是幼儿园小班水平，二百篇才算小学毕业，硕士三千篇，要成为教授就得一万篇。我的妈呀！这可比我家主人那学术界还厉害。那里拿学位、评职称，都得规定文章要什么级别，多少多少篇。到了江湖界，原来也有这么多的规矩。为了职位的升迁，只好猛灌水啰！

看到灯笼居那么多水灵灵的美文，读者成群，还有追星族捧着，大家互相吹着、拍着、灌着，我也心痒难熬，立志成为网络围棋文学新秀的壮志豪情油然而生。得，心动不如行动，赶快动手吧。绞尽脑汁，费了九牛二虎之力，终于完成了平生第一篇大作：《黑白仙子到此一游》。心满意足地回去了。

接下来，我便无限地憧憬，无比地期待……一次次地问洪“斑竹”，我的文章怎么样了？洪斑竹回信说：“早知仙子下灯笼界，却只见填了一表，难道就是‘生平第一篇大作’吗？奇怪中。”

我回信：“小女子的大作叫《黑白仙子到此一游》，如此言简意赅，贴近大众，最具亲和性、感召力的佳作，难道‘斑竹’没看见？没能把它选入精品屋中，甚憾！”

“斑竹”赶紧到那灯笼居上搜寻，一无所获。只好跟我说，估计是没有贴上，欲选精华而不能，奈何？

既如此，那就算了。咱心里也没底，再“精”也就那八个字，文章贴近大众之余，也许少了点厚重与韵味。

我家主人说，虽说功夫在文外，可也得练练内功呀，你还是从最熟悉、感触最深的地方写起吧！感触最深？那当然是从仙界下凡一年来的起伏曲折、酸甜苦辣。百感交集中，下笔如有神，《上网下棋》就这样很顺溜地出来了。十月怀胎，一朝分娩啊！孩子都是自己的好，何况是头胎！每天捧着、瞧着、抚摸着、爱怜着，怎么都不够，有时梦里想起都要笑出声来。

下一步就是怎么向全体灯友们报喜，隆重推出了。贴！来到那“东东作坊”，想起平时发“伊妹儿”的程序，依样画葫芦，在“浏览”框里把“东东”召唤过来，然后“上传”。那管事的却说文件的格式不对。怎么会不对呢？咱这可是正宗的 word（文本格式）。再试，还是不行。

灰心丧气地回去，第二天再来。咱坚信，失败乃成功之母，有志者事竟成。可是精诚所至，金石却不为开，还是那句冷冰冰的“格式不对”。难道咱衣服穿错了也不让进？真是狗眼看人低，岂有此理！

我这边正生着闷气，那边洪“斑竹”也急了。“斑竹”细问缘由，才终于弄清，原来我把文本输入在了图片粘贴的框框，敢情是门都走错了。唉！这真是刘姥姥进大观园。咱久居仙界，不问世事，整天看那些花仙子们玩拆字吟诗过家家的游戏，听七仙女们唠叨“我织布来你耕田”，一门心思想着怎么做个娴雅女子。却不料，山中才一日，世上已千年。看来俺是大大地落伍了！

在诲人不倦的“斑竹”的耐心指点下，终于大功告成。

接下来就是等着看“社会反响与评价”了。心痒难熬，只好克制着自己，耐心点，再耐心点……忍了几天，终于忍不住了，上去一瞧，嗬！咱的级别虽为幼儿园小班，人气却还不赖，还有不少回帖。有欢迎仙子有空多来玩的，有说咱的文章妙趣横生的，还有问是从哪冒出的高手的。几位灯友开玩笑，说咱以“咳”（hai）为“咳”（ke），非常时期，赶快逃开去要紧。不想那网名为“liuzhongfu”（刘仲甫）的仗棋行游，正好经过此处，路见不平，拔刀相助，把江湖中人的玩笑当真了，遂起英雄救美之念：

“仙子，你好。看了你的文字，恍若遇到了故人。那位只一味干咳的人物着实煞了你仙姿绰约的笔间风情。想你是足下无尘的仙子，凡间的脏乱差哪能沾得上你飞扬的裙角？！想你拈棋作文的手不知是否如葱如玉。灯笼在风中飘摇，那一缕烛光总会在某个时刻若明若暗地摇曳，是回忆也是希望吧。”

咳！这“刘仲甫”肯定是见了我，就想起了他的那位“骊山女子”，那呕心沥血的一局棋，触动他的心事，遂在这里百感交集，诗兴大发，借题发挥，以他人的故事浇胸中之块垒。

也有怀疑黑白仙子与黑白顽主的关系的，说有可能是兄妹俩。阿洪站出来说：“有个仙子妹妹的感觉肯定不错。可这位仙子嘛……但愿头像是假的。”阿洪趁机想占点便宜，鉴于他这之前的种种表现，咱也就不计较了。但“头像”是怎么回事？我一时倒没注意。

小仙子一炮走红，一颗“新星”冉冉而起，也算是个小小的“名人”了。“名人”自然更关注自己在公众中的形象。急匆匆去看自己的“玉照”，奇怪了！“妞妞”“独立小桥”“水叮当”们，都是两根辫子樱桃小嘴大眼睛，怎么就我戴着个瓜皮小帽遮着半拉子脸，活像旧社会那跑堂的小二。再回头去查看我的个人资料，那上面赫然写着：黑白仙子，男。

我一看，简直肺都气炸了，咱怎么一下子就失去了女儿身？想起我家主人曾经有过的“殷勤”，原来是黄鼠狼给鸡拜年。他偷偷在我名下写个“男”字，不就是生怕我……

没看到现在美女棋手正吃香吗？棋再不行也自有人“推她劲敌让她欺”。输了棋，那是人家不解风情。输了是虽败犹荣，要偶尔赢一盘，老记们该不知吹成啥样了？

如此风光！如此荣耀！谁说妇女没地位？呸！那是万恶的旧社会。

可是，就一个字，当家的就把咱仙子的一切都给剥夺了，弄得咱们又像回到了旧社会，成了花木兰、娄家女。你说，是可忍孰不可忍？

我气冲冲地回去责问我家那个没有一点男子汉气概的小气鬼，他还嬉皮笑脸地跟我说：“那‘男’其实是指我，与黑白仙子结伴闯江湖，那‘东东’不也有我一半功劳吗？”

呸！还想占我们便宜。都什么时代了，妇女翻身得解放，从此再不受那奴役苦。你没看到，我们仙界，现在也没人做那“自荐枕席”的傻事了吗？

想想那个冤家以前的种种行状——自大（自以为长得俊，又有学问）、自私（从来只顾自己，不问他人心情）、专横（动不动就想把我们关进柴房）、花心（伤心往事就别提了），咱决定，从此再不做那“二房”似的怨女，再不为失宠担惊受怕哭哭啼啼，再不为争宠与阶级姐妹互相残杀（想起对“zmkm”不幸遭遇的幸灾乐祸，对“风中之棋”使的伎俩，咱就羞愧极了）。回归自我，先做人然后再做女人，让贞静娴雅也见鬼去吧！

不过要确立自我，当务之急是首先找回自己的身份。据说那“学术界”现在正热火朝天地讨论什么民族身份、性别身份……敢情那妇女受压迫就是从身份的丧失开始的。由此，我郑重请求灯笼居居委会做主，还我女儿身。“开我东阁门，著我旧时裳，当窗理云鬓，对镜贴花黄。”从此红装素裹，飒爽英姿，棋行天下，仗剑走天涯。

妞妞

与妞妞素昧平生，在灯笼居偶尔碰见，也从未打过招呼，只是闲时看看对方的帖子而已。这样也好，写一写妞妞，无论拍砖还是灌水，也就不会有故意吹捧或挟私报复之嫌。爱也、怜也、崇拜也、维护也、嫉妒也、不屑也，无论你对妞妞持哪种态度，见了仙子的没正经的文章，你就权当一笑吧！

一

闲话少说，言归正传。

一切都还是从洪洲兄开始的。且说我家那位“吹鼓手”把洪兄的《游戏黑白》吹了一通，阿洪大受鼓舞。那天，又把新写的一章“网上放浪老来狂”寄来了。讲他在网上如何如何，还写到不少网友：阿土崽、妞妞、雨过山前、呆若木鸡、浪子一歌……

文中说到妞妞的两篇文章《和你下的棋》和《猎狐》，我家那位大感兴趣，借我的名号，偷偷跑到那网上去，不辞辛劳专找妞妞的帖子看。之后又兴奋得夜不成寐，按捺不住，挥汗如雨地便帮人家吹上了，还准备把那文章拿到报上去发表。文章好坏咱不说，那题目就有些暧昧得可疑。各位朋友还是自己看吧！

围棋、文学与女人

曾经想写一部小说，名字叫《黑白》。设想小说有两条线索：一是当下的现实，关于一位大学教授的爱情、婚姻与围棋的故事，当然也包括当代知识分子的生存处境，各色嘴脸；一条是历史的线索，以宋代棋手刘仲甫为主角，写他棋行天下的潇洒，作为宫廷棋待诏的荣耀与辛酸，还有与骊山女子的那盘扯不清的棋。令人苦恼的是如何把棋与人事、与情感的纠缠糅在一起，正所谓黑白之棋、黑白人生。

读了妞妞的《猎狐》，就如黑暗中突然见到一线光明，纷乱的思绪一下子被理清了。

“我执白子。我以我最洁白的心意指引他：我总能逃开他最凌厉的追杀，引他别有天地，牵绊他，安抚他，劝说他，温柔他。

“他挣扎，他逃避，而终于也静下来，和着我的意，随着我走，随着我飞，随着我忘却了世俗的一切。如风在天，如鱼在水。我们下着，像一场约会……”

这不正是我苦苦寻找着的一种表达方式吗？没想到，这样的境界，一个并没有经过什么职业的文学训练的女孩子轻而易举就达到了。也许，这就是女性的天生优势。当男性作家们追求着所谓的大气、史诗品格、忧患意识的时候，文学难免变得粗糙与沉重，而女人可以把文学弄得无限的婉转细腻，动人心弦。就像妞妞的文字，没有刻意的拔高，没有过多的修饰，却充满了一份至情至性，读之令人动容。

其实围棋也是这样。男人们一心盯着的就是胜负。棋盘上的厮杀，本来就是人的攻击性冲动的变相发泄。棋盘上的你死我活，残酷斗争，无情打击，阴谋诡计，却被赋予了正面意义。吐血之局，武士道精神，被不断地渲染、赞叹、美化。弄得连一些女子棋手，在棋盘上也比男子更凶狠。

在充满血腥味的棋盘上，妞妞却把棋下得“生的是死的，死的也是生的……彼此牵绊着、缠绕着、制约着、爱护着。偌大的棋盘，一会儿便是黑白相拥的故事”。围棋的另一面也就凸显出来。充满暴力的围棋原来也是如此的温柔，如此善解人意、风情万种。此刻，我相信，刘仲甫与骊山女子的那局“呕血谱”，也一定是身为美女狐的骊山女子在化仙时的一刹那，被触动了凡心与柔情，那血也是春花般的灿烂与动人。

作为男人，特别是喜欢舞文弄墨的男人，读妞妞的文字，时时无不沮丧地感到：文学，有时并不一定需要男人们孜孜以求也藉以自傲的所谓伟大而深刻的思想。其实，文学就是女人。

围棋不也是如此吗？

二

看了这篇“杰作”，我首先产生的一个感慨就是，还是做女人好啊（想起咱的身份被剥夺的事，现在还愤愤不平）。无论你把围棋、文学弄成啥样，都会有人来说好。我家那位，平时人家来求他写书评，架子特大，勉强答应下来，也是叫弟子们捉刀。这次却为一个八竿子都够不着的网上女子，自告奋勇，不计报酬，亲自操刀，还什么“黑暗中见到光明”“文学就是女人”，肉麻不肉麻？那不明摆着居心叵测嘛！

我实在看不过眼，也胡诌了一篇东西。人家是“专门家”，“商榷”不敢，权当凑个热闹吧！

小女子围棋文学

时下美女作家、美女棋手什么的吃香。

你看那些作家，只要一挂上个“美女”的头衔，便人气大增，身价百倍。作品差点没关系，那可是出自“美眉”的手笔呀。“美眉”们大多都惜美如金，只要稍有些姿色，便都急于找好“职业”去了。弗洛伊德说，文学家都是生活中的不如意者。只有那些灰姑娘，失落之余才会拿起笔到那冷冰冰的纸上、电脑屏幕上去喁喁诉说。而今，终于有“美眉”肯献身于这个寂寞的事业了。虽然她们并不一定够得上选美的标准，可人家是“作家”呀！

这两年，美女棋手也突然成了一个时髦的字眼。不知道吸引人眼球的是她们的“棋”还是“色”（其实论棋往往不如男棋手，论美又不如那些职业“美眉”），也许是两者相加，便一加一等于三了。可惜都是媒体吆喝得厉害，职业的男棋手们往往不解风情。爱美之心，自然都有，但一涉及棋背后的银子，他们便照宰不误。

美女、棋手却职业，真是不幸啊！

好在还有江湖。说到善解人意，怜香惜玉，还得靠咱无私的棋迷。他们平时虽然大碗喝酒，大块吃肉，粗鲁的外表下包容的可都是一颗最柔软的心啊！你看，妞妞自称不懂棋，便会有许多高手自告奋勇来当教练；妞妞问，谁能让我赢一盘？便会有好心人主动献身，以博红颜一笑；当妞妞终于懂得了征子，懂得了挂角一般在三线，一个眼如果有两个角被对方占据那就是假眼，多少人为之喜极而泣。

职业棋手把围棋弄得那么残酷、那么功利（据说那叫男子汉围棋），咱棋迷反而把中华民族谦让、大度、宽厚、胜固欣然败亦喜的美德发扬光大了，让围棋变得如此柔情蜜意，如此动人，我们姑且把这种全新的围棋命名为“小女子围棋”。说到其首创之功，妞妞当然有一份不可抹杀的功劳。

小女子围棋的精髓在于以“情”动人，其基本战术便是装傻示弱，迷惑敌人，声东击西，曲线救国，以退为进，以柔克刚。

且说《围城》里的孙柔嘉，论性感不如鲍小姐，论才学不如苏文纨，论纯情不如唐晓芙，能够成功地把方鸿渐“围”进“城”中，不就是仗着一点：装傻装弱嘛！有道是，弱女子最容易惹起伟丈夫的怜爱。男性最需要的还是“柔弱者”“臣服者”，它可以大大激起男子汉的虚荣心、保护欲，让他们每一个毛细孔都透着舒服，由此换来一块“不设防区”，孙小姐在其中游刃有余，在男性的包围中成功地实施反包围。

咱妞妞当然不屑于像孙小姐那般地费尽心机。对妞妞来说，一切不过女子的天性使然嘛！“采菊东篱下，悠然见南山”“行到水穷处，坐看云起时”，这更是一种境界！

特别是当这柔媚的围棋又插上了文学的翅膀，那就更增了一分魅力。当妞妞因为拥猫而眠反而被那不解风情的畜生折磨，当在难耐的寂寞中问一声："陪我去看电影，好吗？"当在输棋的夜晚感叹："为什么受伤的总是我？"面对此情此景，面对那空谷幽兰般的伤感，你怎能不动容，说一声："妞妞，别哭，我来也。"

有一本书，书名叫《好女孩上天堂，坏女孩走四方》。难得的是，妞妞却把好女孩的纯情、娇弱与坏女孩的蛮横、狡诈集于一身。她把那些"帅哥"们哄得团团转，一滴眼泪，一句"帅"，便倾了你的城，晕了你的菜。而当你满怀柔情要去做帅呆了的大英雄，她又时不时蜇你一下，幽你一默。

看来，光会撒娇还不够，还得艺术。

这才叫真正的"小女子情怀而大才女手笔"啊！

三

有人会说了，小仙子，你这样写是嫉妒妞妞吧，站着说话不嫌腰疼，有本事，你也写一篇"小女子散文"试试。

写就写，有什么了不起！

磨好浓墨，铺开浣花笺，对着窗外那梦一般暧昧的新绿，咬着笔头，灌了许多杯浓茶，扯断无数根青丝，以"两句三年得，一吟双泪流"的敬业精神，废寝忘食，没日没夜，终于凑成了一篇其淡如水，其浓如酒的"东东"（文章），差点把自己也感动得不能自拔。

不信，你自己看：

棋心如水

我见犹怜

（一）

闲来下棋，下得不好。一个人捧着本棋书，靠窗而坐，对着空旷的棋盘，有一子没一子地落着，想哭想笑的心情都在指间不知不觉中滑了出去，心里空空荡荡，只有那落子的清音，如水般弥漫开来，心也就有了几分润湿。

练棋却不肯勤奋。好友久别后诘问：“怎么不见长进？”我笑笑，不答。从来就没有要求自己下得一手好棋的，竟也不为难自己。夏夜的阳台上就有了那么些断断续续的棋子声，直到星星稀落。没人爱看，没人耐听，也不扰人好梦。

（二）

闲来喝茶，却不会品茶，分不出茶好茶坏。自顾捧一杯茶，慢慢喝来，想来人生的消遣便是填补那些生命的空隙吧！有茶在手，仿佛自己也丰盈踏实起来，什么都可以不要求了。

喝茶的心思并不曾放在茶上。常常是捧一杯茶，痴坐在那里，想不想什么都是无所谓的了。曾试过喝咖啡，终觉味太浓，没有与人相配的心境。而且心情也始终聚在咖啡上，散不开来。不若茶的妙处，待一杯茶尽，便心如止水了。

（三）

纷乱嘈杂的时候，面对滚滚红尘，常常生出这么个惬意的念头：如若有暇，有一个可与倾谈的人，寂寂的院落，潺潺的流水，古朴的棋盘，莹润的棋子，寒宵对坐，喝杯茶，手谈一局，该多好！

如水如水，你以如水的柔指，我以如水的心情……

怎么样？咱仙子炮制的小女子围棋散文，也还不赖吧！

原载灯笼论坛

仙界围棋报告

中国围棋近来战绩不佳，棋协领导发话，必须进行深刻认真的总结。听说小仙子来自仙界，对那里的围棋活动大感兴趣，于是约请咱写一篇专稿，称“他山之石，可以攻玉”“可为中国围棋之崛起提供有益借鉴”云云。小仙子棋力在仙界虽不入流，承蒙棋协厚爱，亦觉为故国出力义不容辞，遂收起平时嬉皮笑脸之作风，正襟危坐，完成了一篇仙界围棋报告，不当之处，敬请各位领导、棋迷同志们批评指正！

一、仙界围棋的光辉历程

围棋可称得上中国四大发明之外的又一大发明，这是中华民族对世界文化的巨大贡献。中国围棋传统源远流长，春秋时代就开始有信史记载。说到仙界围棋，那历史就更加悠久了。仙界围棋的起源一直可以追溯到神话、传说中去。那创造人类的伏羲、女娲是否会下棋倒没听说过，但尧造围棋，虽凡间认为不可信，可实实在在地算得上仙界围棋的开始，因为仙界围棋史事实上就是一部围棋的传说史。

说到仙界围棋的开创者，除了尧，还有橘中叟、商山四老等棋界前辈。《梨轩漫衍》中说：“围棋初非人间之事，其始出于巴邛之橘，周穆王之墓，继出于石室，又见于商山，仙家养性乐道之具也。”这充分说明人间围棋源于仙界，乃是神仙们集体智慧的结晶。

在仙界围棋的发展过程中，“神”才辈出，南斗、北斗、烂柯仙子、仙馆大夫、青桐君、田真人、灵岩仙人、白羊二老，体玄真人等，都是著名的仙弈高手。不光是男子，仙界女子围棋活动也开展得有声有色。桃源仙女、蜀山妇姑、骊山老媪、龙雾二女、百花仙子、麻姑等，都是女中豪杰，为仙界围棋的广泛开展做出了不可磨灭的贡献。这正所谓江山代有才“神”出，各领风骚数十年，造就了仙界围棋繁荣昌盛的大好局面。

二、仙界围棋强盛之道

仙界围棋为什么能取得这种成就呢？一方面当然有仙界特有的有利条件，这就是神仙们，无论年龄大小，职位高低，都不用上班，不用参加各种生产劳动，无须为衣食住行柴米油盐酱醋操心。喝酒、下棋、赏花、吟诗就是他们每天的事务。他们每个人都可以把全身心投入到围棋事业中，这种全民皆棋的局面是凡间无法比拟的。当然，除此之外仙界围棋也有一些成功之道，足以为中国棋界借鉴。

首先，是领导重视。

俗话说：“村看村，户看户，群众看干部。”领导起着革命的火车头的作用。一个地区、一个国家围棋的兴盛，常常与领导的重视有关。古代一些好弈的皇帝，如梁武帝、唐玄宗、宋太宗等，都为围棋的繁盛做出过重要的贡献。但把围棋的兴衰完全系于个人的好恶之中，也导致不稳定局面的产生。皇帝换来换去，便难以保持围棋政策的连续性。并且，历代老有一帮迂腐的“正人君子”在那里聒噪，说下棋玩物丧志，无益于国计民生什么的。

在仙界，则一直是玉皇大帝一统天下。玉皇大帝虽然没见他怎么下棋，但一直非常支持围棋活动。盖因为凡间管事的怕因为大家都下棋耽误了生产，而咱仙界恰恰相反，是大家都没事可干，如果不给他们找点消遣，反而容易出乱子。俗话说，饱暖思淫欲。仙界就曾有七仙女之类，因不会下棋，闲得发慌，偷偷去凡间找男人，还把织布耕田看作世界上最美妙的事情。鉴于此，仙界老祖宗发明了围棋，以此作为“养性乐道之具”，玉皇大帝也大力提倡、全面推广。大家都在棋上玩得不亦乐乎，也就没有心思顾及其他了。围棋在仙界成了关系国计民生，影响到社会安定团结的大事，你说，领导能不重视吗？

其次，是广纳人才。

仙界围棋人口，大致可分几个层次：一是神，这是仙界的领导阶层。他们一直住在仙界，管理着天上、人间、地狱的种种事务。因事务繁忙，在围棋上投入的精力可能稍有不足，不过一直非常支持围棋活动。

第二个阶层是仙人。神与仙的区别在于，神是天上的原住民，仙是地上的人通过修炼来到天上的移民。这一部分是仙界围棋的主体力量。因为他们在世上本就是散淡之人，到了仙界，也无需为各种事物劳神，下棋自然成了他们生活中的一个重要组成部分，技艺也不断提高。

第三个阶层是精灵。精灵往往是各种物成精所至。山川草木、鸟兽龙蛇甚至家用器具，跟人一样皆有灵。它们通过多年修炼，也可化身为人乃至成仙，像白蛇娘子、青桐君、南山木强人、木野狐，他们一旦好棋，便比那些清静散淡的仙人更执着，胜负感更强。他们的先辈“橘中叟”，甚至对仙界围棋有过“筚路蓝缕，以启山林”之功。

第四个阶层就是鬼怪。冥界亦属仙界管辖。一般的人死而成鬼，或者仙界中犯了天条的，也有可能被发配到这里。虽为戴罪之身，却也不乏围棋爱好者，乃至弈中高手。并且，有的对围棋的那份痴迷令人感叹。像蒲松龄为之作传的“棋鬼”，本一介书生，因为嗜弈而倾家荡产，气死老父，被阎王罚入饿鬼狱。有了生还机会，又因为弈棋而永世不得超生。迷棋如此，“尚未获一高着”，真棋迷也。

地狱里的鬼们，往往闲极无聊，互相以打斗撕咬为乐。让他们沉迷于棋，既可以使其剩余精力有发泄之处，又可提高其精神修养、素质，可谓一举两得。这成了阎王最成功的管理之道，多次受到玉皇大帝的表彰。

“我劝天公重抖擞，不拘一格降人才。”仙界广纳围棋人才，且不问出身，不分贵贱，充分调动广大仙民的积极性，激发其天赋、智慧，围棋想不繁荣都难啊！

第三，保持长盛不衰的运动生命。

那凡间的棋手，生命本来就短，又往往未老先衰。一有点成绩，就沾沾自喜，故步自封，“棋王”“棋圣”满天飞，在荣誉、吹捧中飘飘然，在声色犬马中晕晕乎乎找不着北，由此往往昙花一现，运动生命刚开始就结束了。

仙界则不然。天上一日，长于人间百年，童子要成为老翁，那在人间至少也要几万年了。况且，神仙本来就长生不死的，生命在不断的循环中，老翁摇身一变，又成童子。他们的棋艺在周而复始的修炼中，焉有不炉火纯青之理。况且，他们从来都是宠辱不惊，不以物喜，不以己悲；胜不骄，败不馁。以这种心态去下棋，自然可以最大限度地发挥自己的水平。并且，他们虽然生命漫长，但从来都非常珍惜，不肆意挥霍生命。餐风饮露，修身养性，棋也就像那生命之树，永远枝繁叶茂，无枯萎衰落之时。

第四，广开棋路，重视后备“神”才的培养。

仙界虽然不存在棋手退役的问题，但不断输入新鲜血液，仙界围棋才会有生生不息的活力。而人间修道之士，往往是仙界围棋最重要的后备力量。在他们还在俗世的时候，仙界就往往予以特别的关注、指点。像吕洞宾先生，在俗世的时候就已经很有悟性，修道下棋两不误，还写有《悟棋歌》：“因观黑白愕然悟，顿晓三百六十路。馀有一路居恍惚，正是金液还丹数……”而洞宾先生的那些徒子徒孙，像全真教的王重阳及全真七子，养性守气，“……棋局开颜销日。古柏岩前，清风台上，宛转晨餐毕。幽人来访，雅怀闲摅机密”。当他们一旦修炼成仙，马上就可以成为仙界围棋的生力军。

同时，仙界还非常重视全面提高俗界围棋的水平。既然俗界是仙界围棋神才的后备基地，水涨才能船高。所以，全知全能的玉皇大帝，高瞻远瞩，作出一个英明决策，不断派遣使者装扮成凡人，到凡间去传播、教授围棋，收到很好的效果。你看，那王积薪，蜀山妇姑仅仅教给他一些简单的攻守、杀夺、救应、防拒之法，就已无敌于人间了。而担草老翁把那范西屏、施定庵杀得大败，也是希望他们明白，尽管在凡间无敌，但艺无止境，强中更有强中手，还得继续努力啊！

正是这种种的措施造就了仙界围棋的繁荣，不光天界，连冥界也是人才济济，百花齐放。

三、仙界围棋的危机与出路

不过，近百年来，特别是当代，仙界围棋也开始面临着一些危机。仙界的最大敌人就是科学。过去，人们都相信神仙，有事也喜欢来求神仙。那科学却说什么仙界不过是人的想象、臆造，神仙也是人的愿望的产物。仙界围棋，自然也就是子虚乌有了。

于是，科学便成了新的“神”，似乎一切都要在科学面前证明自己存在的合法性、合理性。民国时，湖南大学有位叫黄俊的文学教授，是光绪年间的举人，写过一本《弈人传》，收录名弈人五百余，还专列《仙异》一卷。不过，那本书后来的出版者却说它“引录旧文，泥沙俱下，宣扬道学及迷信乩仙，荒诞不经，附会天命、不合科学之处，时亦屡见”。这科学弄得人连梦都没有了，真没劲。还说那月球，他们都上去了，根本没见到嫦娥。你算老几，嫦娥仙子能让那些妄自尊大的俗人随便见吗？

不过，俗世现在都不相信神仙了，仙界围棋成了无源之水，确也是个问题。你想想，没有了新人，老是一帮旧伙计在那里翻来覆去，从几千年前下到现在多没劲。那么仙界围棋出路何在？经过多次的调查、反省、研讨，仙界上下达成共识：

其一，充分利用科学。有道是与时俱进，方能立于不败之地。科学发展日新月异，人类的生活也精彩不断，而仙人老还在念叨什么“织布耕田”之类，确实也有些落伍了。现在，科学弄出个网络来，这恰恰说明人类感到不满足了，要利用科学过一过神仙的生活。网络里面就是一个虚拟的、充满幻想的世界嘛！它正好为仙人们提供了大展宏图的机会。不光是围棋，其他方面也可以全面介入，仙、人共戏，其乐岂不更增一分？人人都在那网上下棋、聊天，神仙似的，那将来的世界岂不成了神仙之天下！

其二，加强国际交流。过去中国的神仙老固守在一个地方，只是偶尔到凡间去教教棋，与东土、西土其他诸神老死不相往来，封闭导致停滞。而网络时代，正为仙界围棋提供了一个新的发展机遇。一方面，利用网络与各国的神仙取得联络，比如了解一下日本的大神围棋到了什么水平，那西天的宙斯除下国际象棋是否还会下围棋。

东风吹，战鼓擂，这个世界究竟属于谁？“金猴奋起千钧棒，玉宇澄清万里埃！”危机是挑战也是机遇，神仙围棋只要抓住机遇，一个新天新地就会到来。改天换地，数风流神仙，还看今朝！

首发灯笼论坛，载《围棋报》2003 年 11 月 30 日，12 月 6、13、19 日

仙界围棋秘闻

上次在棋协礼堂，做了回“仙界围棋报告”，正儿八经，冠冕堂皇的，累煞仙子也。正叫苦之时，一家叫什么《花花围棋》的杂志社，热情相约让咱写点仙界围棋秘闻，让读者也轻松点，寓教于乐嘛，并许以高额稿酬。既然于读者于自己都有益，仙子便应承下来，也算为咱故国的社会主义精神文明建设尽点绵薄之力。

一

不过，要写仙人们的情爱故事，特别是如果还想挖点猛料，真还有些难度。仙人们过的都是吸风饮露、不食人间烟火的生活，也没有俗世的那套恋爱、结婚、生子之类的俗事。你想想，如果大家都忙于生孩子，那仙界岂不也要像凡间一样人口爆炸。并且，仙人们都为那些小兔崽子们洗尿片去了，哪里还有时间清修？哪里还有一点仙人的风范？

凡间的那一套就叫俗。俗，就是跟人的欲望更相接近的那部分，首当其冲的就是食、色。所以，俗世的那些修道之士想成为仙人，首先就是从戒色开始，而后通过行气导引、胎息辟谷之类，逐渐戒了酒肉、五谷。去除浊气，留得清气，便成了超凡脱俗之仙人、雅士。

不过仙人、雅士做久了，也未免有些单调、寡味。“寂寞嫦娥舒广袖”，难免生出思凡之心。并且，仙人都有通灵慧根，火眼金睛，凡间男女打情骂俏，看得个一清二楚。那些人呼天抢地，寻死觅活，痛并快乐着，还乐此不疲，让仙人好奇之余，百思不得其解！围棋尽管魅力无穷，并且也像那木野狐一般，令人痴迷缠绵、神思恍惚，但毕竟是虚的。有些凡根未尽的仙人，便难免越界，欲一尝俗世之快乐。于是，有了种种下凡之举。

不过，人间传的多是仙女与凡间男子如何如何，很少仙男与凡间女子的动人故事。盖因为那世间的人都好面子，又是男权思想作祟，他们的“帅哥”引得仙界“美眉”自动上钩来筑巢，他们觉得荣耀无比，所以有那么几起便大肆宣扬、广而告之。相反，如果是自己的姐妹被仙界俊男勾去了，总觉脸上无光。事实上后一类情况更多，他们于是编造故事，说是妖魔把他们凡间的女子……

而仙子下凡却似有许多充足的理由，比如教授围棋就是最好的借口。不过，这里面的一些内情，一般人并不一定清楚，且听我细细道来。

二

先说那刘阮天台遇仙女，红罗帐里话围棋的故事。传说东汉时浙江剡县的农民刘晨、阮肇，入天台山采药迷路了，正彷徨无计之时，发现溪畔站着两位美艳无比的姑娘。她们迎上前来，喜中带嗔地问：“怎么会来得这么迟呢？”说罢，就邀请他们到家里去。进了屋，十名侍女侍候着，备了丰盛的酒饭。然后又进来一群手捧红桃的少女，说是“恭贺你们的新郎来了”。酒酣奏乐，刘、阮又惊又喜。到了晚上，让他们各睡一床，两位姑娘也进了红罗帐。

十天以后，刘、阮请求回乡。姑娘们说：“这是郎君早年修来的福缘，何必这样急呢？”转眼间，冬去春来，百鸟争鸣，平添了二人的乡愁。二位姐姐无奈只好送他们走了。

这凡间传的故事与事实大有出入。首先，说仙女守株待兔似的迎候刘晨、阮肇，这明显出自世俗男人的欲望与想象。事实上，是两位仙女在下棋，刘、阮经过此处，看见了，好奇之余便看了起来，不觉日已西沉。看到两位仙女一整天不吃不喝，沉迷于那黑白的缠绕中，两位采药人大感兴趣，央求神仙姐姐教他们。仙女想起玉皇大帝提出的要在人间大力普及、发展围棋的号召，觉得义不容辞，于是收下了这两个俗家弟子。

就这样，刘、阮住了下来，每天跟着漂亮的神仙姐姐学棋，也不用采药了，还有好吃好喝的。这样的享受哪儿去找，他们乐不思蜀，早把家里面的黄脸婆忘得一干二净了。他们一门心思想的就是尽可能学慢点，因为一旦学会，仙女就要打发他们回去了。就这样，一招定式，他们有时就要学上十天半月。仙子一面叹气："俗人真是笨啊！"一面又只好耐着性子教下去。

冬去春来，终于要举行测试棋考核了。这刘、阮又提出一个要求，说为了烘托气氛，测试棋可否分别在红罗帐里进行。两位仙女本不想答应，想起为传播围棋的大业，自己做点牺牲也在所不惜了。红罗帐里，烛光摇曳，那刘、阮使尽挑逗之能事，每一着都来个说法，语意暧昧，仙女长年清修，哪见过这等阵势，不知不觉便心旌摇荡，把持不住……（此处删去一百五十七字）

经过这一番"手谈"，仙女确是对刘、阮有些难分难舍了。但为了传播围棋的大业，仙女只好催促他们回去。刘、阮回去后，便教会了家乡的人下棋。想起仙女快去快回的嘱托，刘、阮完成使命后，又离乡进山，从此再也没有回来了。

三

再说那翰林棋待诏王积薪在蜀道上的奇遇。

且说安史之乱，玄宗与其部属离开长安，仓皇西奔。王积薪跟着"南狩"的兵马来到一处地方。蜀道狭窄，稍好一点的地方早就被那些达官占据了。一下棋的只好靠边站。他沿溪行，来到一山中孤姥之家。这家只有妇姑两人，给了他一些水喝。男女有别，妇姑阖户而休，积薪只能栖于檐下。夜阑不寐，在黑夜中，忽听得妇姑两人下盲棋起来……第二天，积薪欲求教于妇姑，尽平生之秘妙而布子。孤姥对少妇说："孺子尚可教他一些简单的东西！"妇乃简略地指点了一些攻守、杀夺、救应、防拒之法，积薪请求说得更详细一些，孤姥笑答："就这样你已无敌于人间了。"积薪拜谢而别。行十数步，再回头时，屋舍、妇姑都已不见。自此以后，积薪之艺，绝无其伦。

这故事颇有些疑点。倒不是妇姑黑夜下的盲棋（俗世间觉得不可思议，这在咱仙界却普通平常得很），而是积薪的技艺，那么简略地指点了一下，难道果真就变得那么神奇。原来，问题就出在孤姥让少妇指点积薪这一环节。孤姥吩咐过后，就先歇息去了，留下积薪与少妇两人。那少妇见积薪长得一表人才，颇有些心动。积薪在宫廷里混久了，也乖巧得很，一口一声妹妹长、妹妹短的，叫得装扮成美少妇的仙女恨不得把棋艺倾囊相授。

此后每天晚上，少妇都会以教棋的名义来见积薪。自此积薪之艺突飞猛进。赴蜀道最后一晚，少妇与积薪一边下棋，一边对酒，并以诗相酬，积薪咏棋道："向来知道径，生平不忍欺。但令守行迹，何用数围棋？"仙女也赋诗："娘子为性好围棋，逢人剧戏不寻思。气欲断绝先挑眼，既得速罢即须迟。"棋语、情语双关。两人诗来盏去，暗暗情投意合，缱绻一宿（此处删去一百二十三字），洒泪而别。

此后，仙女回到天上，与积薪天上人间，无有相会之日。这正所谓"天长地久有时尽，此恨绵绵无绝期"。

四

凡人对仙人的唯一的一次胜局，便是刘仲甫战骊山老媪。有人因此说仙人之棋也不过如此，有的说骊山老媪其实就是住在骊山的一个凡间女子，所以自然下不过堂堂棋待诏了。

说起来，骊山老媪的确是仙女，而且正值妙龄。老媪云云，不过是凡间的说法。再说，刘仲甫虽然赢了棋，却终没能打动仙女的芳心，便把人家说成"老媪"什么的。这正应了那句老话：吃不到葡萄说葡萄酸。

其实，刘仲甫能赢骊山仙女，多半是赖于盘外招。这刘仲甫在宫廷里做棋待诏久了，慢慢脱尽了英雄气，沾染上一些不良习气。那宫廷里生存斗争严酷得很，为保住饭碗，经常互相算计，当然也免不了各种盘外招了。这次有幸碰上仙子，如果能战而胜之，成为古今棋坛第一人，那可是扬名立万的好机会，也是最大的政治资本。为此，棋待诏在这一战前，做了仔细权衡，深知硬拼可能凶多吉少，遂定下声东击西、双管齐下、盘外盘内两手抓的方针。

骊山仙女自然蒙在鼓里。她那天如约来到骊山顶上，两人便在一天然棋盘上交起手来。前面几招都很正常，很快仙女的白棋便占据了一大角，并把黑棋星位的那颗座子圈了进去。刘仲甫只得到在外围的一跳、一夹。正常走下去，黑棋恐怕讨不到便宜。这时，刘仲甫心生一计，虚虚地一个二间跳，故意留下破绽，并且挑逗说：“待俺把仙子围进城里去。”

骊山仙女见他如此轻薄，心里有气，本来往外轻灵地飞一手就可破了黑棋的包围。这时，却鬼使神差靠了上去，一靠、一顶、一断，固然凶狠，却全不见了仙人轻灵美妙的步态、绰约婉转的风姿。那刘仲甫心想来得正好，口里也没闲着：“被仙人这一靠一顶，滋味真是妙不可言。”

仙女更加气愤，却不便与他斗嘴，下棋时不知不觉就越来越火气大了。并且，棋到这一步，已是箭在弦上，不得不发。白子被黑棋紧贴着，纠缠着，扭杀在一块，仙子觉得浑身不舒服，但也已经无可奈何了！中间本有一次弃子转身的机会，刘仲甫又以言语相激：“仙子，乖，到俺这里来吧！”

仙女哪受得了这种羞辱，硬挺着又与黑棋厮杀起来。终于一条大龙被闷在里面，活活要被憋死了。仙女颇为自责、后悔，自己太沉不住气，遭人暗算，成了仙界古今第一个输棋给凡人的神仙，有何颜面再回仙界。又羞又气之下，一口鲜血喷了出来，把整个棋盘都染红了。

这局棋也就被后人命名为“呕血谱”。

五

骊山仙女的这盘棋，曾在仙界引起很大震动。玉皇大帝在多个场合强调：害人之心不可有，防人之心不可无。今后应以骊山仙女为戒，吸取教训，再不要犯类似的错误。

不过，随着时代的发展，特别是网络技术的突飞猛进，仙人之间通过网络的交往越来越频繁。仙人之恋、仙人之棋也就再不是什么千载一遇的新鲜事。不过，玉皇大帝还是告诫大家，尽管现在政策宽松了，但仙人还是得顾及自己的身份，时时有个仙人样。

俺黑白仙子这次下凡，可是时时牢记玉皇大帝的教导，尽管有时也跟人斗斗嘴，也不介意输棋（咱在仙界本来就不入流嘛），但关键时刻可都是告诫自己，一定要站稳革命立场。咱在网上也时时碰到对咱仙子有所企图的，那“霸刀”就不用说了，最近“浪子一歌”（又号“黄子一狼”）也心怀不轨，对咱想入非非，还意图无礼，我对他说，先赢了俺再说。

那天与浪子下棋，他又想将对付洪哥的盘外招通通使出来，还别出心裁，化用他人写文章的经验，总结出一套下棋泡“妞”之大法：绵里藏针、笑里藏刀、图穷匕见，还不时以言语相激。幸亏咱吸取骊山仙女的教训，一概来个不闻不见。浪子终于大败而退。

浪子绝望之余，又生一计。听了咱的《仙界围棋报告》突发奇想，立志下泡俗妞，上泡仙妞，要去仙界浪一把，还专门提到嫦娥，说嫦娥可能正寂寞着呢！浪子央求俺给他指个去仙界的路。俺正犹疑着呢：“浪子去了仙界，当然会令仙界热闹很多。但其不良后果也不能不考虑到，到时被这‘黄子一狼’弄得鸡犬不宁，可就……”

并且现在仙界也颇不平静，受世俗的影响，这“俗”在仙界也越来越大行其道，“雅”日益成了一种装饰。据说嫦娥与吴刚，洞宾先生与麻姑，百花仙子与福、禄、寿三仙都有些暧昧。玉皇大帝身边的那些仙女，本来都是在神仙们商量完正事之后，为让大家轻松一下，唱唱歌、跳跳舞而已，现在也开始为获得玉皇大帝的宠幸争风吃醋起来。不过，这些都是未经证实的传言，立此聊备一说，相信广大读者自有明鉴。

原载灯笼论坛

围棋的妙用

围棋又称木野狐，令千人痴、万人迷，可一说到围棋的功能，摆在桌面上的，无非都是开发智力、锻炼思维、修身养性、陶冶情操之类。其实远远没把围棋的好处说尽，这对推广围棋非常不利。最近，一家围棋产业开发公司聘请仙子做围棋亲善大使，并且做了一系列的围棋宣传、推广活动，其中说到围棋的好处，简直无穷无尽。现择其主要的与各位棋友说说，你也许会有所触动。不说不知道，围棋真奇妙。

首先，围棋乃和平之使者，战争之天敌。

此话何解？围棋说白了，就是一种打架的游戏。人类社会中，充满了各种厮杀，大到各族群间的战争，小到街头的打架。这有事要打，无事也打，动不动就尸横遍地、血流成河，如何是好？聪明人便发明了许多竞技游戏，画下道儿来，定下规则：你们尽兴地打去吧！于是有了各种棋戏、球戏，有了技击、拳击……打得赢还可为国争光，成为民族英雄，钞票也大大地有。大家把打斗的兴趣都转移到了竞技游戏上，光明正大地打，名正言顺地打，岂不有利于社会安定团结，减少了许多无谓的战争？大家在游戏中打过瘾了，打累了，且做了英雄了，自然也就无心在现实生活中再争来斗去。

不过，那拳击台上的争斗经常弄得人鼻青脸肿、鲜血淋淋的，棋盘上的打架，可优雅得多。折扇轻摇，落子清音，茶香袅袅，手谈融融……谈笑间樯橹已灰飞烟灭，敌人已丢盔弃甲。这“打架”又成了艺术，成了雅事，还增进了友谊，促进了和平，妙哉！妙哉！

其次，寓教于乐，实现道德净化，力必多升华。

那弗洛伊德说，这人身上，充满了力必多，即各种欲望，特别是性欲也。它们如困兽被关在铁笼子里，时时都想冲出来兴风作浪。文明即压抑，文明就像那警察，一刻不停地监视着，让它们识相点，老老实实待着别乱来。但哪里有压迫，哪里就有反抗，你不能赶尽杀绝，总得给人家一条生路吧！于是力必多有了两条出路：一条是直接的满足，一条是去做各种有益于社会的事业，比如科学发明、文学创作、体育竞技，为国争光，这叫力必多升华。

这围棋，便有集两者之长的妙用。荀子云："人之初，性本恶。"这下棋便是给人性之恶一个发泄的渠道。声东击西、阳奉阴违、两面三刀、恃强凌弱、落井下石、背后使诈……棋盘上尽是一些阴的招。生活中号召大家都做君子，棋盘上却是兵不厌诈。我灌我灌我灌灌灌……棋盘上把坏水都灌尽了，现实中你就能够追求纯洁、高尚了。

第三，爱情宝典，尽在棋中。

将下围棋比作"意淫"，毕竟过于直截了当，那叫俗（俗者，欲望也）。十年一觉扬州梦，那中国文人，连狎妓纵酒都要将它升格为雅事，何况作为琴棋书画四艺之围棋乎？咱们也来点雅的（雅者，精神也），不谈性，光说爱！就说那爱情吧，把凡间男女一个个弄得神魂颠倒，死去活来，乐不思蜀，痛不欲生……其实，只要围棋下得好，并且能够将围棋的战略战术运用于谈情说爱，保证你居高临下，左右逢源，如鱼得水，行有余力……有人已将《围棋十诀》诠释为《爱情十诀》，这里暂不细说！

在恋爱的过程中，也完全可以用棋来表情达意，"试应手"探虚实。这在中国可是有深厚的传统的。那明代就有一《山歌》咏棋："收子象棋着围棋，姐道我郎呀，你着着双关教我难动移，零了中间吃郎打子辘轳结，结来结去死还渠。"棋语、情语双关，让你恨不得自己也被那"辘轳结"劫持了。高濂《玉簪记》更有一曲《弈棋挑逗》："花院手闲敲。战楸枰，两下交。争先布摆装圈套。双关那着？单敲这着，声迟思入风云巧，笑山樵，从他柯烂，不识我根苗。"面对棋盘上如此高明之挑逗，一般人如何把持得住？

浪子活学活用，就多次对俺使用这一招，什么"相思断""销魂劫"之类层出不穷，幸好俺熟悉这套把戏，革命立场站得稳，没被诱惑（传播围棋的革命事业尚未完成，怎能沉溺于儿女情长中）。

第四，家庭稳定，计划生育，围棋先行。

安居不用架高堂，棋中自有黄金屋，娶妻莫恨无良媒，棋中自有颜如玉。终于用棋把你家那位“围”进了“城”中，这时她可能感激围棋把你们一线牵，对你下棋支持有加。也有翻身忘本的，自己做了正房，就嫉妒起围棋这位“二房”来。这时，你就要做耐心细致的思想工作，讲清泡“围棋二房”有利于家庭安定团结的道理：首先，有了围棋这位风情万种的情人，其他的自然曾经沧海难为水了。其次，泡“围棋二房”最经济，最安全。关键是与木野狐相处随心所欲，也绝无生儿育女增加国家负担之烦忧。

《围城》中的主人公方鸿渐当听说唐晓芙是学政治的，为取悦于唐小姐，便有了一番女人是天生的政治动物的妙论。其中一条就是女人从政可减少战争。女人都忙于政治去了，便没有工夫生孩子，地球上人口少了，仗自然打不起来了。但是，政治毕竟权谋味太重，与唐小姐之类的“纯情少女”的身份不合。其实，男男女女要都寄情于“木野狐”身上，更有利于计划生育。“非典”盛行时，大家都待在家中，据说对国家的计划生育事业是个严峻的考验。要是借此机会，在全国范围内掀起一股学围棋、下围棋的热潮，这一问题岂不迎刃而解？

总之，下棋的好处多多。何以助兴？唯有围棋；何以解忧？唯有围棋；何以怡情？唯有围棋。如此于国、于民、于自己都有益的好事，何乐而不为？

下棋吧，全世界幸福的、受苦的人们！

原载灯笼论坛

棋色论

这段时间，仙子很少来灯笼，一来忙于仙界事务，二来正在撰写一篇论文，题目叫《棋色论》。都说仙子只能写点游戏文章，不入大雅之堂，这回咱也想严肃正经一回，写一篇高水平的学术论文。岁末年初了，仙界正进行职称评审，咱“狗花仙子”也想努努力，虽说一品神仙当不上，至少来个二品、三品什么的。经过长时间地思考酝酿、查阅资料、调查研究，终于胸有成竹，就等着将它化为笔下之“竹”了。这里先跟灯友们说说，提提意见，以便于进一步地完善。以后还可以作为课题去申报国家社科基金或神仙世界围棋发展基金什么的，或者像何大侠一样去拿个“围棋博士”，为咱祖国的围棋理论研究事业尽一绵薄之力！

先说说论文选题的缘起。

这一切都是源于中国围棋这些年长期的疲软，常常只开花不结果。偶尔雄起一回，也是马上歇菜。特别是女子围棋，本来“雌”霸天下，引领世界潮流，独孤求败。没想到，几年工夫就风光不再，下滑得厉害，大有一泻千里之势，弄得棋界上下忧心如焚。痛定思痛，大家达成共识：关键是女子围棋号召力不够，无论是捧钱场的还是吆喝的都太少。既如此，咋办？正在大家束手无策之际，“山重水复疑无路，柳暗花明又一村”。前些时，在围乙联赛上，一帮美女棋手闪亮登场，没想到一下子引起轰动，把大家的眼球全吸引过去了，连围棋皇帝曹薰铉都大为心动。各大媒体在苦无爆料之际也一下子找到了新闻热点。一家媒体描写此中盛况：“但见美女棋手，或红装素裹，或黑衣冷艳，或黄衫飘逸，或白衣胜雪，一时间，方寸黑白柳绿桃红，莺啼燕语。”这真是美女纤手动，花絮满天飞，好不热闹。那《黑白天地》杂志，受此启发，每期来一“天地丽人”，还别出心裁，把域外的“丽人”也一网打尽，同样取得很好的效果，引得好评如潮，人气指数飙升，挡都挡不住。最近即将拉开战幕的名人赛，就准备增选形象代言人，以美女帅哥吸引眼球，拉动围棋。有家地方围棋协会，还正组织“十大棋女”评选活动，据说应者云集。这正所谓黑白天地，有暗香浮动，丽人娉娉，风景这边独好！

真是无心插柳柳成荫啊！踏破铁鞋无觅处，得来全不费工夫。大家这时才醒悟，原来现在已是美女经济、眼球经济的时代，美女引领时尚，拉动消费。“美女化”也为围棋发展开辟了一条新思路。想想，围棋本来就是“木野狐”嘛，再与美女联手，岂不珠联璧合，如虎添翼。

可惜的是，如此成功经验却无理论总结。仙子深感理论落后于实践，有可能使这一新生事物自生自灭，更不说发扬光大，遂起研究之念。几月来，冥思苦索，最头疼的就是如何总结归纳，取一好的名字，俗话说名不正则言不顺嘛！旬月踌躇，忽然灵感一闪，何不就以“棋色”名之。有了好的招牌，其他的一切自然也就迎刃而解、水到渠成了。

再说说“棋色论”的理论渊源。

说到“棋色”思想的起源，仙子还真不敢吹牛说是个人独创。据考，棋色论的开创者乃南宋曾任枢密史、左丞相的周必大，他创棋色之论，据说得到不少名流首肯，他自己也颇为得意，作诗阐发之：

其 一

局势方迷棋有色，歌声不发酒无欢。
明朝一彩定两赛，国手秋唇双牡丹。

其 二

醉红政不妨文饮，呼白从来要助欢。
棋色应同三昧色，牡丹何似九秋丹。

将赛棋与赛歌放到一起，让国手与秋唇（歌妓之唇，代指歌妓）同台献艺，真是一大创举啊！“色”者，既是有形的万物，也可指美色。三昧者，正定、专一、清寂也。有棋、有酒、有歌、有色，作者在酒、色中糅进佛理，将棋之妙谛融进香艳之色中，大雅而大俗，真是高明，令人叹服！

其实，古人早就将棋色理论运用于实践中。那些下棋的女子，棋力无须多高，关键是可怜可爱与否。清代黄景仁就有一首《虞美人·弈》：

昨宵博簺今宵棋，曲院云屏隔。月明犹界粉窗梅，只此春宵一局不须催。

金枰碎玉敲还寂，觅个中心劫。心知负了晕红腮，忽地笑拈双子倩郎猜。

小院银屏，梅影扶疏，月华如水，春宵一刻却弈棋。娇羞女子，看看将败，顾左右而言他，拈子倩郎猜。以棋搭桥，以情动人，正所谓清景佳人，情趣盎然。（附带说一句，神仙世界，在派仙女来凡间传播围棋的过程中，早就将这一招使得非常娴熟。那何博士不理解仙人的苦心，老说什么“仙妓同源”，其实是只看到了表象，见木不见林。）

李渔在《闲情偶记》中还对此做了理论总结：“但与妇人对垒，无事角胜争雄，宁饶数子，而输彼一筹，则有喜无嗔，笑容可掬；若有心使败，非止当下难堪，且阻后来弈兴矣。纤指拈棋，踌躇不下，静观此态，尽勾销魂，必欲胜之，恐天地间无此忍人也。”怜香惜玉，弈棋亦然。

中国古代竟有如此风情万种、情意盎然的围棋，有如此独到的围棋理论，令人慨叹啊！

第三，论“棋色”与“色棋”之差异。

说实话，仙子提出“棋色”论，还受到了当今流行的“情色”说的启发。那“情色”与“色情”，次序一变，意义、境界便脱胎换骨。“色”字开头，一切便都染上性的色彩。那“情”不过是点缀，是动物之“欲”。所以扫黄打非，首先要与“色情”划清界限。但是，人毕竟还是动物，不能翻身忘本，不能直立了没尾巴了就瞧不起过去的同伴了。都做柏拉图了那人类还怎么繁衍，更别说发展。于是，时下有识之士便发明了一个能将“爱”与“欲”高度融合的词汇：“情色”。情字开头，突出人的精神，每个人都要做高尚的人、纯粹的人、脱离了动物低级趣味的人，“色”来殿后，以示人翻身不忘本，与动物同在一个星球下，共食人间烟火。“情色”一出，顿时风靡，用了的都说好。

这“棋色”的微妙之处，也正与“情色”相同。“色棋”当然不可下，那是纯粹地以色统棋，以棋诱色，君子淑女不为也。“棋色”则是适当增加棋的香艳色彩、趣味性、人情味，在残酷的你死我活的围棋中注入柔情蜜意，这将大大增加围棋的魅力，有百利而无一害。所以我们既要坚决杜绝“色棋”，又要大力弘扬“棋色”。

第四，“棋色论”的理论与现实意义。

“棋色论”是中国传统文化与现实实践相结合的产物，在世界围棋史上具有独创性的意义。发掘其中的理论内涵，建设有中国特色的围棋理论，让它在新的时代焕发新的光彩，乃是广大围棋理论工作者义不容辞的责任。

现实意义就更不用说了。“粘粘妹妹”就提出并充分论证过以围棋为龙头发展各项娱乐产业，促进经济繁荣的设想：

> 培养大批美女棋手、帅哥棋手，这样围棋比赛不仅是赛智慧，更是赛美貌，使围棋真正成为秀外慧中的第一风雅运动。观众们看得懂棋的看门道，看不懂棋的看风景。想那库娃，多少人只是看她的绝代风姿，球不球的，在美女面前早就失色了。围棋是能熏陶人的性情气质的，会下棋的美女帅哥绝对更能吸引众人眼球。
>
> 帅哥、美女一云集，各种绯闻八卦自然少不了。可以成立各种围棋报纸杂志，开办各种围棋娱乐周刊，大幅刊登各明星棋手照……

真要这样，围棋想不吸引人眼球都难啊！这正所谓“德艺双馨，棋色双绝”。

对职业棋手来说，下棋以养家，很是辛苦。如能同时以观美来养心、养眼，就能不以为苦，反以为乐了。所以建议中国棋院以后举行入段选拔赛，增加一项考察指标：魅力度。可先从女棋手选拔做起，时机成熟再推广开去。据说现在中国的美女棋手就“美丽”而言已全面压倒韩国，使韩国女棋手压力大增。这对长期被“韩流”压得喘不过气来的中国棋迷来说，无疑是个利好消息，对提高国人的民族自信心也大有好处。据说我们的“美眉”还把李昌镐、李世石也弄得晕晕乎乎了。有媒体报道说：美女访韩，直叫二李竞俯首。既如此，以后中国棋手再战“二李”，无疑有了克敌制胜的新招。

至于业余棋界，下棋本来就是因为好玩，有棋色生香，当然更佳。看看网络上那些真假“美眉”的人气指数，就知道“棋色”之魅力了。灯笼就有许多成功经验。你看妞妞说一句“谁能让我赢一回”，就有那么多“帅哥”争先恐后奋不顾身要输棋，浪子用几招“相思断”“销魂劫”就把德高望重的洪哥也弄得神魂颠倒、迷迷糊糊，“天雨—冰凉杯”男女擂台赛以“第一帅哥”为奖励（诱饵），多么轰动一时、牵动万人心。问灯笼为何像个既热闹又温馨的家？答案不言而喻。如果能把灯笼的成功经验推而广之，不断吸引最广大的社会大众参与到围棋事业中来，中国围棋的繁荣也就指日可待了！

问世间棋为何物，直叫人生死相许！这就是围棋的境界啊！

原载灯笼论坛

围棋与男权中心

仙子来灯笼，除为传播围棋，本来还有一层意思，就是团结灯笼最广大的姐妹，为女性翻身得解放做点贡献。没想到前有“冰凉妹妹”走火入魔为一个并不帅的“灯笼第一帅哥”神魂颠倒、自投罗网、是非不清、站不稳基本的性别立场，后有我们可爱的柔肠百结的妞妞被无辜扔砖头，几次抹眼泪痛别灯笼（“绿妹妹”的控诉就不说了），浪代表想为“妹妹们”出点力做点事却因此受到种种讥嘲，还有某些“帅哥”看到仙子口水厉害，在“天雨——冰凉杯”男女擂台赛中发挥过重要的宣传鼓动作用，就散布谣言，中伤仙子……方醒悟妇女解放任重道远，黑白世界亦不例外。痛定思痛，追根溯源，发现冰冻三尺非一日之寒，男女不平等的根子早已种下。回溯中国女子围棋史，原来竟是一部鼻涕眼泪齐飞的辛酸史啊！

且说自从盘古开天地，三皇五帝到如今。那盘古、三皇五帝都是男的是不？本来在盘古之前，还有一个女娲。女娲“人面蛇身”，分外妖娆，抟黄土造人，天崩地裂、洪水泛滥时，又炼五色石以补天，积芦灰以止洪水。就是这样一位开世造物的女神，在父系社会男权当道的时代，不光要为盘古让道，还被贬作了大禹之妻。当话语权已操纵在男性手里，历史任由他们的意愿书写，女性的悲惨命运也就开始了。

别的按下不表，这里单说这围棋吧！你可知古代为什么白棋先行？燕来兄弟说是一日之计始于晨，又有说一天是从午夜开始的，所以应该“黑”先行。此皆大谬不然也。黑白者，阴阳也。《易传》曰“乾道成男，坤道成女”“天尊地卑，乾坤定矣”“阴卑不得自专，随阳而成之”。太阳走，我也走，阴随阳行，在男人眼里，乃天经地义。男女不平等，在棋盘上便已体现出来。就像那象棋，皇帝在那九宫之内作威作福，“仕女”却只能小心翼翼地围着他，皇宫外哪儿也不能去，皇帝走直道，她们还只能斜行。规矩都是人定的啊！你看西方象棋的“后”，就自由潇洒威风得多。你又会问了，那黑白为什么有时又易位了呢？一来体现点大丈夫的上手风度：我让你先走，还不行么？二来是因为后来日本都执黑先行，为了跟国际接轨，与男女什么的其实没有关系了。

围棋产生后很长一段时间，都是男子的专利。男人都狡猾得很，一方面自己掌握着世界，一方面常常玩得昏天黑地，不亦乐乎。他们说，博弈者，男子之事也。对女子，便拿出一套“妇德、妇言、妇容、妇功”之类来哄骗她们。什么“清闲贞静，守节整齐，行止有耻，动静有法，专心纺绩，不好戏笑”。这就决定了女子的天地永远只能在一屋之内了。若不甘于此，便只好改装，扮作那男子的模样，做地下围棋工作者。就像南朝时浙江东阳的那位女子娄逞，好围棋，对外面的世界也充满了好奇，不甘于整天围着锅台转，遂女扮男装，过了一把做官、下棋的瘾，但是后来终于还是被发现，一身技艺无从施展，只好感叹生不逢“性”，男女天注定，原本不由己，奈何？

一个个不同版本的“木兰从军”“女状元”“女驸马”的故事就这样出来了。在那个时代，女性欲一展自己的才华，只有隐匿自己的性别。并且即使暂时实现了自我的价值，那也是作为一个“男性”的价值。一旦回归女儿身，一切也就随之而去。女子的本分乃在于贞顺娴雅、教子相夫、操持家事，如不然，就是不恪守妇道，将为人诟病。南朝的任昉《述异记》中就有一“懒妇鱼”的传说，说有一位杨家妇，为姑所溺而死，化为鱼。其脂膏可燃灯烛，以之照鸣琴博弈，则灿然有光，及照纺绩，则不复明焉。时人遂谓之“懒妇鱼”。下棋是雅事，到女子身上则成了不务正业。这传说妙就妙在不写这懒妇生前如何之“懒”，而是写她死后如何如何。也许她生前本来就没机会“懒”，脱离了这个世界之后，她才终于可以随心所欲一回：我就只喜欢“鸣琴博弈”，而不愿意为织布照明，你管得着吗？

后来终于允许女子下棋了，可那也是有钱阶层生怕他们的闺女每天待在屋里无所事事，闲出病来，所以拿棋来哄哄她们，下棋总比无事可做好。“且将一局破无聊”，棋便成为消愁解闷之物。还有那些宫中女子，会下棋又往往可成为她们邀宠的一个手段。那杨贵妃便将这一特长发挥得淋漓尽致。还有那明代的田贵妃，与崇祯皇帝弈棋玩乐。“奁分一局两相当，坐隐还教共御床。自分身如玉棋子，要将冷暖问君王。”自比棋子，让君王摸摸，问一声冷暖如何，邀宠求进幸，狐态媚人，“木野狐”与“美人狐”构成一种绝妙的对应，女性便这样沦为了“物”的存在。你说，这与妓又有多大区别？区别仅在于是为一人服务还是人尽可夫而已。女为悦己者弈也！男人阅尽人间春色，还对仙界女子虎视眈眈，编出一篇篇文章，妄想着她们一个个下凡来，主动投怀送抱，真是胃口好极了（“何大侠”说“仙妓同源”，倒也道出了古代女性的一些实情。连仙女都被妓女化，普通女子的命运由此可见一斑。不过，这些文章的动机颇让人有些怀疑，那分明是男人得了便宜卖乖，一边抹几滴眼泪，一边抿嘴偷着乐）。

旧社会的苦水真是倒也倒不完啊！改天换地，天上升起了红太阳，穷人终于翻身得解放，广大妇女也跟着沾了光。谁说女子不如男，男人能做的事情，女人也能做到。其结果却是铁娘子满天飞，女劳模纷纷雄起。但是“女人”还得做，只好主了外又主内，征服世界、与天斗与地斗的事没少干，家务事还是女人的。你说，这平等吗？

还是说围棋吧！女子终于有了自由下棋、成就自我的权利。但是，男女平等了，女子也就常常要跟男人一起在同一条战壕里打拼。爱拼才会赢，弄得女人们的棋一个个“凶神恶煞”“气势汹汹”“蛮不讲理”。棋院的王领导倒颇能理解女棋手的难言之隐：“女棋手往往功力稍差，与男子同台竞技，不拼就没有机会啊！”

终于有了女子的比赛，女棋手也可以独立地挣钱糊口了。令人丧气的是，这女子比赛既少，银子又少得可怜。女棋手不禁感叹：“世界是你们的，也是我们的，归根结底还是你们的。围棋世界还是男人的天下啊！”

最近棋坛流行丰色围棋，美女帅哥的行情看涨，围棋的热度也因此有可能攀上新高。仙子由此抛出“棋色”论，没想到却受到女权主义者的猛烈抨击。她们说，这里的“色”多还是指“女色”而非“男色”。长期以来，女人们做惯了美丽的风景，那男人就是看风景的人。现在都什么时代了，那电视里，什么“美人关”“绝对男人”不都是给女人看的吗？为什么在推举“美女棋手”时，不能来个“帅哥棋手”评选，以此吸引广大女性来下围棋？吴老先生不就说了吗，教会一个女子下棋等于同时带动了三个人。

唉！话虽这样说，现在毕竟还有男尊女卑的余毒在作祟，传统糟粕根深蒂固啊！人们现在更多地还是考虑如何吸引男性来关注围棋。对仙子来说，吾爱吾阶级姐妹，吾更爱围棋。为了神圣的围棋事业，只好让女人们再多付出一点了。妇女运动任重道远，万事开头难，一步一步来吧！有人说，让男人都做“风景”之日，就是妇女解放运动成功之时。那围棋呢？有朝一日，让男棋手引领“棋色”潮流，也就是女子围棋扬眉吐气之时。

诗人雪莱说，既然冬天已经来了，春天还会远吗？

原载灯笼论坛

别了，灯笼居

灯笼是我家，人人都爱它。

仙子来灯笼也快一年了。初来乍到时的情景犹历历在目，没想到离别的一天这么快就到来了。

想当初，仙子刚从仙界来到那网络世界，那感觉就像乡里妹子进城啊。在灯笼居，东瞧瞧西逛逛，满眼都是好奇。俺年幼无知，初来乍到，无依无靠，被那何什么老的收留，对他自是忠心耿耿，说一不二。可自打俺仙子的第一篇文章发表以来，又接二连三抛出新作，眼看着一天天火了起来，大有从菜鸟跃升为网络文学新秀之势，他却不乐意了。说凭什么俺仙子的那些没正经的玩意如此火爆，他的严肃的大作却少有人问津。特别是仙子的臭玩意能获奖，双十佳却没有他的份，失去了在他人面前显摆的资本，气得他整日里都在抱怨学术腐败，殃及灯笼。还有，仙子时时以女权的维护者自居，专与男权中心的世界作对，到处煽风点火，唯恐天下不乱，还时不时把他们那所谓的神圣的学术界臭骂一通。他在气恼之余，说为维护学术的威信、灯笼的纯洁计，希望仙子从大局出发，自动退隐，其他一切也就既往不咎。

俺知道，他还更有一番私心啊！为博取能文能武、能雅能俗的声名，他学术玩腻了之后，突发奇想弄起散文来，美其名曰“棋行天下”。为凑够数量，他眼都不眨一下，就把俺仙子的那些文章划到他名下了（这移花接木、借鸡生蛋之事，是他们那些博导、硕导们常干的啊）。那洪哥也为虎作伥，推波助澜，做起了拉皮条的生意。我看他们两个互相在那里吹来吹去，不禁感叹世道变化真快。近墨者黑，那江湖中顶天立地、胸怀坦荡的洪哥，一向与正统人士往来，也装模作样起来。吹拍之术，竟也学得如此之快。洪哥说，给人作序，他那是大姑娘上轿——头一回。只看他那圆润的大“吹”无痕的文字，简直难以置信啊！

唉，这样一来，仙子在灯笼是想混也混不下去了，只是难舍灯笼各位兄弟姐妹！洪哥就不去说他了（他毕竟手把手地教过俺仙子网络知识）。天雨的帅、懒哥的懒、木鸡的呆、太阳郎的二十四式舞、一笑生媚的调皮、妞妞的率性、四夕的情书、楚腰的诗、冰凉的铁心剑、笑兮兮暧昧的笑、长河博士的棋色、飞舞的龙蛇、勤奋的小木箱、大尾巴的果子，还有“马”哥们、三三、斜月、乐乐们、水妹妹、绿妹妹、梦妹妹、桂子、梅子、文子、蓉儿……都让仙子难忘啊！特别是浪子，对俺痴心一片。要告别灯笼了，再一次翻出浪子的《致仙子书》，以灌水闻名的浪子，灌的可都是情啊！看得俺仙子唏嘘不已。那天浪子碰到俺，说要少来灯笼灌水了，也从此结束“府河边的悠闲”。问他为什么，他说要去一个偏远的地方挣钱，好积攒去仙界的路费。仙子听了，竟长久无语……

都说灯笼是我家，在灯笼居待得久了，竟也有了一种家的感觉。传播围棋的大业尚未成功，俺们又得重新开始新的旅程。一张棋盘，两袖清风，从此云游四海，山迢迢，水长长，“晓来谁染霜林醉，总是离人泪啊”。

别了，灯笼居！

别了，亲爱的灯友们！

“寂寞嫦娥舒广袖，碧海青天夜夜心。”仙子在茫茫旅途中，会一如既往地关注你们，爱着你们的爱，苦着你们的苦，幸福着你们的幸福……

原载灯笼论坛

第四辑

灯笼触网记

我真傻，真的

一不小心，我们就进入了网络时代。

虽然在课堂上也大谈网络与当代生活、网络与文学之类，可真正触“网”，已经是很晚了。

拥有第一台电脑是在1995年，系里统一配的，自己出一半钱，虽然只是“386”，自己也还掏了三千多块钱。

我等虽为“文化人”，面对新科技，却像个文盲。小心翼翼地把这新玩意搬回家，左看右看，硬是不敢下手鼓捣。那感觉，大概跟原始人面对他们的“图腾”差不多。

当时正在写平生第一本书《陀思妥耶夫斯基与俄罗斯文化精神》，自己研究半天无果后，最终还是爬格子，让老婆大人做秘书，一个一个字敲上去。费了很大劲才敲完了一章，没想到过了一天，再开电脑，那些文字却幽灵般地消失得无踪无影。咋能这样，说没了就没了呢？这不是存心捉弄人么？跟人去诉苦，人家说你为什么不存软盘呢？这种事，在弄另外一本书时又碰到过一次，一个人竟然可以两次犯同样的错误，只好一次次自责：“我真傻，真的，我单知道……”

后来终于还是自己学会了打字，用双拼输入法，图的是每个字、词可少敲几个键。俺们普通话特别差，打字时经常出错而且速度慢，敲出来，字字皆辛苦，所以也就特别爱惜，一句话不想清楚不轻易下手，倒也改掉了过去爬格子时龙飞凤舞，不断推倒重来的坏毛病。后来，习惯了电脑写作，偶尔面对那些纸格子时，反倒觉得陌生了。

不过，很长一段时间，电脑对我等来说，也就是一个打字机而已。不断有网虫跟你说，那网络世界如何如何精彩，信息如何如何快捷，交流如何如何方便，交友游戏如何如何好玩……诱惑你赶快上网，仿佛不上网就算不得这个时代的一员。

不过，各种媒体上也不断传来新闻：网络游戏如何让孩子走火入魔，网恋如何害人，网络黑客如何厉害，网络如那鸦片如何让成人也上瘾从此无法戒掉等等。

面对这些针锋相对的说法，我索性以不变应万变，敌军围困万千重，我自岿然不动……逃避诱惑，老老实实做我的学问，写我的书吧！

又有人说了，买了电脑不上网，就等于娶了个漂亮夫人却不同床，白白浪费了资源。连读小学的儿子的作文都开始写到网络生活，题目叫作《E时代的人们》。

真可谓E时代呀！像我这样的小学生也在上网了。在网上，资源多多，趣事也多多，上网可真乐趣无穷。

前几天，我把我的网上虚龄改为十七岁，我这样“设计”，都是怕别人看我年纪小，什么都不懂，就不跟我聊了。其实，光从别人的年纪是看不出别人的内涵的，要从他的谈吐中来了解他。要是遇上高人，虚龄也瞒不过他，一下子就被人家看穿。你的谈吐就让对方看到你的成熟度，从而判断你的年龄。我上网交过十几个网友，在我刚上网时，曾经有人问我：“好像你没那么大？”我无言以对，只好实话实说，后来我上网多了，也就越来越成熟了，这样的事也少遇了。

有一次，我看到一个叫“傻女孩”的人，就跟她聊起来。我跟她聊，觉得她真的像个女孩，后来我问她的年龄，真让我大吃一惊，她老人家三十四岁啰！哇！比我的虚龄还大一倍，她嫌我小，我还嫌她老呢！赶紧找了个借口说要睡觉了，然后跟她拜拜了。

网上还有更好笑的事呢！有一次，我看到一个“孤独的玫瑰”，便跟她聊了起来。聊了半天，我觉得对方有点不男不女，就问对方的性别，差点让我笑掉大牙，他竟然是个男的。男的用女人名来聊天的可不多，我想他们是想吸引女性吧！网上还有些奇怪的名呢，比如“30岁孤独一枝花”“想你想得好辛苦”之类乱七八糟的名字，真让人起鸡皮疙瘩。

在网上，还能做许多事，例如买东西、看新闻、了解股市行情、玩电脑游戏、下载免费软件等等。网上也有二手市场，里面的二手货多的是。聊天室里还有英语角，天天在里面聊，保证你的英语水平进步神速。

总之，网上资源多多，大家都来上网吧！

面对这E时代的孩子，我等算是名副其实的“老土”了。

网棋

第一次触网，便跟棋有关。

人到中年，再一次成为学子，入蜀道，过剑门，在成都落下脚来。四川大学在府河边，东门临河，斜对面就是著名的望江楼公园。虽然只待了一年不到的时光，却给我留下许多美好的记忆。这里按下不表，单说上网下棋。

在川大，我借住的是上一年级学友的房子，一个人住。上课看书之余，毕竟还有不少闲暇时光，正好一位师弟买了台电脑（他后来曾以“长河落日圆”的名字在灯笼现身），他也会下点棋，于是两人便经常去围棋网上逛逛。在新浪和联众网上登了记，我分别用的是“黑白仙子”和“zmkm”的名号，算是正式有了网籍。

关于网上下棋的经历，我在以“黑白仙子”名义写的《网上棋缘》中有详细描述，姑录一段：

听我家主人说，他第一次触网是在好些年前了。学校信息中心的一位棋友说，那网上有棋可下。好奇之余，有一天晚上，来到他朋友上班的地方，用朋友的名字进入了那神秘的像幽灵一般的王国。一分钟十五步，简直就像飞行棋。手忙脚乱地点着鼠标，还好，局势居然领先。哪知即将大功告成之时，激动之余，在一角上死活处，手一打战，鼠标点错了地方。咳，怪谁？只好自己打自己一嘴巴。

真正在网上邂逅我，是一年前的事了。他贵为师尊，为时势所迫，只好再当一回学子。这一来，导师可一下撕去了假面具，“野”上了。联众网里那个可恶的“zmkm”，就不说她了。在新浪，他本来要注册的名字是"黑白子"，不想被告知早已有人抢了先；想换个"黑白双煞""白发魔女"之类，总觉与他读书人的身份有点不符。就这样，才与咱"黑白仙子"结下了缘分。

网上下棋，咱是新手。本来学棋就晚，招式多是看书学来，况且在仙界，大家下的都是卫生棋，总想不战而屈人之兵，胜固欣然败亦喜，没经过多少野战训练。常常在需要贴身肉搏时，咱首先想的是如何保全名节，不让人近身。如此羞涩、矜持，如何能克敌制胜。我家主人也说过我很多次。我发誓一定改，但临到头来，总难以完全去除心理障碍。特别是如果遇人不淑，被算计、暗害，那赢局也就鬼使神差成了输局。

虽是调侃的口吻，可也道出了不少实情。先说网上下棋与平时面对面下棋的不同感受。平时下棋久了的，对棋盘棋子慢慢地就会多了分讲究。刚学会时，玻璃棋子，皱巴巴的塑料棋盘，照样下得有滋有味，乐此不疲。可自打有了云子，有了云子拈在指尖的那种温润感，有了云子打在实木棋枰上的那清脆而绵长的声音，便再也无法忍受那玻璃棋子了。对棋盘也是这样，下多了纸棋盘、塑料棋盘，便盼望着有一木棋盘，有了木棋盘，又想要天然木纹的棋墩。想想，在一清幽的棋室，对棋而坐，有茶香袅袅，有棋子的清音，该是多么动人的一番情景……可是这一切，随着网络围棋的盛行，却离我们越来越远了。

说起来，网络围棋确实方便、快捷。电脑一开，鼠标一动，远在千里之外的人，甚至不分国籍，就可以跟你"手谈"起来，真令人感叹科技的奇妙。过去的只可存在于神仙世界的想象一下子就变成了现实。

不过，网络也使人失去了很多东西。其一，下棋其实也是人与人交际的一种方式，而今大家很少到家里来下棋了，过去的棋友竟也就慢慢疏远了。那网上下棋，素不相识的有时连招呼都不打一个就杀将起来。一局棋终，无论输赢，一声"拜拜"了事。特别是夜深人静的时候，对面的那个人，分明存在着，又看不见摸不着，也感觉不到他的呼吸，就像幽灵一般。虚拟的网络世界，把一切都虚化，真实的也几近于梦幻了。

其二，网络围棋致命弊端是没有手触棋子的那份温润的感觉。鼠标轻轻一点，棋子就已蹦了上去，那枚棋子感觉就像后娘养的，对它全没有了十月怀胎的那份柔情与钟爱。难怪有人说，网络上下棋，大家经常要大龙，一条龙没了，马上重来一盘就是，也少有平时下棋时那种强烈的胜负感。网上下棋时，做弃子的选择也似乎来得更容易。

其三，网络时代，大家追求的是速度，跟着感觉走，潇洒走一回。下起棋来，也是速战速决。二十分钟规定时间，用完读秒，就已经是慢棋了。快的十秒一步，或十分钟包干，用完判负，简直就像飞行棋，有时想控制一点速度都不能，全没有了平时下棋那种平心静气、细斟慢酌、一步一沉吟的感觉。而像我这种学棋晚、棋感差的人，平时跟人下慢棋与下网上的快棋，实力似乎不在一个档次。平时跟 5 段下棋，都有过获胜的记录，在网上却可能输给 1 段。点错鼠标，或连简单的气都看错，或者棋与棋的断开与连接也会产生错觉，觉得将对手的一块棋拿住了，小心翼翼地收官，将“优势”保持到终局，数子时才发现，人家的棋是连上的，反而是自己一块棋在人家嘴里……这类事情时有发生，有时输得真是窝火极了。此时，就会特别怀念那没有时间约束的面对面的慢棋来。

现代作家周作人有一篇散文，题为《喝茶》。谈到“茶道”的意思有三：其一，忙里偷闲，苦中作乐，在不完全的现世享乐一点美与和谐，在刹那间体会永久；其二，喝茶当于瓦屋纸窗之下，清泉绿茶，用素雅的陶瓷茶具，同二三人共饮，得半日之闲，可抵十年的尘梦；其三，往清茶淡饭里寻其固有之味。

如此“喝茶”便为“品”，而不是口干了一阵牛饮三江。悠闲中也许才能品出点茶里茶外的滋味。喝茶如此，下棋大约也是这样。“林间扫石安棋局，棋声流水古松间”，网络围棋，少的就是这么一点滋味。琴令人寂，棋令人闲。趣由静领，静由心生，方能慢慢体味棋中的妙味。网络却少了分沉静，多了分浮躁，也就没有了棋中那种绵长的回味。

至于下棋之外的斗嘴皮，与赖皮的斗智斗勇，每个人说起来都有一箩筐。这里不说也罢！

初进灯笼

虽上网有一段时间了，但只是下下棋而已，从未去过聊天室。据说网上还有不少围棋论坛，棋迷可以在那里自由发表言论，但也从未去过。我等自以为是以码字为职业的人，每个字都是自己的辛勤劳动，与饭碗密切相关，免费跟人神聊，太不划算。况且也过了那种不亦乐乎玩情感游戏的年纪。

进围棋论坛，可以说完全得力于与洪洲的交往。过去经常在《围棋天地》《围棋报》上看到洪洲写的与围棋有关的文字，知道他是曾经轰动一时的电影《一盘没有下完的棋》的编剧之一，但并无任何接触。有一天，他突然来了封信，想让我看看他写的《游戏黑白》，提提意见。我回了信，就这样开始了我们棋文之交往。

那时，洪洲正在灯笼论坛的一个栏目《弈人呓语》上做“斑竹”，几次劝我得闲时去看看，于是我以“黑白仙子”身份在灯笼登了记，从此可算得是灯笼居的居民了。

在灯笼居，开始是漫无目的地在那里闲逛，东瞧瞧，西看看，熟悉一下环境，也便于对论坛上的帖子有个大致了解。之后便忍耐不住，自己也上去玩一把，于是有了第一篇网络棋文《网上棋缘》。

写这篇文章时，也颇费了一番周折。主要是文章的视角，开始都是以“我”的视角，写如何化名为“黑白仙子”到网上去下棋，写了一小半，总觉得不顺，因为“何云波”与“黑白仙子”老在打架，互相争夺话语权。有一天突然灵机一动，何不让“黑白仙子”完全独立，纯粹以“她”的名义，引出种种“网上棋缘”，“何云波”退居幕后，成了“我家主人”。这样一来，顿觉柳暗花明，思路大开。

重起炉灶时，文思泉涌，一气呵成，文字的风格也就自然而然地形成了。

这是一种跟以前的学术著作甚至《黑白之旅》那种正儿八经的散文完全不同的文风。换了一个角色，甚至连性别也变了之后，好像许多束缚一下子消失了，有了一种被解放了的自由的快感。

文章出来后，自己也得意了半天，又反反复复做文字的推敲，字斟句酌，那份功夫，比作学术文章还认真得多，方始真正体会到，为什么汪曾祺说他作文的诀窍就是“随意”，之后又补充，是一种“苦心经营的随意”。这调侃的文字，写起来事实上并不轻松。

剩下的就是粘贴了。这中间的周折，《小仙子翻身记》中已有详述。反正是“菜鸟”级选手，好不容易才学会把那“东东”贴上去。之后好几天没去灯笼，直到洪洲来邮件，说仙子的“东东”反响颇为热烈，为什么不去瞧瞧，这样才又进去看“社会反响与评价”。

网络的妙处在于，只要你愿意，人人都可以当“写家”。发完帖后，随时可以看到你的帖子的人气及其回应。到《弈人呓语》，翻开自己的帖子，发现已是人浪滚滚。灯笼的领导阶层小调皮、阿洪都打出了“欢迎仙子”的横幅；独立小桥让小仙子有空多来玩。三三说：“一口气看完，当真是妙趣横生。”浪子一歌则问：“突然之间从哪冒出个高手？”呆若木鸡发帖，做“关于黑白仙子的猜测”：首先，洪洲的熟人；其次，男性；再次，年龄五十岁以上；第四，有可能认识或就是葛康同。看过该君的照片，感觉上就是个幽默的人。阿洪给呆若木鸡的这篇推理打分：37.5 分。不及格。

水叮当也疑惑于黑白仙子和黑白顽主什么关系，浪子一歌猜是兄妹俩，阿洪说：“有个仙子妹妹的感觉肯定不错，可这位仙子嘛……但愿头像是假的。”这才想起“黑白仙子”尽管是女子身份，但那头像还是个叼着烟斗戴着瓜皮小帽的水手头。因为在注册时，性别栏里写的还是“男”。之后写《小仙子翻身记》的灵感就来自这里：

小仙子一炮走红，一颗“新星”冉冉而起，也算是个小小的“名人”

了。“名人”自然更关注自己在公众中的形象。急匆匆去看自己的“玉照”，奇怪了！妞妞、独立小桥、水叮当们，都是两根辫子樱桃小嘴大眼睛，怎么就我戴着个瓜皮小帽遮着半拉子脸活像旧社会那跑堂的小二。再回头去查看我的个人资料，那上面赫然写着：黑白仙子，男。

我一看，简直肺都气炸了，咱怎么一下子就失去了女儿身？想起我家主人曾经有过的“殷勤”，原来是黄鼠狼给鸡拜年。他偷偷在我名下写个“男”字，不就是生怕我……

后来，灯笼居居委会做主，改了仙子的户口，从此仙子可以以“女儿身”在灯笼安家落户了。

从洪哥到洪瓜

说到灯笼，就不能不提到洪洲兄。上回说到与洪洲的相识，源于他的一封来信，信的全文如下：

云波兄：

前日收到人民文学出版社寄来的阁下选编的《天圆地方》，甚慰。承蒙关照，我与康同合写的小文也跻列其间。诚恐之余特致谢意。

你我同好围棋及围棋文化，彼此相知，却从未谋面也鲜有联系，实为憾事。今喜得《天圆地方》之缘，欲与兄行棋文之交往，未知意下如何。

去年以来，我开写《游戏黑白》（选载于《围棋天地》，想兄也许见到），至今已完成大部分（约二十万字）。写作过程中，曾陆续在网上论坛发帖，反响尚可。但不知专门家的意见怎样，所以很想请兄一阅。倘有时间与兴趣，望告。

何时有机会来京，盼能一晤。

顺颂

时绥！

洪洲

二〇〇三年二月二十四日

洪洲应该比我大不少，却称我为兄，让我颇有些惶恐。同时，素未谋面之人，第一次就可以称兄道弟，也一下子就把两人的距离拉近了。我用电子邮件回复他，他马上就把《游戏黑白》前四章发过来了。第一章“不安分的井底之蛙”，写自己下棋和各种棋迷的故事，第二章“心血来潮，写一部围棋电影”，讲他和康同等人创作和拍摄“一盘没有下完的棋”的经过，第三章“在棋坛上辟一处花坛”，讲他作为首都文艺界围棋联谊会的秘书长张罗的各种活动，第四章“日本文坛弈林诸贤”，写与日本文坛那些好围棋的作家的交往。我一看这书写得确实不错，也就诚心诚意地去信谈了番感想：

洪洲兄：

花两天的时间，将《游戏黑白》看完了，一句话：挺好！

首先是游戏的定位。“黑白”是游戏，写“黑白”也是一种精神的游戏，这便为写作提供了很大的自由度。中国人常常喜欢将一些东西弄得很严肃、很神圣，好像不如此便不足以突出其地位、其意义。就像围棋，古人常常要把它跟天地之象、仁德之道联系在一起，今人要通过它挣钱糊口、还要为国争光，难免太累。中国社会与文化，为游戏留下的空间太少，好在还有围棋，还有一批什么也不为就为找乐子的棋迷。本书完全以游戏的心态对待围棋，对待有关的人和事，反而使围棋的快乐得到最大限度的发掘。有的快乐恐怕又是被胜负压得喘不过气来的职业棋手所体会不到的。所以棋迷在崇拜职业棋手的同时，恐怕职业棋手也在羡慕普通棋迷的那份悠游自在。所以本书写得最精彩的部分，也就是关于自己、关于棋迷的众生态。使尽脑子诳妻的老实的张茂，神形兼备的“孔乙己”，还有唐家二姐夫们……都给人留下深刻印象。当然也包括作者自己，偶尔赢了一回职业棋手，那份快乐，真的很纯粹，毫无矫饰。其实，文学的魅力就在这里。

其二，是本书的视角，取的完全是棋迷的视角，这就决定了它的内容及其价值所在。一部围棋史，常常是职业棋手的征战史、荣誉录，用当今学术界时髦的话说，就是充满了宏大叙事，而棋迷是可以被忽略不计的。本书恰恰将重心放在棋迷身上，并且毫无古代文人叙述市井之棋时那种居高临下的姿态，所以即便从围棋史的角度说，书中所写的棋迷百态、中日民间围棋交往，也是有意义的。同时书中写到不少职业棋手，让我们看到了他们在胜负世界之外的另一面，他们也就成了血肉丰满的普通人。偶像往往容易被神化，对棋迷来说，职业棋手便近似于“神”，当“神”走近芸芸众生，少了点“神”的气息，也就更多了一分人的魅力。

人们常常把文化分成雅文化与俗文化、正统文化与民间文化，本书能雅能俗，雅起来雅到极致，俗也俗得让人心动，难得的是无论雅俗，都自自然然，毫无冠冕堂皇、假正经的东西，这就是它的可贵之处。

其三，书的定位与视角决定了全书的语言非常轻松、口语化，还有一种北京胡同里散发的气息。这种叙说风格与内容颇为吻合，正所谓相得益彰。

不过这一切到了仙子的笔下就完全成了另一番样子。黑白仙子贴在灯笼的第二篇“东东”，题目就叫《洪洲兄》。有了身份的改变，就有了写作的自由，写洪洲兄也就用不着做严肃状，过于正经，还可以时不时对“我家主人”那个什么学术界讽刺几句。此后，在灯笼里，就这样没大没小地开始了与洪哥的往来、斗嘴。洪老的地位也就不断下降，由洪叔到洪哥，再进一步就成了洪瓜。

先说下棋。阿洪的棋，属于力量型的那种，喜欢跟你扭在一起展开肉搏战，而我的棋，相对来说比较平和，更重棋理。开始跟他下，即使赢棋也颇为吃力，有时不小心还可能输。但多下了几盘，知道他的官子粗糙一点，心里有底了，也就可立于不败之地。后来升了新浪5段，下过两盘让两子的棋，竟也都赢了，诀窍就在于无论局势怎样，反正不急不躁地跟他磨着，最后一般都会等来“勺子”，捡个天上掉下来的大馅饼。有一天晚上就跟洪哥下过一盘这样的棋，第二天他贴出来一个帖子：

夜半，新浪，棋罢人散，只剩了天雨、斜月和俺聊天。

“好友黑白仙子来了”突然显示，

“来俺这”“我来也”悄悄话说过，仙子翩然而至。

申请对局，忘了友好，棋盘摆开，竟是让俺二子。

气不打一处来，过去分先还互有输赢啊，这不切你个花瓜？

结果俺成了花瓜，

当着懒懒、月月也太没面子啦！

再下，分先！

不成想，花瓜二度！

“敢问仙子何许人也？”懒懒、月月同时问。

“仙子就是仙子。”仙子和俺同时答。他答得欣欣然，俺答得愤愤然。

俺马上回了一帖：

洪“斑竹”的丑事，俺本来不敢做声（怕给小鞋穿啊！俺才幼儿园小班，升学的路漫长着呢），只好偷着乐。

没想到“斑竹”大人谈笑间和盘托出，真是了不起啊！这足见领导同志的高风亮节，宽广胸怀！

向洪“斑竹”学习！向洪“斑竹”致敬！

领导既然有如此胸怀，咱从此再见洪瓜也就不客气了，一个字：切！！！

从此“洪瓜”的称呼就流行开来，他也不以为忤。想想，他也是奔古稀的人了，能这样放下架子，与网络上的这帮大小爷们、姐们打得火热，融成一片，真是难得。阿洪的《游戏黑白》最后有一章“网上放浪老来狂”，有一节就谈到他如何从“从老爷子到洪哥”的过程。刚上论坛的时候，小青年都知书达礼，见他一大把年纪，交谈起来便一口一个“您”，一口一个“老先生”，随便点儿的也是“老爷子”。他想了很多办法，才终于把这“老”的帽子摘掉。

“经过了这番热闹，我终于在灯笼里争得了平等地位，除初来乍到者外，再没人称我‘老先生’。我也可以和那些活蹦乱跳的小青年儿撒着欢儿地玩儿在一起了。至于称呼嘛，亲昵得一塌糊涂：洪洲、阿洪、洪子、洪兄、洪哥、洪 GG……给我取‘阿洪’名字的蓉儿有一次在新浪棋室突然叫我洪大叔，当时我正输了棋，她可能是故意的。我做愤怒状，怪她把我叫输了。她笑着连忙改口，叫我洪大圣（胜），周围一片哄笑。”

而今，“洪 GG”又成了“洪瓜”，大有再一次成为“洪大叔”之势，洪哥自然是不干了。当妞妞们也这样叫，洪哥银牙暗咬，大骂“破仙子”，但也无可奈何。

看洪哥在灯笼的头像，一个幼龄孩童，光着小屁屁，端坐在棋盘前，便会想起“返老还童”这个词，想起我的一个校友诗人、翻译家沈宝基先生在八十四岁时写下的诗《第五季》：

往年的春夏秋冬
成了他现在的第五季
……
荷花开了在冬天
腊月听蝉鸣
梅花开了在夏天
六月雪花飞

洪哥在“网上放浪老来狂”中谈到他与几个姐姐的网上游戏：

从通常的年龄概念里，我确实步入了老年的范畴。我并不回避这不争的事实。在和我三姐、四妹虚拟的三人聊天室，我的网名就是“糟老头子”。当然也是针对她俩不愿被人称作“老太太”的心理，故意为之。尤其我那双胞胎的四妹，在与人交往中，譬如到市场买菜吧，遇有人叫她老太太，她竟然能大声地和人喊："我不是老太太！"弄得人哭笑不得。三姐内向，决不会出声反驳，但也在心里觉着别扭。于是我就恶作剧地称她俩为"年纪不老小的女人"。这回三姐也嚷起来："哎呀！这更难听啦！"那好，文雅点儿，依据她俩的脸型，一称"圆脸老妪"，一称"长脸老妪"。并特意注明："妪，也可作少女解；老妪，即年纪大过了头的少女。"结果弄得她俩哭笑不得。

有了这一份心态，感觉洪哥仿佛永远生活在这种自由嬉戏的快乐中，也让人经常忘却了他的年纪。有一次，突然收到他的一封电子邮件：

仙子：

近来我对灯笼的事情虽然还在办着，但远不如以往的专注。原因是生活中连续冲来许多伤感。几位好友相继辞世，家人中又抱病连连。于是不可避免地体验了像我这样年龄段的人所必经的心路历程。对生老病死，我向来看得很开，无论是对自己还是对旁人。但真的事到临头，却难以泰然处之。不细说了。之所以提起，是因为我感到自己在网上网下都疏慢了与朋友的交往，于心不忍，便想交代一下。呵呵。

看着这封信，竟有些异样的感觉。后来要出散文集，请洪哥写篇序，他谈到春节几次发高烧，以致写的序也是断断续续。我感动之余，又想到阿洪毕竟是上年纪的人了，保养身体最重要，在网上下棋熬夜最耗身体，想劝他注意一点，便发了个帖子，当然还是那种没正经的口吻：

阿洪经常熬夜，老伴不干了，说以后再这样，就要打屁屁。所以各位灯友，以后与阿洪下棋时，不可超过晚上十二点。特别是各位妹妹，花痴阿洪时，要注意时间和分寸……

不知这“劝说”有没有用，后来阿洪又为制作个人网页忙乎得不亦乐乎。网页终于建成，我们也就乐得不时上洪哥的网上之“家”去讨一壶酒喝了。

爱哭鼻子的妞妞

认识妞妞，是从洪洲的《游戏黑白》中一篇《和你下的棋》：

你是以一个我不熟知的名字出现的，我问："谁能让我赢一盘？"你说："我。"于是，便下棋……你很多棋是自杀行为，可是你还是执意要走；我很多棋破绽百出，可是你决不出刀。我们就这样，边聊着诗词，边下着这局莫名其妙的棋……棋盘上黑白分明的棋子，生的是死的，死的是生的。生死此时已经没有意义……我们这样彼此牵绊着，彼此缠绕着，彼此制约着，彼此爱护着。偌大的棋盘，一会儿便是黑白相拥的故事。你问："这样下，你快乐吗？"有什么东西在我眼里湿润了。我说："是，我快乐。"

还有一篇叫《猎狐》。写一修仙白狐与白狐猎者之间缠绵悲切的爱情故事，其中当然还有围棋：

他的棋还是那么没长进，倒是更加急躁与沉重。每一步都是迫不及待地绞杀，每一步都是生命不堪承受的凝重。

我却突然静下心来，我想好好和他下这局棋。用我的心，用我的灵力。

我执白子。我以我最洁白的心意指引他：我总能逃开他最凛厉的追杀，引他别有天地，牵绊他，安抚他，劝说他，温柔他。

> 他挣扎，他逃避，而终于也静下来，和着我的意，随着我走，随着我飞，随着我忘却了世俗的一切。如风在天，如鱼在水。我们下着，像一场约会。
>
> 我忍不住笑啊：仿佛是他和我，执手相看，于湖边翩然起舞；仿佛是他和我，并肩促膝，于案前并读诗书；仿佛是他和我，柔情蜜意，于田里男耕女织……

很少看到能将围棋写得如此柔情婉转、动人心怀的，于是记住了妞妞这样一个既普通又别致的名字。上灯笼后，不由自主地把妞妞的许多帖子都翻出来看了一遍，同时也就发现了一个多面的妞妞。这妞妞有的时候调皮极了，看她写《阿呆正传》，对呆子（呆若木鸡）的调侃；写《下棋日记》，津津乐道于从他人那里学来的围棋知识；还有，在《我与灯笼》中写通过“献爱心”赚得积分，一下子由高一升到高三：

> 那种感觉真像做梦一样！然而，成长虽然是件令人高兴的事，可是我决不要在高三这种非人的环境里多待！我是多么渴望再去献爱心以便尽快升上大学啊！可是我已经没钱了呀！于是我不得已去论坛呼吁大家给我捐钱。可是——高三生就是高三生，书呆子一个！我万万没想到我的呼吁竟然引来以“调皮”“十八”为首的当局的镇压迫害：他们竟然说我花钱买文凭！要降我的级！
>
> 正当我又哭又闹又上吊各招用尽的时候，“太阳”在旁边悄悄地说：“妞妞你可以去游行啊！从《土木工程》经《音像图册》《实战讲座》，到《日常站务》，再回到《都市情缘》……”他话还没讲话，我就“噌”一声蹿了出去，游行去也！
>
> 我的游行得到了和我一样“献爱心”的同志如“河南狮吼”“死党不入梦”，以及社会各界有爱心有道德的人士如“太阳跳舞时”的热烈响应，大家一路把灯笼闹了个人仰马翻。最后，以“调皮”为首

的当局不得不表示下不为例，默认了我的筹资升学行为！于是，在大家的努力下，我终于在短短的时间内一跃跳上龙门，成了一只幸福的小鲤鱼！

看到这里，你一定会觉得妞妞是快乐的永远不知忧伤为何物的女孩，但读她的另外一些文字，你又会触摸到她那颗柔弱的易感的“女儿心”。网络作为一个虚拟空间，就像一个化装舞会，你很难得看到人的真实面目（就像我等通过改装，去上面玩儿得不亦乐乎）。妞妞在网络上却也活得像现实中一样的真，甚至更真，因为现实生活中反而或多或少是要戴着面具的，灯笼反而成了妞妞倾诉情感的地方，她可以把自己完完全全地袒露出来，包括“初恋”时面对一个男孩子每日的关注、献殷勤：

我那时候是高傲的，以不明的资本。

就算是刚刚笑过，一转眼，也会莫名地伤心，莫名地低下头，任他百般逗弄，决不开口了。

那时候他的眼睛便总是百般难解和难过，他把它们睁得大大的，努力地盯着我看。

然而他又怎么明白一个女孩子模糊迷离欲爱怕爱的心！连我自己尚且不知道自己那时候要的是什么啊！

这样的又远又近，难合难分，让他疲惫不堪，而我，更是苦恼万分。

我真的不是故意的，然而我真的不知道怎么做！当我独处的时候，我是想他的，想他百般的好，然而当面对他的时候，我是冷漠的，我的目光总在眺望远方；于是当他和我在一起的时候，他开始变得沉默，变得不知所措，而当他独处的时候，却又失落。

只有当我们远远相对的时候，才欣喜地发现对方眼里的关切，然而走近，只得寂寞……

面对这样一个清澈透明的女孩，你是无须设防的。并且我相信，如果有一天见到妞妞，她也一定就会是你心目中那个样子，而不产生像通常网络交友那种网上网下的强烈反差。阿土崽有一篇《清风人物志之妞妞》，谈到妞妞的文章："妞妞喜欢写东西：写棋，写人，写猫，写狐，写酸甜苦辣，写喜怒哀乐。妞妞眼中的世界是什么样的，在妞妞的笔下就是什么样的，没有半点扭曲。透过妞妞的文章，你可以看见一颗水晶一般纯净透明的心灵。妞妞写的东西很琐细，也很普通。看过妞妞的文章，你完全可以肯定她写的时候并无一丝刻意的安排，实际上也不需要什么构思。因为妞妞只是喜欢写，不求其他。文字从心里流过，从笔尖流淌出来，自自然然，清清浅浅，没有华丽的彩虹，不需繁花点缀，却已自成风景。"文字，便成了妞妞的家。

于是写完洪洲，便想着写写妞妞。不过既然是仙子的手笔，就难免"女人"之间的妒忌。《妞妞》的行文，也就尝试着用了几种不同的笔法，制造擂台效果。一个是"我家主人"对妞妞的赞美，一个是仙子对"我家主人"的讥刺，对妞妞的调侃：小女子围棋，还什么文学。当然目的在于看看大家怎么为他们所爱护的妞妞辩护，也增加灯笼的一些热闹。下面是仙子以小女子身份炮制的大作《棋心如水》。

一

闲来下棋，下得不好。一个人捧本棋书，靠窗而坐，对着空旷的棋盘，有一子没一子地落着，想哭想笑的心情都在指间不知不觉中滑了出去，心里空空荡荡，只有那落子的清音，如水般弥漫开来，心也就有了几分润湿。

练棋却不肯勤奋。好友久别后诘问："怎么不见长进？"笑笑，不答。从来就没有要求自己下得一手好棋的，竟也不为难自己。夏夜的阳台上就有了那么些断断续续的棋子声，直到星星稀落。没人爱看，没人耐听，也不扰人好梦。

二

闲来喝茶，却不会品茶，分不出茶好茶坏。自顾捧一杯茶，慢慢喝来，想来人生的消遣便是填补那些生命的空隙吧！有茶在手，仿佛自己也丰盈踏实起来，什么都可以不要求了。

喝茶的心思并不曾放在茶上。常常是捧一杯茶，痴坐在那里，想不想什么都是无所谓的了。曾试过喝咖啡，终觉味太浓，没有与人相配的心境。而且心情也始终聚在咖啡上，散不开来。不若茶的妙处，待一杯茶尽，便心如止水了。

三

纷乱嘈杂的时候，面对滚滚红尘，常常生出这么个惬意的念头：如若有暇，有一个可与倾谈的人，寂寂的院落，潺潺的流水，古朴的棋盘，莹润的棋子，寒宵对坐，喝杯茶，手谈一局，该多好！

如水如水，你以如水的柔指，我以如水的心情……

《妞妞》贴上去，对妞妞倒没有引起预想中的“论争”，反而是这篇“小女子散文”，引起大家的强烈兴趣。水叮当说：

仙子：
偶最喜欢你的《棋心如水》之三
多少人梦寐以求的生活呀
就这么淡淡地写在你的笔下

洪洲说见《棋心如水》如获至宝，欲选入《围棋报》的《灯笼论坛》专栏，征求仙子意见。我哪写得出那么“女人气”、那么柔美的文字啊，那不过是仙子东拼西凑的“组装货”。主件源于一位朋友读书时发在学校文学社内刊的一篇文章《人心如水》：

闲来弹琴，弹得不好。对着窗子有一根没一根地拨着弦，想哭想笑的心情都在指间不知不觉中滑了出去，心里空空荡荡，只有那缕烟般的清音。

练琴却不肯勤奋。好友久别后诘问：“怎么不见长进？”笑笑，不答。从来就没有要求过要弹一手好琴的，竟也不为难自己。夏夜的阳台上就有了那么些断断续续的铮然声，直到星星稀落。没人耐听，也不扰人好梦。

……

想来人生的消遣便是填补那些生命的空隙吧！都懒散地打发了，好生艳羡别人的“剩余价值”，却又不肯压迫自己，自顾捧一杯茶慢慢喝来。

然而，不会品茶，分不出茶好茶坏，也从不讲究。倘若真的讲究起来，喝茶的心情或许早已没了。普普通通的一杯，捧在手里，仿佛自己也丰盈踏实起来，什么都可以不要求了。

喝茶的心思并不曾放在茶上。常常是捧一杯茶，痴坐在那里，想不想什么都是无所谓的了。有音乐，当然更好，低缓沉郁的，轻快明媚的，有茶握着，就能保持平和的欣赏心境。若没有茶，便会被带进去，感染得不能自拔。

曾试过喝咖啡，终觉味太浓，没有与人相配的心境。而且心情也始终聚在咖啡上，散不开来。不若茶的妙处，待一杯茶尽，便心如止水了。

纷乱嘈杂的时候，常有这么个惬意的念头：如若有暇独坐，或和可与之倾谈的人坐了，喝杯茶，该多好！

将这文章改头换面，便弄出了一个“围棋版”。后面两句，“如水如水，你以如水的柔指，我以如水的心情……”，出自曾有幸同出一个学院的老诗人、法国诗歌翻译家沈宝基先生的一首诗《琴边》：

地底涌出水泉
流过草青流上山青
又流入云青
天地的水流中
陋室化作蜃楼
……
如水如水
在如水的黄昏
感到难以感觉的神怡
抓住难以抓住的神奇
你以如水的柔指
我以如水的心情

两个人对坐，一人弹琴，一人倾听，在如水的琴声中，心与心也就有了一份相通。这用在“手谈”中，竟也恰如其分。

就是凭借这一“伪作”，算是与妞妞认识了。妞妞发下帖来：

如仙子所讲，
与仙子始终是相逢不相识……
而竟能得仙子著文若此……
妞妞的心百转千回寸寸缕缕……
谢仙子！

惭愧啊！妞妞不仅不生气，居然还谢我。那詹瞻在一边做着鬼脸：

我笑！我爆！！我狂笑！！！

仙子，你家那位长得俊俏的主人惹得你绵里藏针、笑里藏刀、图穷匕见，仙子，女人何必为难女人？仙子的心思比凡间女子更是多了一窍，三种心思，五味杂陈，詹瞻玩味中……

妞妞一看，噬脐弗及，鼻子一酸，就开始吧嗒吧嗒掉眼泪了。仙子一看也慌了，赶紧解释：

世界上什么武器最厉害：妞妞的眼泪。

俺投降了！

那还不是因为我是“帅哥”的时候，妞妞居然不把俺放在眼里，列入“帅哥排行榜”，俺有气啊！

现在好了，灯笼居政府为俺做主，终于恢复了俺的合法身份。从此阶级姐妹团结起来，为晕倒全世界的“帅哥”而斗争！

就这样，与妞妞玩小孩子过家家的游戏一般，算是和好了。不承想，这里风波刚平，在“灌水区”里，却突然间爆发了一场波及全灯笼的砖战。待仙子醒悟过来，奔过去看热闹，那里已经是砖头满地，伤兵满营，一片狼藉了。

事情的起因是源于一幅图片。2003年非典期间，美国《时代》周刊有一期用的封面是一非典病人胸透照片上覆盖了一幅中国国旗。这使许多中国人非常愤怒，也由此在灯笼引起了一场争议。争论双方的主角，一方是妞妞，一方是清风第一懒。懒哥的意思是看了那样一幅画固然气愤，但关键是国人怎么自强，妞妞则是旗帜鲜明地谴责美国的行径。本来开始双方都是心平气和的，但随着加入的人越来越多，有的论争者说话的口气越来越激烈，争论慢慢演变为一场砖战。特别是“冰凉”，只要看到谁跟懒哥“过不去”，就不管三七二十一，抡着铁心剑冲了过去，先刺一剑再说。言语中有了些女孩子为“帅哥”吃醋的尖酸刻薄，妞妞为此大受刺激，竟萌生退意，发誓再也不上灯笼了。大家免不得好言相劝，百般挽留，但妞妞似乎去意已定，大家也就没辙了。

妞妞离去，灯笼也就少了一种色彩、一分热闹。跟洪洲要了妞妞的邮箱，发了个电子邮件过去：

妞妞：

我是黑白仙子，我家主人就是何云波。我们一起问候你！

很晚才注意到灌水区里的论战，那时已经是战场上一片狼藉了。其实论坛里的论争就像一场辩论赛，用不着太当真。每个人都有说话的机会，言语不合时尽可一笑置之。当然这争论的背后，已经有了人为的因素。看到情形不对，抽身而退得了。

很喜欢你写的有些东东，既有纯情的，也有调侃的。关键是率性而为。写文章其实用不着顾忌那么多框框。那是大学中文系老师用来糊弄学生的，我自己很长时间干的就是这种勾当。文章如棋，行于当行，止于当止。所以有次看到你谈自己写作感想的一篇帖子，深有同感！

就像我自己，剥去学者的外衣，在网上扮演另一个角色，真有一种解脱感。想说什么就说什么，痛快！写关于你的那篇东东，其实也是想让灯笼热闹一点，你不会介意吧！

只是不知这游戏还能玩多久。只有洪哥知道仙子的底细，现在你是第二个。适当的时候仙子自会抽身而退。只是你不能走，那么多人关心着你呢！

有机会跟“坐看云起”（新浪 18k①）下盘棋如何？由你定时间！

仙子

妞妞与仙子在灯笼的活法不一样。仙子是把它当作一个好玩的地方，并且是扮演一个角色而已。因而无论人家怎么说仙子，都不会生气，谁肯跟仙子斗嘴，那就斗吧！谁怕谁呢？仙子在灯笼宣称，已练就百毒不侵的功夫，一手无

①新浪围棋的级别

形剑已达剑气无形，不惧任何攻击之境界。妞妞却似乎把灯笼当作了自己的家，那家便成了情感的寄托，需要用整个心去呵护。妞妞在灯笼活得太真，就容易受伤害。所以我劝她，何不把网络的一切都当作一场好玩的游戏。

妞妞后来又回来了，妞妞结婚后，当她把婚照贴在《音乐相册》，大家都真心祝福她。接着，詹瞻写了一篇《白狐·青蛇·猫——读妞妞专栏断想》，第一、二部分是读妞妞的两篇文章《白狐》《青蛇》的随感，第三部分写妞妞心爱的猫：

> 白狐与青蛇本不属于人间。她们遥不可及，只能心向往之。可是，凡俗如我们，终究不能从虚空中来，向虚空中去，我们总殚精竭虑，想抓住些什么，挽留些什么，依托着什么。因为我们孤独，我们忙碌，我们无法使自己安慰，我们也无暇安慰自己。
>
> 妞妞建议道，当烟花散尽，当繁华落尽，在自己的小屋里，抱住一只猫吧，体味那满手满怀的温暖。往往身子暖了，心也会随着复苏。
>
> 除了温暖，猫也让人觉得安全。它不会算计钻营，不会两面三刀，你爱它，它就全心地爱你，一如最专一柔顺的恋人毫无条件地依恋你，追随你。它也有锐利的爪子，但是大部分时间都被它小心地藏在柔软的肉垫里。如果它亮出了自己最后的武器，那一定是在它被伤害了之后。
>
> 猫有一双清澈见底的眼睛，凝视着它们，看不到些许心机，看到的只是各个表情的自己。

妞妞的头像就是一只可爱的猫，那“情人一刀切”看不过眼，又干起了切情人一刀的勾当，把妞妞和猫讥讽了一番，这成了对妞妞新婚祝福的不和谐音符，妞妞大为恼怒，又要转身而去，说再也不来灯笼了，不过也就说说而已。家，最终是无法舍弃的。

浪子一歌与浪狼

在灯笼，与之相处最无拘束的是浪子一歌。“詹瞻妹妹”说他：“面容像莫高窟一般沧桑，心地像月牙泉一般清澈，胸怀像戈壁滩一般辽远，为人像葡萄酒一般醇厚。” 浪子似乎永远都是一副坦荡荡、乐颠颠的样子，你无论怎么跟他胡闹折腾，嬉笑怒骂，他都不会生气。有浪子在，灯笼就不会寂寞。

与浪子素不相识，但一上灯笼，他就自然而然地来到你面前，似乎一下子就没有了任何距离。浪子对仙子的真实身份似乎颇感兴趣，老在琢磨着仙子到底是谁。但另一方面，他又不管三七二十一，把仙子当作神仙姐姐，一如既往地演着戏。于是，便不断地与浪子斗嘴，打情骂俏。姑录《仙界围棋报告》后的几段回帖：

浪子一歌：

听完报告，俺没睡着。

黑白仙子：

浪子，对不起了！

报告本来都是催眠的，让大家听过之后睡个好觉！没想到却让你深更半夜睡不着。

是不是听了报告后热血沸腾，突发奇想，想去仙界浪一回？

浪子一歌：

是想去啊，可不知怎么走。

仙子引路？

黑白仙子：

先说说，有什么孝敬仙子的？

liuzhongfu:

浪子别去。听了仙子的报告，打碎了我对仙界一贯的神往，天上人间如此雷同，不去也罢。更何况这仙子对于敲诈勒索之类的人间俗事学得这般神速，到底是神仙呀！

浪子一歌：

“字母”说得有理，仙子有什么要解释的吗？

liuzhongfu:

仙子语塞，仙子和羞走了。

浪子一歌：

仙子在做准备，准备花痴俺了……

清风第一懒：

“仙子在做准备，准备花痴俺了……”

浪子一边痴痴地望着正在袅袅婷婷走来的仙子，一边想。口水把胸前的衣服弄湿了一大片……

黑白仙子：

浪子口水、鼻涕、眼泪直流，几条水龙交相辉映，煞是壮观。走到仙子面前，掏出一大把皱巴巴的灯笼银票，说："神仙姐姐，快带我去仙界吧！俺已经等不及了。这个的……银票的……大大地有……"

仙子倒是不讨厌这些银票（做导游劳动所得，何羞之有？），只是让浪子浪到仙界去，神仙清静地，也许从此鸡犬不宁……仙子担的风险太大呀！

犹豫中……

人都有游戏的天性。网络，在某种意义上便算得是大人们的游戏天地。明知是假的，也玩儿得不亦乐乎。在灯笼，只有洪洲一开始就知道仙子的身份，后来洪哥把仙子的实情告诉了灯笼的总版主小调皮，小调皮与浪子在现实生活中是兄妹，但洪哥交代，仙子的底细，连对浪子也不可说。但浪子凭他在网上浪荡多年的嗅觉，还是最先悟到了仙子的真实身份。浪子心里明白，却一如既往地继续着已经开始了的"游戏"。浪子是灯笼灌水区的版主，为了灯笼的繁荣，这"游戏"也得做下去。有一天，浪子又贴出一封情真意切的"情书"：

仙子卿卿如晤：

吾今以此书与汝言情矣！吾作此书时，尚为独身一人；汝看此书后，愿吾能往仙界一游。吾至爱汝！即此爱汝一念，使吾勇于此书也！

吾本浪子，混迹于清风，灌水于灯笼，不求闻达于天下，但求快乐于棋文。吾自遇汝以来，常愿天下有情人都成眷属！虽不曾见汝，其时时于梦中寻汝也！常梦吾与汝并肩携手，诵明月之诗，歌窈窕之章。低低切切，何事不语，何情不诉！嗟夫！梦醒时分，余心之悲，盖不能以寸管形容之。

自汝凤驾幸临灯居，引无数帅哥竞折腰，吾亦其中矣。玉帝遣汝来此，意以汝棋之专长，为灯居诸凡人传道、授业、解惑也。然汝擎仙界之虎皮，藐灯居之群雄，岂不有违玉帝之初衷乎？思春之情，虽仙子亦有之也。前有七仙女，后有三圣母，本无可厚非。然汝视众“蟋蟀”为无物，唯青眼有加于既黑且胖之伪“蟋蟀”——天雨。眼光如此，岂不有负仙子之美誉乎？况天雨虽丑，其情甚忠，拒汝秋波于千里之外，揽冰凉于咫尺之怀。汝甚怜也！

若汝负气一走了之，一恐灯居对仙界多有不恭之词，汝颜面尽失也。二恐玉帝降罪，将汝发配高老庄为悟能之妾，汝将身陷万劫不复之地也。不可不察也！

良风有幸，秋月无边，亏吾思仙之情绪好比度日如年。吾非但玉树临风、风流倜傥，且有广阔之胸襟与强劲之臂弯。足可与汝共谱一曲可歌可泣可叹可渲染之浪漫情事也。若此，浪仙何其幸哉！灯居何其幸哉！汝当三思也！

哀吾生之须臾，羡长江之无穷；挟飞仙以遨游，抱明月而长终；嗟夫！巾短情长，所未尽者尚有万千，汝可模拟得之。

浪子一歌

夜读《前赤壁赋》《与妻书》后而作

仙子装出一副深明大义的样子，回了一信：

浪子吾狼如鉴：

吾今以此书与汝言大义矣！

吾本仙界一小卒，忝列百花仙子之末。因好黑白，且读得几句诗书，被玉帝选派，到凡间来传播围棋，专事灯笼居。得与灯笼众“美眉”“帅哥”共参黑白之道，幸甚何如？

浪子谓吾“擎仙界之虎皮，藐灯居之群雄”，独对伪“蟋蟀”天雨青眼有加，实不解仙子之心也。天雨本与天界有些缘分，且具慧根，仙子欲在其修行中稍助一苇之力，不想招致诸多误会。仙子不肯辩白，实乃是是非非本为空相，执著于此，反为所缚。只是浪狼亦对此无灵犀不能会心，令仙子泣下无语，一声长叹……

浪狼以其超人一等之水性与勤勉，为灯笼居尽心尽力，仙子看在眼中，一向颇为赞赏。浪子无处不浪，生命不息，泡妞不止，也是凡间男人天性，仙子并不介意。况浪子为讨仙子欢心，对弈时多次主动自我牺牲。一而再，再而三，其情如斯，仙子感而铭之。

只是仙子思及玉帝重托，不敢有丝毫懈怠，岂敢为情而困，误了大业。中山先生曰：革命尚未完成，同志仍须努力！异域诗人裴多菲称：生命诚可贵，爱情价更高，若为自由（围棋）故，两者皆可抛。仙子每思及此，即热血沸腾，立志为全宇宙之围棋事业献出毕生之力。浪子望能体会仙子一番苦心，化个人私情为力量，全身心投之于围棋事业，定当有大成，届时再共饮庆功酒，畅叙儿女情，岂不两全？

翘首望君成，

莫负断肠人！

仙子书

这一来一往，灯笼众“美眉”“帅哥”推波助澜，一时好不热闹。后来在新浪下棋，碰上浪子，便总要通过对话框聊上一阵。发现浪子对灯笼、对网络围棋包括围棋经营很多方面都很有想法。比如想办网络围棋杂志，想与《围棋报》合作了一年后再与《体坛周报》联合，将灯笼论坛的文章推到《体坛周报》去……给人感觉浪子每日都是挂在网上，为论坛、为围棋而活着，也不知道他在现实生活中做点什么，靠什么维持生计。后来浪子去了新疆，据说是帮人经营农场，后来又说要去一个更偏僻的地方，可能以后很少上网了，很少来灯笼了……

似乎，“悠闲”的浪子也要为生计而奔波了。

跟浪子下过几盘棋，棋如其人，浪子快人快棋，很不耐烦仙子的磨磨蹭蹭。无论中途局势如何，浪子最终总是要败下阵来。浪子不服，可也无可奈何。有一次，浪子的棋本来中盘已占优，但最终还是架不住仙子的磨功。终局后浪子一声长叹，电脑这头的我似乎都能感觉到他的无奈。这时我就想：“唱一曲快乐歌儿，仗剑走江湖”的浪子，原来也有烦恼啊！

最近，浪子突然贴出一首诗《棋缘》。看起来无忧无虑、简简单单的浪子怎么写起诗来了，原来浪子终于陷入情网了。热恋就是诗，热恋中的人自然就成了诗人。浪子在诗中袒露心迹：

我是一个看似热闹的人，
仅只看似而已。
我不知道人生的意义是什么？
也懒得去想……
我人前快乐自由，
人后落落寡欢。

浪子内心里渴望着爱，就像在寂寞的黑夜里渴望着灿烂的阳光，渴望着有一个女子能让他全身心付出，让他一掷千金，挥洒情感。这个冥冥中的女子终于在网络中出现了：

从此彼此的身心，
贴近到零的距离。
是谁点燃了阿尔山的圣火？
是谁点燃了埃里伯斯的烈焰？
愿我们心中蒸腾的火山，
从此永不再熄灭。
直到天荒地老，
直到天地之间没了缝隙。
我——浪子一歌。
她——弈园小妹。

据说这弈园小妹就是灯笼梦之蝶——蚂蚁妹妹。花满楼说浪子“木秀于林风必摧之，蚁入灯笼吾必浪之”，蝶也好，蚂蚁也好，能浪到就好。一时间，浪子的喜事成了灯笼热点，大家都很兴奋，都为浪子高兴，祝福他。俺们也凑热闹，祝贺一番，当然用的是另外一种方式。浪子在签名档中自许：

唱一曲快乐歌儿，仗剑走江湖。
浪迹天涯自飘飘，
子夜望月独陶陶。
一剑只为红颜怒，
歌罢还去乐逍遥。

稍稍一改动，便成了：

唱一曲快乐歌儿，回家洗尿片。
浪迹天涯回弈园，
子夜望月两陶陶。
一心只为红颜喜，
歌罢还去做佳肴。

这代表的是两种完全不同的人生。如果有一天，当“火山之喷”化为平淡的日子中的一蔬一饭的厮守，在锅碗瓢盆交响曲中，浪子若仍能不断地唱出快乐歌儿，那浪子的幸福就真的是天荒地老，没有边际，也没有尽头了……

天雨与冰凉

初入灯笼时，看到有一位叫铁心凉的，举着个铲子到处逛荡，似乎随时准备拍你一铲，让你满地找不着牙。

后来才知道，铁心凉就是“冰凉”。在网络上，不少人都喜欢同时扮演两个不同的性别角色。这大约就是荣格所说的双性人格，男性与女性实际上都有对方的人格特征，男性的女性人格叫阿尼玛，女性的男性人格叫阿尼姆斯。网络正好为这种双性人格提供了一个展示的平台。当铁心凉在到处挥舞着他的铲子的时候，冰凉却在扮演一个情痴的角色。而她要花痴的对象就是被誉为灯笼第一“帅哥”的天雨流芳。

天雨流芳还有一个账号，叫清风第一懒。懒哥在灯笼从不发主帖，但他的跟帖却是灯笼一绝。不仅勤于跟帖，而且质量上乘，有时甚至喧宾夺主，盖过主帖。一般人都愿意做主角，而懒哥在配角的位置上能做到如此境界，真是难得。读他的那些跟帖，品味那简短的文字中不时闪现的智慧与幽默，也就成了一大享受。

天雨流芳怎么坐上灯笼第一“帅哥”宝座的，不得而知。反正我一进灯笼，大家就这么公认了。而且冰凉痴情天雨流芳，也是尽人皆知。

不知是做戏还是假戏真做，冰凉对天雨流芳的“痴”，简直到了无以复加的地步。对天雨流芳犯花痴，仿佛成了冰凉存在于灯笼的唯一理由。《围城》里面说，有见识的男人娶了风情无限的鲍小姐做老婆，那一定要把她锁在高墙深院的铁笼子里，连一只雄苍蝇都不让飞进去。冰凉对天雨流芳大约也是如此。谁都不许靠近，谁都不许与天雨流芳套近乎，不然，那把冰凉剑……嘿嘿……

如谁与天雨流芳发生争执，冰凉会不分青红皂白，先刺出一剑再说，反正真理永远在天雨那里。

非典时期，因为美国《时代》周刊上的“中国国旗事件”。妞妞与清风第一懒发生了争论，本来大家都是心平气和的，因为冰凉的介入，却使事情复杂化了。冰凉对天雨竭力维护，有时难免言辞过激，把妞妞气走了。

冰凉与妞妞，可是灯笼的两大花旦，她们中缺了任何一个就不好玩了。妞妞要离开灯笼，是因为背上花痴天雨的“冤屈”，仙子颇有些打抱不平，于是生出一个恶作剧的念头，咱们也去调戏调戏天雨，看冰凉有什么反应。

心动不如行动。写完《仙界围棋秘闻》，浪子央求仙子带他去仙界，我故意说：“浪子，俺想带天雨哥哥去，怎么办？”

清风第一懒倒是很模范，马上说：

> 俺坚决不从！嘿嘿！也许仙子这也是试应手……你想，那浪子哥哥见仙子邀请天雨而不邀请自己，肯定勃然大怒，曰：“俺比天雨倜傥多了，为何不要俺去？再说天雨的棋那么臭！”仙子自然不好意思说不，于是他二人推就一番，于是仙子就和浪子哥哥一起走了。浪子想：仙子虽然一时糊涂，到底知道还是俺帅！仙子想：嘿嘿，浪子哥哥果然见不得激将法，正落入本仙子小小圈套之中也！天雨想：幸亏，幸亏俺意志坚定，幸亏浪子哥哥重友兼重色！

那“铁心凉”（冰凉）也马上有了反应：

> 还好看了天雨哥哥的分析，不然本少爷剑下又多一冤魂。不过对手似乎不是凡人，神仙中剑后会有什么反应呢？说不定哪天，为了好奇心，我真捅你两剑，哼哼。

仙子故意说：

懒哥，俺对你仰慕已久，有机会手谈一局，想被你切一刀，如何?

然后，如影随形的就是冰凉剑，想象中，那一定凉爽极了……

痛快，痛快，痛且快也！

还有那 Liuzhongfu 也在这里凑热闹，推波助澜：

各色心腹事：

冰凉：（一副上穷碧落下黄泉也要痴情天雨状）天雨哥哥连仙子都拒了，我不花痴他花痴谁，他值得我为他痴一辈子……（感动得梨花带“天雨”）

天雨：（身上的冷汗出了干，干了出）总算摆平仙子这个烫手山芋了……唉，做男人苦，做名男人更苦，做被九死而犹未悔的花痴追逐的名男人更是苦上加苦，苦得难于上青天。

仙子：（银牙暗咬）我以为本仙子出马，凡人没有不上套的，没曾想……我心里羞愧难当，却还得碍于仙子身份强做翩翩风度状，还不如做狐狸精、做泼妇来得痛快，做仙子实在是了无生趣！！！

浪子：（坐收渔翁之利，心花怒放，随风飘扬）仙子是跑不了了，顺便还能再泡泡麻姑、百花仙子，更主要的是要见见嫦娥……天蓬元帅，你就羡慕得流口水吧。

从此，仙子也成了冰凉需要防范的对象之一。直到仙子身份暴露，冰凉的反应就是不管仙子是谁，只要不再对天雨花痴就好！

在灯笼，浪子与仙子、天雨与冰凉之间，便成了一道好玩的风景。那 Liuzhongfu 贴出一副对联，竟引来众人唱和，不断加字。

灯笼居里，铁心冰凉

清风斋外，浪子思仙

横批：冷暖两相和

斜月：

灯笼居里，铁心自冰凉

清风斋外，浪子独思仙

黑白仙子：

灯笼居里，铁心本自冰凉

清风斋外，浪子何独思仙

大尾巴果子：

灯笼居里，痴铁心本自冰凉

清风斋外，傻浪子何独思仙

乐乐：

灯笼居里，痴铁心本自冰凉来

清风斋外，傻浪子何独思仙去

黑白仙子：

灯笼居里，痴铁心本自冰凉来天雨

清风斋外，傻浪子何独思仙去新疆

Liuzhongfu:

灯笼居里，痴铁心本自冰凉来天雨，敲断栏杆

清风斋外，傻浪子何独思仙去新疆，梦萦西天

灯笼还为此举办了一个“天雨—冰凉杯”男女擂台赛，以争夺天雨的名义，大家玩儿得不亦乐乎。

有次，在北京开一个学术会议。会议结束后，洪哥开车来看我，天雨听说我来了，也赶了过来。我也有些好奇：灯笼第一“帅哥”究竟长啥样？百闻不如一见，原来人也是这样。天雨的帅被渲染得太多了，把人的胃口吊高了，一见之下，才发现天雨其实是个平常人，中等身材，平头，已经有点儿将军肚，在一家管理咨询公司做副总，给人感觉很朴实。正因为如此，我们一见面，就感觉毫无隔阂。话题自然集中在灯笼。天雨说起他的头衔，都是灯笼开张时，为吸引人气，被赋予了那样一个角色。他也就只能为演好这一角色尽力而为了。

天雨那天上午要出差，聊了不久，照了几张相，他就先告辞了。后来洪哥把“何云老进京”的几张照片贴了出去，第一“帅哥”一下子就曝光了。何云老长啥样，大家好像并不太在意。反而是天雨一下子成了关注的焦点。原来第一帅哥就是这样的噢！这也许是许多人共同的一句感叹。那冰凉反应尤其激烈，大有上当受骗之感。不过她马上回过神来，怪洪哥故意把天雨丑化了，发誓要坚定立场，痴情天雨直到地老天荒……

也许，冰凉也是在扮演一个角色，她真正要坚守的是这一角色本身。不过，能有这样一个人，让自己随心所欲、无所顾忌地痴情，也是一种幸福啊！

数灯笼风流人物

灯笼论坛人不算多，会员累计在一千人以内，但有实力的写手却不少，大家相互唱和，倒也其乐融融。有一天，詹瞻贴出一个帖子《数灯笼风流人物》：

我来灯笼，缘自偶然，却有误撞桃源之感。世外一片喧嚣繁华，这里则一派祥和安闲。灯笼里不熙攘，但人都各具才情。喝茶、读书、下棋、清谈、闲卧，没有俗务的缠绕，是我梦想中的生活。偷得浮生半刻闲，和一群习相远、性相近的人一道泡在灯笼，梦想也几近真实了。

一、阿洪

要不是亲眼所见，实在难以想象，像阿洪这个年纪阅历的人，在网上来去这般如鱼得水。也许他真的像孔子所说，能随心所欲，不逾矩了。看他在灯笼慈祥地睿智地静观兄弟姐妹们纵性优游，来几句有时点缀有时点睛的词儿，常常感慨万千。

他的头像是一个光屁股的幼儿对棋盘而坐。想想他那不时闪现的难得没被人烟玷污浸染的一颗童心，不禁觉得阿洪这道风景有了些许禅意。

二、黑白仙子

虽然明知道，仙子背后是她家主人在操纵着一切，灯笼里的上上下下，老老少少，男男女女，仍然认真地当她作下凡的神仙姐姐。这样的灯笼，想不可爱都难！

这位仙子也着实了得，能文善弈，嬉笑怒骂，纵横驰骋，以仙界讽喻现世，时常仙言大义，发凡人深省。更加之兰心蕙质，万种风情，惹得跟帖者众，尤其把个浪子媚惑得相思成灾。浪子也是条汉子，坦荡地向众人表白对仙子的款款深情，刻骨爱慕。浪仙之间有望成就为灯笼另一可歌可泣可叹可渲染的浪漫情事。

三、浪子一歌

浪子是我心目中的灯笼一哥。从新疆一路行来的浪子哥哥，面容像莫高窟一般沧桑，心地像月牙泉一般清澈，胸怀像戈壁滩一般辽远，为人像葡萄酒一般醇厚。

浪子爱护着灯笼的每一株花花草草，用心浇灌着它们。灯笼郁郁葱葱，浪子就乐在心中。浪子处处与人为善，别人自然也对他投桃报李。看他登高一呼，号召大家开往新疆，马上就一呼百应，浩浩荡荡。

古龙曾说浪子们总有着入骨的孤独与寂寞，但灯笼里快乐如风的浪子恐怕颠覆了古龙的传统浪子形象，他是E时代的新型浪子。

谨以此歌献给我敬重的浪子哥哥：

喜爱浪子的人啊，是心地纯洁的人，像紫罗兰的花儿一样，是我知心的朋友。

四、妞妞

爱妞妞还需要理由吗？她的文字素净中带着剔透，让人不由得一见钟情。灯笼有很多绿叶，她是其中醒目的一抹淡粉，灯笼有诸多美文，她是其中的神来之笔。

谨以此诗献给妞妞及其他灯笼爱文字的美女们：

将文字

细细地

捻成斑斓的丝线
编
某段莫名的心情
染
青春的水色
织就
一匹匹锦绣华年

五、跳蚤甲

关注跳蚤始于他与妞妞探讨写作的帖子。本来网络是大家挥洒性情的地方，图的是个逍遥随性娱乐放松，所以网络多的是游戏文章，跟帖也大多调侃揶揄，总之是消遣的一种。

看到跳蚤那么坦诚、中肯、执着地追求着文学的真谛，不禁动容，接着肃然起敬。推敲的传统失落已久，在当下这个浮躁功利、嬉戏、走马观花的时代，还有跳蚤这样的人为文学思考着，为文字的妥帖而捻断根须，于是心里就乐观起来：我们还是会有厚重的文字可看的。

六、第一懒和楚腰

这两位偏爱古风。楚腰独领诗词风骚，阿懒颇得骈文神韵。灯笼才子，实至名归。

想来琴棋书画诗词歌赋，是异曲同工，形异神似的。以拈棋之手写绝妙好词，相得益彰，各得其所。灯笼里擅长插科打诨的人不少，得中国传统文化的薪火相传的二位才子，使灯笼亦庄亦谐，风趣且风雅，灯笼也因此显出别致的品味来。

灯笼的多姿多娇，引多少才子竞折腰。

七、天雨和冰凉

冰凉独爱天雨流芳，明知是一段只有开始，没有结局的，但是会荡气回肠的情愫。

冰凉精灵古怪，伶牙俐齿，跟她斗嘴半点便宜都讨不到，还会赔了夫人又折兵。她大小姐高兴将谁打倒就打倒，被打的人要想不倒那绝对是前无古人，后无来者。而且还要乖乖识相，自己倒，免得冰凉“美眉”动手，劳动她老人家的玉体。

有这么个娇俏的小“美眉”在面前颐指气使，大家伙居然还都觉得挺受用。只要能讨冰凉“美眉”欢心，灯笼诸位都愿意献计献策、出人出力，冰凉“美眉”高兴了，灯笼就有福了。

这么个可人儿，却独独对天雨哥哥情有独钟，俯首帖耳，唯命是从。冰凉为天雨痴守灯笼，天雨时时才华绽露，她为之骄傲，辗转反侧，喜不自胜，天雨稍有窘境（以冰凉的标准衡量的窘境），她马上不分青红皂白，先刺上一记冰凉剑，再问对方到底是怎么在天雨头上动土的。

如果你是天雨，遇到这么个冤家，你该如何是好呢？

八、呆若木鸡

也许因为名字的缘故，不知怎的，呆呆在我眼里总觉得他是个大智若愚，说话虽慢且憨，但常于无声处听惊雷的人物。其实对于聪明的呆呆来说，印象属实与否并不重要，那只不过是徒有其表，只要他金玉其中，自然能以不变应万变了。

呆呆有一绝活，就是以图当帖。他总能变出无数出人意表的图片来，大摇大摆、堂而皇之、一脸纯洁无辜、天真烂漫、胸无半点心机地跟在别人的帖子后面。诗情画意，常让人浮想联翩……

九、二十四郎

我在一次回帖中说到文字是空相，有一则跟帖据此判断说我八成和“二十四郎”是一伙的。这是我第一次听说二十四郎。心下里就对这位被指为和自己是一丘之貉的人生出几分亲切来。

后来终于知道，原来这位就是那早慧少年、大名鼎鼎的才子“太阳跳舞时”，就不好意思认他是自己一伙的了。以后在灯笼见了，也只是远远地看着，默默地仰慕着……

詹瞻的帖子一出，马上引来大家的浓厚兴趣，被写到的当然很乐意看看自己在别人心目中的形象，而没写到的其他人也乐意看自己所熟悉的。因而这一类的帖子最容易引起大家的关注。以前妞妞、“马敖之也”等都写过《我心目中的灯笼帅哥》《灯笼妹妹》之类，很受欢迎。看了詹瞻的帖子，勾起了我也想参与一把的欲望，也顺便谈谈自己来灯笼几个月的观感。当然是戏说的口气，题目就叫《数灯笼风流人物（戏说版）》：

俺仙子来灯笼，都是阿洪做的托。上了贼船，却发现江湖中人比正人君子有趣。亦人亦仙，亦男亦女，亦黑亦白，亦正亦邪，大家玩得不亦乐乎，真实也几近于梦幻了。

“詹瞻妹妹”以极具灵性的才情，写灯笼风云人物。俺佩服之余，做点补充、修正。慢道黑白未分时，仙子且来戏说之。

一、阿洪

阿洪，“美眉”们喜用的昵称，原名洪洲，自号梦中棋痴、黑白顽主，江湖上人称洪哥、洪瓜、瓜哥。人生六十为一轮回，洪哥返老还童，桃花开了在冬天，进入人生第五季。老子说：“能婴儿乎？”九龄之童，游戏黑白，随心所欲，逾矩何妨？

师问："如何是佛法大意？"

阿洪答："仙子切瓜时！"

二、詹瞻

詹瞻公子在灯笼横空出世，长身玉立，风姿俊朗，一袭白衣胜似西门吹雪，手中轻摇一把灯笼扇，端的是酷毙了。

詹瞻出手即不凡，让一个不会下棋的女子如醉如痴，还说下棋的男人是摇曳的男人，执着却不迂腐，浪漫却不轻狂，多姿多彩而又根壮苗正，敢情说的就是他自己。果然，詹瞻自述其传奇经历，武功了得，一人一马，行走江湖，善弈却只与女子对弈。还说男人污浊，根本不配拿棋子。而詹瞻所到之处，却满楼红袖迎风招摇。大约是此郎非男。詹狼如此贪心，不满足于"有分寸的快乐"，还发誓"绣花鞋下死，做鬼也风流"，自然惹怒灯笼众"帅哥"，将其逐出江湖。

沉寂一段时间后，詹公子摇身一变，巧笑倩兮，美目盼兮，重现灯笼。数灯笼风流人物，欲一个个纳入彀中。詹狼是雄是雌，尚待考证。不过颇有与浪子狼、二十四狼联手之势。三狼结义，共参詹狼苦创的那部《女人心经》，此后还会在灯笼惹出什么风波，我们且拭目以待！

三、黑白仙子

为传播围棋之大业，不远万里，到中国来，今年春上，又到了灯笼。为了培养围棋骨干力量，毫不利己，专门利人，甚至不惜使美人计，忍辱负重做花痴状，立志以女儿身网罗天下浪子，水手头迷倒世上"美眉"。虽饱受误解却不肯辩白，其情可嘉，其举可叹，正可谓感天地，泣鬼神。

灯笼流浪歌手浪子一歌有感于仙子的动人事迹，痴痴追求仙子。《钢铁是怎样炼成的》中保尔面对丽达同志的情意，想起世上的资产阶级还没完全消灭，怎能陷于儿女情长中，于是毅然抵御了诱惑。仙子每思及此，即油然而生为了全宇宙的围棋事业而奋斗的壮志豪情。浪子也受到感染，立志与仙子西行，历尽千辛万苦，播撒围棋火种，浪仙之间谱写了新时代的一曲可歌可泣的颂歌。

四、浪子一歌

水性杨花，他的名字叫浪子一歌。

浪子一歌又号黄子一狼，外号自然是源于他那黄鼠狼的本性。浪子到处浪，下泡凡妞，上泡仙妞，只要是妞，多多益善，不愧灯笼第一浪哥。浪子又被称作盲肠，谓有他是多余，没他又不可，万一这盲肠还有待开发的价值呢？

浪子凭水性独步灯笼，其绝招便是灌水。河水、海水、酸水、甜水、迷魂水、忘情水、眼泪水、口水……飞流直下三千桶，把个灯笼灌得水汽淋淋，郁郁葱葱，可有时也水患成灾，把个抗洪斗士洪哥弄得够呛。浪子自打浪得灯笼第一硕士后，又大踏步向博士、博导、灯笼居院士的目标迈进，立志为了灯笼的繁荣，生命不息，灌水不止……

五、妞妞

妞妞，一个最大众化的名字，一个最朴素、最具亲和力的名字，一个人见人怜的名字。家家都可能有个妞妞，所以每个人也可以把这个妞妞当做自家的阿妹。况且这阿妹文字那么媚，棋又那么差，嗜杀成性的棋侠们，面对妞妞，谁又忍心举得起屠刀？

妞妞的最大功绩就是首创了小女子围棋，并且与小女子文学高度结合，将残酷的围棋弄得水样的温柔，使故作崇高的文学多了几分柔媚。这在妞妞又完全是出乎自然，自谓从未想过什么套路、风格。这叫无招之招啊！

在最近的那场保家卫国的砖战中，妞妞又显示了其大义凛然、宁死不屈的另一面：

将棋盘，

变成战场。

谁敢横刀立马，

唯我妞妞女将。

伤了吗？

不要管我！

国人当自强：

呆子，上！

六、跳蚤甲

既是跳蚤，当然应该是上蹿下跳，到处叮人的，可这只跳蚤却属于非典型跳蚤。跳蚤还是文学发烧友。一提到文学，顿时两眼发光，青筋毕露，牛一样的犯倔。妞妞说写作不过是率性而为，一句话：随便。跳蚤对文字却有近乎苛求的执着。

于是，灯笼便有了这样一道奇特的景观：网络本是文学的狂欢广场，大家在这里嬉戏、撒野、笑谑，充分展示世俗语言的魅力。跳蚤却以他细小的身躯，扛着文学沉重的大旗，吭哧吭哧行走在这狂欢的大地。

七、第一懒和楚腰

第一懒原籍清风，赢得清风镇、灯笼居第一帅哥名头，诀窍在一个“懒”字。有道是言多必失，沉默是金。武侠小说中一代宗师们，很少见他们真正出手，偶尔露一峥嵘，起一威慑作用而已。懒哥深谙这一诀窍，很少主动发帖，但不立文字，如何显得你高？于是，立公案，轻点化，若即若离，相与于无相，真是禅意盎然！无数“妹妹”为此发晕，懒哥想不做“帅哥”都难，在那里直感叹：做人难，做一个男人更难，想做一个丑汉，尤难！

至于楚老，就凭他那九张机，织就风花雪月，锦绣文字，“美眉”们怎不倾倒？这正可谓：“楚王好细腰，宫中皆饿死！”

八、天雨和冰凉

天仙降雨，雨结成冰，冰化为水，水浇灌花，花儿流芳，直到永远……注定了一段宿命的不了缘。

要问冰凉对天雨有多痴，单说那天阿呆贴出天雨的近照后，一傻孩子眼泪直流，鼻孔中还冒出个大大的泡泡。冰子一看天雨哥哥变成这模样，心里暗叫：帅呆了！并当即赋诗一首：

我看过你哭——两滴明亮的泪
涌上了你黑色的眼珠
那时候，我心想，这岂不就是
一朵黑玫瑰上垂着露
我看过你笑——一盏清亮的心灯
挂在你迷人的脸庞
啊，宝石的闪烁怎能比得上
你那泡泡的纯洁的光亮

后来天雨修得正果，成了糖僧，带一干徒弟去西天取棋经。冰凉跟着出家，法号悟凉。悟凉深知路上妖魔鬼怪众多，对师父忠心耿耿，看管得无微不至。那天，来到西凉地界，糖僧巧遇白棋精，两人一见钟情，约好夜里相会。好不容易熬到半夜，糖僧起身去开门，却怎么也拉不动。原来悟凉夜里起来巡察，见师父的房门开着，为师父安全起见，将门反锁了。糖僧在里面急得直跳：“活见鬼！”

悟凉以为师父被蚊子“咬”了，睡不着，找来蚊香点上。白棋精见糖僧出不来，化成蚊子，正好飞过这里，在一阵烟熏之下，惊呼：“我倒！”

糖僧无奈，准备开窗，摸黑从后面出去。悟凉听里面有动静，马上说："师父，你要上茅房吗？我来帮你掌灯！"

九、呆若木鸡

曾经有人说他蠢，他这个蠢人在灯笼就叫"呆若木鸡"。

阿呆先生平时别看他呆呆的，一副忠厚木讷的样子，关键时刻，他也金刚怒目。为了回击美帝国主义的挑战，他撕毁去美国大学的入学通知书。由此赢得妞妞的芳心，列为妞妞花痴排行榜一号！

这叫大智若愚啊！高，实在是高！

呆鸡还有一绝招，无论你怎么打，他都不倒。最近"prada"妹妹透露一秘招："你越打，他越不倒，你温柔点，亲亲他，他必倒！"

怀疑这位妹妹跟呆鸡是一伙，或者就是呆鸡装扮的！

十、二十四郎

二十四桥明月夜，玉人何处教吹箫？

这二十四狼是否就是得名于他每晚守在那二十四桥下，眼放着绿光，眼巴巴地盯着吹箫的玉人？

据说二十四狼白天便化成了太阳，在天空中快乐地舞蹈。光彩夺目，美艳逼人，以至被称清风第一美女，天地间最妩媚、最妖艳的女子。

而今，二十四狼又大有成为灯笼第一"帅哥"之势。如此尤物，如果再跟那善变的詹瞻公子联手，灯笼阶级姐妹们，可就得小心点了啊！

十一、三马

指鹿为马、马敖之也、老马哥哥，可谓灯笼居三驾马车。

不知道三马是什么关系？

指鹿为马，擅长于玩白马非马的游戏。整天为在那棋盘上是"坐飞机"还是"搭地铁"苦恼着。并且更有一烦心事：看见漂亮妹妹不忍心下手，可是又怕输了让妹妹瞧不起，为此矛盾得一塌糊涂。唉！这矛盾论还是没学好，下棋时，心里念叨着此妞非妞，不就得了。

马敖兄擅长拍马，写《灯笼宝贝》，一巴掌拍了七个人的马屁，却拍得不是地方。被拍的说他用情不专，没被拍上的更是义愤填膺，可谓两头不讨好。敖哥感叹灯笼缺的就是“恶人”，没想到自己差点就毛遂自荐。

老马哥哥驮着唐僧去西天取经，一路跋山涉水，风餐露宿，叫苦不迭。直骂那吴承恩，这样一匹劳苦功高的老马，居然很少写上一笔，表扬几句。于是老马哥哥白日做梦，突发奇想，自己来篇《小话西游》意淫一下：先以漂亮“妹妹”悟凉取代那呆头呆脑的沙和尚，使寂寞长途多点情趣。中途又让唐僧怜香惜玉，主动把马让出。从此老马哥哥驮着娇滴滴的悟凉“妹妹”，乐颠颠快意走西口，妙哉！妙哉！

这戏说一出，引来跟帖者众。笑嘻嘻感叹“神仙就是得闲”；老马哥哥说：“这仙子作为好眼熟，老马哥哥（至尊宝）= 吴江热线 = 小马哥 = 爱水仙花 =ma81，共有九九八十一变，可仙子有十九十九三百六十一变，看不清……”清风第一懒夸奖“这几招仙气比较足”。詹瞻发下帖来：

我……晕……倒……

倒之前，拼尽气力质问老天：“既生仙子，何生詹瞻！”

I（我）服了 you（你），仙子……

浪子一歌说跟在詹瞻后面说：

俺也晕倒……

醒来后扶起“粘妹妹”：别服 he（他），俺联合造砖去……

詹瞻是我的学生，因为我在灯笼玩儿，她也来凑个热闹。而浪子，凭他在网络上多年厮混所造就的灵敏嗅觉，早已嗅出了仙子的真实身份。他在这里说“别服 he（他）”，事实上是在暗示仙子的身份，只是当时没人注意这些细节而已。

马敖之也这样写黑白仙子：

仙子者，不知何许人也。亦不知其姓名，因其钟情于阴阳之道，黑白之物，故以黑白名之。其身为男乎？为女乎？俗世之人亦不得而知也。然其既为仙子，则幻变万千，无性无相，不男不女，亦无不可也。其以仙子之身降临凡间，则以传播黑白之道为己任。其文也，玄奥空灵，幽幽然有仙家气象。其行也，与天雨打情，与浪子骂俏，缠缠绵绵到天界，隐隐然有木野狐之迹。其棋也，吾未尝一见，莫能测其高深。若得仙子赐教一二，以识仙家路数，传烂柯图谱，则得偿俗愿，幸甚至哉也！

接着，马敖之也来了一个《数灯笼风流人物（打油诗版）》：

一、阿洪

如磐如柱镇灯笼，

网前谁识七旬翁？

游戏黑白数十载，

老来依旧一顽童。

二、黑白仙子

仙袂飘飘降灯笼，

却引众帅闹哄哄。

莫道狐猸惑世人，

神女源来与妓同。

三、詹瞻

蟑螂横行灯笼中，
妹妹尖叫非因恐。
只为一瞻詹文后，
便引惊叹出心胸。

四、浪子一歌

浪花滚滚淘英雄，
硕士名头几人拥？
生命不息灌不止，
灯笼花开别样红。

五、二十四郎

天赋不与常人同，
每有诗文动灯笼。
此郎所云人难云，
仰望太阳舞空中。

六、楚腰

楚腰纤细质非轻，
浪迹欧陆万里行。
迸珠溅玉惊世人，
赢得楚老如雷名。

七、天雨和冰凉

可怜天雨久未降，
人间何处得冰凉？
灯笼高挂伊人在，
却无蜡炬照红妆。

八、马敖之也

一支朽秃笔，
狂写打油诗。
只博众人笑，
不求传万世。

接着，乐乐又来了一个《灯笼风流人物赋（打油诗版）》：

寻灯笼于关外兮，缘阎王与妞妞。
看论坛之群英兮，会四海之佳宾。
纵关山之重重兮，无阻之于屏聚。
得诸君之华章兮，乐手痒而思齐。
见佳人爱才子兮，推冰凉与天雨。
说须眉之顽劣兮，有阿洪与浪子。
惑真身之无辨兮，猜仙子之雌雄。
起春风添佳话兮，笑调皮戏蟑螂。
巧为图之帅锅兮，谢呆鸡之睿智。
哀不幸之失脚兮，恍佐为之再现。
运词赋之飘然兮，数楚腰并马敖。
崇意趣之宛转兮，寓深情于格律。
网巾帼之灵秀兮，观蚂蚁之战书。

闹灯笼之大水兮，叹一飞胜龙王。
感成文之速成兮，惜妞妞之少见。
慕红颜之聪灵兮，忆新浪之手谈。
奏琴瑟之和音兮，仿硅石依肩膀。
踞新浪求群贤兮，盼太阳共月亮。
奇灯笼之聊斋兮，惊龙蛇之怪异。
著长篇出高论兮，赞老马之伏枥。
惧暑气之逼人兮，品诸瓜以消夏。
架雕车于网络兮，访嘉朋与论坛。
会灯笼之忘归兮，恋友情之长在。
胡不归兮胡不归，乐灯笼兮乐灯笼。

大尾巴果子也来了一个《灯笼风流人物（两问版）》，问阿洪不知是老还是少？詹瞻不知是男还是女？黑白仙子是仙是鬼？浪子一歌灌客？浪客？妞妞绕指柔来百炼钢？天雨帅哥还是丑汉？呆若木鸡呆子还是才子？……也许这正是网络的特点，大家都是多面人，大多将真实的面容隐藏在背后，不时又露峥嵘，真真假假，虚虚实实，大家都玩得不亦乐乎。一时间，灯笼居热闹极了。

再话灯笼风流人物

一帖《数灯笼风流人物》，引来众多唱和。兴犹未尽，有心再续下去，于是提出一个倡议：

“灯笼风流人物，远不止上面提到的。建议大家都来谱写新时代的灯笼人物颂歌。特别要关注最广大的人民群众，人民才是历史的主人。关注新人，新人就是灯笼的未来。当然对已上榜的，也可以从其他方面继续挖掘其优秀事迹。大家群策群力，且来共创‘灯笼风流人物榜’。”

于是再写了几则。第一个是梅子：

> 梅子有一烦心事：老公太好却少点情趣，老公坏了又让人不放心。
>
> 这是属于吃饱了撑出来的烦恼，大鱼大肉吃多了又想念起野菜，所谓甜蜜的痛苦。“试问闲愁都几许？一川烟草，满城飞絮，梅子黄时雨。”
>
> 梅子纵论天下老婆，左右逢源，字字珠玑，端的是潇洒极了。
>
> 问：如果老公有了外遇，梅子会怎么办？

梅子转贴过一个帖子，说如果老公有了外遇，各个不同的地方的老婆们会怎么办。于是有了对梅子的那一问。梅子回过话来，说：“小女子只是道出了时下闺中女人的心声而已。自寻烦恼？俺有这心也没这力。”之后又回答仙子：“小女子乃一介凡人，自无仙子之洒脱，所以只好先当上海老婆，不行再当四川老婆，再不行就当北京老婆，还不行就当湖南老婆，实在不行则断老公财路。

您说什么？仍旧不行？嘿嘿，山人自有妙计！声明：打死我也不当山西老婆！”

第二个是大尾巴果子：

> 大尾巴狼？果子狸？
>
> 狐狸？葡萄？
>
> 猎手？诱饵？
>
> 痴男？怨女？
>
> 大尾巴果子身兼数职，变化多端。需要诱惑人时，端上甜美之果子，展开狐狸之柔媚。一旦时机成熟，便原形毕露，狼之狰狞面目暴露无遗。
>
> 数灯笼风流恶人，一号非大尾巴果子莫属。那天在新浪，“恶人”趁仙子不备，连踹仙子两脚。仙袂飘飘、剑气无形的仙子竟遭恶人暗算，耻辱啊！

大尾巴果子对自己的名号有一解释：胸襟广阔可包容天下谓之“大”，一诺千金抱柱而守约谓之“尾”，英武无双如后羿斩蛇谓之“巴”，常种善因而不图后报谓之“果”，德艺双馨世人需仰视谓之“子”，钦此。

网络上大家都无需做谦逊状，都擅长于揶揄他人与自我表扬，这也正是网络的一大特点。人性在这里，有时反而表现得更真实一些。

与大尾巴果子的相识，也是从棋开始的。有天晚上在新浪，一帮灯友聚在一起下棋聊天。刚赢了一盘棋，一个叫“恶手全集”的 7k 打上门来。我一看 7k，便有些轻敌，第一着便下在了天元上。谁知对手马上便靠了上来，自此黑白双方便展开了肉搏战。几次以为把对手拿住了，谁知又被一一化解，最后反而败下阵来。再来一盘，心态已有些不对，又输了。这就是“连踹仙子两脚”的来历。之后在新浪又下过一盘，本来他局势已占优，也许有些轻敌，还要打入我的阵地，被我拿住了。后来去北京，与阿洪在一茶楼下棋，大尾巴果子来了，又下过一盘棋。因为惦记着赶火车，无法静下心来，本来还可以的棋，不明不白地又输了。

写到的第三个就是“何云老”，黑白仙子与何云老的纠葛，下回再说。

关于灯笼风流人物，后来又续写过情人一刀切、四夕、长河落日圆：

一、情人一刀切

学贯中西，博通古今，风华绝代，文武全才，他的名字叫情人一刀切（简称情人）。情人不仅深研中国经学、棋道，对西学也颇下过些苦功。特别是对那西土大师波德莱尔、弗洛伊德尤有深研。将那《恶之花》中的什么《吸血鬼》《跳舞的蛇》《地狱里的唐璜》《骷髅舞》《腐尸》之类情诗读得滚瓜烂熟。从此不再相信海誓山盟，地老天荒，五十年不变、一百年不动摇之类的爱情誓言。而那弗氏专讲一切情事都跟人体中的荷尔蒙有关，人的一切活动都不过是性欲的表现。情人仿佛是他乡遇故知，就此取了个名字：情人一刀切。

情人一边刻苦攻读“弗经”，一边云游四海，并以专拆有情人为乐事，特别是听说哪里又有了男女的苟且之事，必千里迢迢不辞辛劳去为民除害。虽然有时也遭人误解：人家相好，哪怕是偷情，关你何事？情人却每次都是或晓以中国经学之大义，或以弗氏新式理论指出情之不堪。由此赢得江湖正人君子们的一片赞誉：真乃大侠也。

仙子在仙界即慕情人之盛名，欲投其门下。情人出了两道考题：第一题是析“何当共剪西窗烛，却话巴山夜雨时”；第二题是“灯笼”考。仙子以常情答之，洋洋数千言，情人却只批了四字：“不得要领”。仙子不解，问之。情人答：“烛者，男根也，剪者，性事也，巴山夜雨，与古老的求雨仪式有关，所谓以云雨之欢感动上苍是也。”仙子叹服，再问：“那‘灯笼’呢？”情人笑而不语，只说了一句：“喝茶！”

仙子玩味中……

二、四夕

自称小小年纪，就已冷血心肠，不再相信什么爱情、生死相随的童话。一切的悱恻缠绵都不过是无聊的游戏。不过，“老”了的小四，却又在灯笼写起了《九十九封情书》，若即若离，似是而非，无一“情”字而处处关情，让人想入非非，心猿意马，却又没个着落。真应了一句感叹：这个女人不寻常！

不过，从小特立独行的小四，最渴望的其实还是他人的关爱，是小女人的爱情，是肆无忌惮、酣畅淋漓的撒娇。单看那首《小四的鱼》就可以明白：

冷冷的溪边有你还有鱼在水里
一对对很自在
一对对很相爱
让人想到未来
是不是你也和我一起在寻找
当黑夜过去
总会有阳光
我为你找个池塘
盖间平房忘掉哀伤
给自己一个有鱼的地方

按照仙子刚从情人门中学得的理论，那鱼、龙、蛇什么的，可都是男性的象征（如果“龙蛇飞动”，可就要小心了）。小四渴望着找到有鱼的地方，天天在那里洗洗涮涮，晒晒太阳上上网，做各种好吃的菜，养一条肥肥的狗狗和一堆的孩子。真到了那一天，小四就得修改名字，叫“四喜”了。

三、长河落日圆

刚来灯笼，就搅起一浪一浪的情色风波，一来因为他的博士光环，二来也是那意味深长的名字使然啊！大漠对孤烟，长河对落日，直对圆，不就是典型的一阴一阳之道嘛！（鉴于仙子的悟性，情人发下话来，可以考虑补录仙子。兴奋中！）长河乃文学博士，居陋室，却道是屋不在大，有龙则灵。精骛八极，心游万仞，无中也生有。一会儿弄出个风姿绰约却无端被弃的女博士，让人我见犹怜，顿生遐想；一会儿又是“纯子”“莲子”“杏子”什么的，试问闲愁都几许，可否重新来一局？一会儿“楼道上靓妹妹的额对上帅博士的嘴”；一会儿“女招待有心逢场作戏，傻博士甘愿自投罗网”……真真假假，假假真真，端的是牛刀小试、游刃有余。登上灯笼风流人物榜，可谓实至名归，且大有后来居上之势。

那天，长河博士约仙子在川大旁的府南河边、九眼桥下见面，说有缘千里来相会、畅叙革命友情云云。让仙子穿上红裙子，怀抱玫瑰花，他开奔驰11来接咱，手拿一份成都商报。联络暗号是：长河、落日。仙子识破博士阴谋——届时想躲在暗处看俺笑话，回了一个字：呸！

情人一刀切在清风时据说还有个大名鼎鼎的名字：沙沙。没去过老清风，自然无法想象沙沙怎么个有名法。在灯笼，却也见过情人的一些帖子，确实很有特色。世上的任何情怀，在情人笔下，都会化为“力必多”，一切的浪漫都会与欲望联系在一起，变得毫无诗意。仙子写情人一刀切，自然也就以“情人”的方式。关于“何当共剪西窗烛，却话巴山夜雨时”那句诗，其实是在博士生比较文学课上，导师讲到一些学者如何用精神分析方法来解读中国古典诗歌，李商隐的这句诗即为其中一例。

长河落日圆是笔者的博士同门。我们经常一起上网下棋，是我让他来灯笼逛逛的。他来后，发了不少帖子，不少都与女博士的“情色”有关。至于九眼桥下见面云云，那是我们上一届的一位博士生，答辩完了准备留校，无事可干，便天天上网聊天，经常装扮成款爷，勾引那些有知、无知的少妇、少女。有一个星期天上午，兴冲冲地跑到长河的宿舍来，说约了一位女孩子在九眼桥见面，他开车在某一时候去接她，让她穿一红裙子，手拿一份成都商报……真想去看看是否真会出现那样的精彩场面。长河自己也经常装扮成大佬在网上跟人聊天，还真有人仰慕，约见面。长河是公费生，没单位，就那点博士津贴，家里还有老婆、孩子。老婆是乡村女教师，收入也微薄。长河在网络上过一把发财瘾、情色瘾，也算是一种心理补偿。

至于四夕，据说是浙大的一位学生。在灯笼，一直对这丫头挺有好感的，觉得她有灵气，为人也坦荡。看她写的《九十九封情书》讲述自己的故事，娓娓道来，于小节处见真情，颇为难得。写小四，本来也是希望特立独行的小四找到一份平凡的幸福。但因为是夹在情人一刀切和长河博士之间，《数灯笼风流人物》又一如既往是一种调侃的口气，人们读起来就有点变味，惹得小四对仙子可能也有点不满了。这里顺便解释几句，也从此得个经验，对浪子之类身板结实、身经百砖、皮肉厚者尽可随便开玩笑，拍砖灌水都行，对“妹妹”们还是嘴巴要甜一点，要多多献花，千金难买美人笑嘛！

双簧戏

在灯笼，除了黑白仙子，我还用自己的本名上去。两个人分工不同，仙子是虚拟身份，写的尽是一些嬉笑怒骂的游戏文字。何云老身为“专门家”、教授，自恃名门正派，当然就比较正经了。帖子除了自己编著的围棋书的前言后记，就是在《围棋天地》连载的那组围棋游记散文《黑白之旅》。

以何云波身份进去时，仙子在灯笼已经火起来了。何云老发的第一个帖子就是《围棋与中国文化》一书的后记《黑白棋缘》。帖子一出来，马上受到灯友们的很有礼貌的欢迎。妞妞使劲地鼓掌，叫着欢迎、欢迎、热烈欢迎，还唱起了东方红，太阳升……版主洪洲也打出横幅：“大家光临，蓬荜生辉，未曾远迎，尚乞谅宥。”并说：“原以为阁下说来灯笼居，不过是在治学之暇散心之想。不料进门伊始就抛下两篇大作，着实令俺喜出望外。灯笼以往大多游戏文章，今有阁下出手，自会平添理论色彩，实乃灯笼之幸。”

只有黑白仙子敢犯上作乱：“呃，从哪儿又冒出个‘专门家’，害得老洪也装模作样正襟危坐，满口之乎者也，累不累？酸不酸？金庸小说中自恃名门正派的，不少都是假道学、假正经、假崇高。但愿何‘大家’不是这样的！”

只有洪洲了解内情，他一方面慰问何老：“灯友对新朋友的欢迎各有各的方式，还适应吗？慢慢会习惯的。”一方面教训仙子：“你在标新立异的同时，是否该保持某种程度的含蓄？提醒罢了，并非强求。”

至于称呼，我说 读书时大家就都叫我何云老，现在成了老何。初来灯笼居，不敢托大。四海之内皆兄弟，灯友们就叫我何兄吧！何锅也成！大尾巴果子说：“名为‘何云老’，何必云老，既不云老，我看兄啊锅啊的也就免了，直接叫阿云阿波啥的，果子自称果子，别人也叫果子果子，这不是很好么？”后来又有灯友把我叫做“何蟋蟀”，我问“蟋蟀”何解，灯友们便七嘴八舌起来，有说蟋蟀可以理解为“帅哥的别称”，有说蟋蟀乃指“悉是帅哥”，有说蟋蟀应该是指“昔帅”状，当年曾是帅哥。我做顿悟状：“俺明白了，‘悉帅’就是无处不帅！”

何帅哥在灯笼一直得到大家的敬重，只有黑白仙子敢调戏何老。在黑白仙子的那些帖子里（后来大多收进了散文集《棋行天下》），“我家主人”本来就是被调侃的对象。在灯笼，黑白仙子也时不时跟何老叫叫板，开个玩笑。在《数灯笼风流人物·续篇》中，就有一篇对“何云老”的戏说：

何老德高望重，资历深厚，号称读书时即以老自许。之后又坐上教授宝座，以一部厚重如砖头之《围棋与中国文艺精神》成为全宇宙第一位围棋博士、传统媒体之宠儿。如此踌躇满志，来到灯笼。自以为江湖之于翰林棋博士，如同大旱之望虹霓，定是翘首以待。不想受到的仅是极为有分寸之欢迎，纵论黑白之道，掌声也是寥寥。而仙子之类，反而影响极为轰动。何老时常感叹：“阳春白雪，曲高和寡，世情如此，天理何在？”

何老有所不知，他那叫水土不服。既想蹚网络这一浑水，就得先脱下皮鞋、西装，袒露脚丫、臂膀。

其实老何也是可造之才，说一则“何大虾”之机智故事：

有一天，何老见到仙子，想起他那仙界的本家何仙姑（此处为网络用名），遂请仙子带一本他的大作《围棋与中国文化》请仙姑指正云云。仙姑拿到书，见里面有一节《女性与围棋》，大感兴趣。细读之下，却见里面说仙妓乃同源，不禁大怒：“简直是胡说八道！”

那天，在博士论文答辩会上，何仙姑做了主席。“何大虾”心里暗喜，幸亏书送得及时，仙姑定会对他青眼有加。不料仙姑第一个问题就出其不意：“听说你认为仙妓同源，请问根据何在？”“何大虾”

一听来者不善，惊得冷汗直流。仙者，人山也；妓者，女支也；山人支女，岂不是仙妓同源？“何大虾”哪敢说此实话，急中生智，答曰：“山人者，女族之一支也。”仙姑本是仙界女权主义者，听此解释，大为赞赏，“何大虾”博士论文顺利通过，并且得了一个：优。

何博士被如此调戏，哪肯善罢甘休，马上反击，写了一篇《黑白仙子何许人也》，揭仙子之老底：

黑白仙子近来颇为活跃，顶着个仙界的名头，到处招摇，上蹿下跳，且不知天高地厚，自谓仙袂飘飘，剑气无形，还独孤求砖，视灯笼众“美眉”“帅哥”若无物，大有小仙得志，鸡犬升天之势。

老夫为学之余，独嗜棋道。研究仙界围棋多年，对小仙子的底细自是一清二楚，不妨说说仙子来历：

且说那仙子自谓在仙界忝列百花仙子之末，原来乃五百年前路边一狗尾巴花也。那天，天蓬元帅路过此，将其摘下，在玉帝寿辰，献于玉帝。玉帝不悦，又不便发作，和颜悦色曰：“天蓬爱将，吾使其化身为女子，赐予汝。”天蓬大喜，翘着肥臀，牵着狗花仙子，乐颠颠回去了。

狗花仙子虽出身低微，却也仗着有几分姿色，自怜身世，不甘心委身于天蓬那粗人，于是每日学棋、读诗。整日念叨着：“黑夜给了我黑色的眼睛，我用他来寻找白马王子。”有一天，趁天蓬不备，下凡逃到灯笼居，假传玉帝圣旨，以传播围棋为借口，自号黑白仙子。

没想到，天蓬比他捷足先登，化身为浪子，早在灯笼居浪上了。仙子一边叫着苦也、苦也，一边去对天雨、阿洪、詹郎犯花痴，希望浪子知难而退。浪子哪吃这套，一边穷追不舍，一边威胁仙子：“若汝负气一走了之，恐玉帝降罪，将汝发配高老庄为悟能之妾，汝将身陷万劫不复之地也。”

高老庄不就是浪子的老窝吗？仙子见无处可逃，索性做崇高状，学那保尔，摒弃儿女私情，为全宇宙的围棋事业而努力奋斗！

近来仙子读老夫之《围棋与中国文化》，见有仙妓同源一说，恐对其不利，遂先发制人，将吾严肃认真之科学发现，作歪曲之阐析，欲使其成笑柄。为正视听，吾拟在《黑白之旅》中专写一篇《仙妓同源》，作理论之阐发。而近来灯笼一些以仙子自许之人之行状，即颇有在实践上印证老夫理论之趋势。

此即仙子之真面目，灯笼居广大居民，不可不察也！

一个是“仙子”，一个是“文豪”，两大高手比武，灯笼明与不明底细的，一时间都往上凑，欲看热闹。大尾巴果子晃着大尾巴期待着：“有意思……嘿嘿……要打仗啊！”老马哥哥说：“我早觉察啦，我在《小话西游》里不是说黑白仙子是黑白木野狐吗？但何老的板砖就厉害啦，居然说仙子是五百年前的狗尾草，何老大家风范，在《围棋天地》发表的文章我也拜读了，且观仙子如何反击。”浪子一歌趁火打劫：“啊哦，仙子还跟俺回家去吧……”

黑白仙子一边叫浪子滚一边去，一边回应何老：

感谢何老！

多少人梦寐以求让名家来拍砖，顺势借杆上爬而不得。何老却主动把杆子伸过来了。仙子有此幸运，真是感激涕零（感于心而已，无以为报，不然人家又会以为仙子想什么了）。

下里巴人和者众，其实何老不必太在意的（鱼和熊掌不可兼得）。何老如此光着脚丫，甩开膀子，岂不沦为与仙子一般了？这对仙子是求之不得之事，于何老名望却不一定有利，还望何老三思！

至于“仙妓同源”云云，纯属学术问题（前面仙子仅仅是开个玩笑，还请谅解），可以讨论。仙子也正想写一篇《围棋与男权中心主义》，就此发表点看法，届时还望何老多多指正！

平时自称板砖越拍越来劲的仙子，在所谓的权威面前，却表现得如此之谦虚，一场大战消于无形，血肉纷飞的场面自然也看不到了，大家觉得无趣，一场双簧戏就此收场。

男女擂台赛

灯笼居气氛祥和，其中一个很大的原因就是“妹妹”比较多：妞妞、冰凉、一笑红颜、紫花云英、一笑伊人、一只小木箱、乐乐、小调皮、梦之蝶、寂寞林、玥格格、八月梅花香……所谓怜花之心，人皆有之，所以大家都比较包容，玩得也开心。

这些“妹妹”文采出众，不少人的棋也不错。像总版主小调皮、妞妞 9（另一位妞妞）就都曾是清风 9 段，我和乐乐、格格交过手，她们也都颇具实力。灯笼居曾举行过京广擂台赛，比赛刚结束，清风第一懒（天雨流芳）又贴出倡议书：谁说女子不如男？

> 话说京广大战硝烟尚未散净，广大战士还在喘息未定，数个盘上英灵尚未安息，一众战争贩子如阿洪、神仙等又在深夜密谋，准备掀起一场新的南北战争了！一时间，灯笼虽大，却也放不下一张安静的书桌。
>
> 为了避免这种不关注男生权益和女生权益的错误思想再次主导局面，俺建议打破地域局限，将南北对抗赛改为男女对抗赛！

懒哥还提议，由洪哥担任比赛总指挥，吴江、乐乐、妞妞、龙蛇等同学为战地记者，全体灯友为拉拉队员，并邀请二十四郎为本次比赛的荣誉赞助商，并允许其冠名“二十四郎杯”。懒哥的提议马上得到大家的积极响应，很快便商定了组织机构、比赛阵营、规则、时间等。浪子一歌自告奋勇担任红色娘子军的党代表——洪常青，并为“妹妹”争得可以有三人次使用飞刀的机会，说是为了使比赛更热闹、更好玩，观战记更有写头云云。飞刀的用法可由上场选手自行确定，只需比赛前通知对手即可。除了普通的飞刀，比如玥格格就曾设计过一种“别具一格之飞刀”：

昨天我想了一晚上，觉得我提议的黑白交换法实在是必胜之策，九段也拿初学者没招。至于技术上无法实现，有一个解决之道，就是使出飞刀后，虽然两人不能在电脑上交换黑白，但可以指挥对方下棋。即我是黑方，如果我认为白棋有利，提出交换后，以后我逐步告诉对方下到哪里，实际上就成为我下黑棋了。

更绝的是，在交换黑白之前，给自己弄出几块死棋，使对方交换之后，毫无翻盘的可能。哈哈！

妞妞为鼓励士气，还为“MM 队”写了队歌：

我们像花儿一样开放
我们像泉水一样流淌
我们像火焰一样热情
我们回眸间也柔情万丈
我们写俏皮的文章
我们有诗般的梦想
我们偶而也斗嘴赌气
我们不惧怕纵横黑白的战场
啦啦啦
我们像男人一样披挂上场
美丽的衣裳是我们的彩旗飘扬
啦啦啦

我们像男人一样斗志昂扬

胜败得失我们以爱的名义担当

胜败得失

我们以爱的名义担当

啦啦啦

比赛既热闹又有趣，输赢倒不是最重要的，关键是啦啦队员们的表现，大家或为自己的队员鼓劲，或想方设法骚扰对方，各种花痴大法不一而足，或者拉拉队之间相互斗嘴、较劲，每个人都成为比赛的参与者、表演者，当真是异彩纷呈，高潮迭起，噱头不断。比如浪子一歌为首局写的观战记：

须眉不让巾帼

“天雨—冰凉杯”首局经过近两小时的激战，大头执黑 181 手中盘胜。

“MM 队”在党代表浪子的带领下，早早来到对局室。左等右等不见大头的踪影，“月亮妹妹”与呆子为确保男队首局不以弃权负，不顾昂贵的电话费，拼命拨打大头手机。据称，大头去医院打针，接到电话，为坚持比赛不顾死活往家赶，精神可嘉值得学习。反观“MM 队”蓉儿，竟为看皇马比赛，欲看小贝而心不在焉，岂有不输之理？“MM 队”今后上场队员应引以为戒！

棋局伊始，大头处处主动，“MM 队”党代表浪子见势不妙，鼓动三寸不烂之舌，向大头问寒问暖，结果引起阿洪、月亮、呆子的强烈不满。呆子以大头龙体欠安为由，要求浪子将今日之问候押后至他上场时。浪子无奈，只好和其他“妹妹”们瞎扯。而大头对伊人、月挂、冰子等“妹妹”的问候充耳不闻，极没风度！这也是本局蓉儿失利的一个重要原因！

比赛之所以最后被冠名为“天雨—冰凉杯”，也是为了增加比赛的趣味性，“妹妹”们为痴情的冰凉去争夺天雨，“帅哥”们则要为保卫天雨拼死抵抗。一场棋赛便演变成了为情而战。“问世间情为何物，直叫人生死相许？”二十四郎还别出心裁，根据“MM队”的那三把飞刀，演绎出了一个江湖故事：

那人那刀那江湖

那刀，薄如蝉翼，轻赛柳絮。

利可断金石，疾堪比流星。

刀是好刀。

可是拿刀的人呢？

那是天下第一帅哥天雨流芳为答谢天下“妹妹”对他的厚爱，特地打造出来送给“妹妹”防身用的飞刀。

据说在打造飞刀的时候，天雨流芳回想起千千万万个“妹妹”对他的千千万万般柔情，感动得流下了千千万万颗眼泪。泪水溅入炉中，化为茫茫水雾，笼罩了整个清风城达三天三夜。那三天里，清风城中所有的人都感到一种莫名的触动，触在心底最柔软的部分，不停地流泪。

有人评论这是自李寻欢之后的数百年来江湖上首次出现可与小李飞刀媲美的飞刀。小李飞刀天下无敌，是因为够快；天雨飞刀天下无敌，是因为有爱。

天雨飞刀总共只有三把。

听说在造好这三把刀之后，天雨默默吐出一口鲜血，昏倒过去。之后的三个月都一直在病榻上度过。这三把飞刀，确实耗尽了天雨的元气。“妹妹”无数，刀仅三把，是“妹妹”的悲哀，还是天雨的悲哀？

三把飞刀自从流入江湖以来就成了无数江湖侠女心中的无上圣物。因此每一把飞刀都曾经引起过数不清的醋海狂涛，江湖血雨。每一把飞刀被争夺的程度都超过了一千年前的《九阴真经》。可是眼下，三把飞刀却都落入了一个男人手中。这个男人就是浪子一歌……

这个故事的引子一出来，马上就引起大家的浓厚兴趣。先是天雨，后是吴江热线（老马哥哥）、修改名字（四夕）、龙蛇飞动等，不断有人顺着这故事接下去，马上变成了一个故事长龙。围绕三把飞刀，不同的人有不同的构思，使这故事既有主干，又分出很多枝杈。而这些故事，又大多与正在进行的男女擂台赛有关，不少便成了现场报道的武侠版。就像龙蛇飞动写的《观战记》：

看见水岛缓缓地倒下，二十四郎有一种唇亡齿寒的悲哀。

水岛是倒在清风城外的坐隐山下，倒在一只箱子之前。

一只木箱，一只小小的木箱。

浪子一歌率领着一众“妹妹”高手已经将清风城围了十余天，“帅哥帮”的高手伤亡惨重，清风城危急！天雨流芳危急！！！

“风在吼，马在啸，‘妹妹’在咆哮……”

二十四郎放声长歌，他决定亲自迎战这只小木箱。身为“帅哥帮”的帮主，保卫天雨流芳责无旁贷！

“或许，死在木箱之下要比死在天雨飞刀之下要好受一些。”二十四郎心里也曾偷偷这样想。

日期：七月十七夜。

地点：清风坐隐。

兵刃：我用双拳，君用木箱。

胜负：一决生死。

挑战人：“帅哥帮”帮主二十四郎。

一封用鲜血写成的挑战书握在一双纤秀的手里，旁边放着一只小小的木箱。“这是一位值得尊敬的对手！”如秋水般的眸子闪动着晶莹的泪花。

七月，是孤魂野鬼出没的日子。

十七日的夜晚，这世上又将再添新魂！

这是江湖中人的无奈与悲哀，也是整个人类的悲哀。

只要能杀人，就应该算是一件武器，尤其是杀人不见血的那种！

二十四郎的双手就是一件杀人不见血的武器：

手指很长，指甲修剪得很干净，皮肤很白很细。

这双手端过酒杯，打过拍子，握过毫笔，解过情人的衣扣……但最多的时候是杀人！

他的化骨绵掌已到了隔空伤人，不留痕迹的最高境界。

可是，他对明晚的一战毫无把握，身为“帅哥帮”的帮主，他的武功绝对不容置疑！只可惜近几年来，他在脂粉堆里打滚时间多了，练功场上的身影少了。

一件武器无论多么犀利，多么可怕，如果长期浸泡在酒色之中，也难免会迟钝、褪色。

二十四郎斜倚在美人的怀抱中，眼睛痴痴盯着造型奇特的白螺杯，轻声唱道：“美酒加咖啡，我只要喝一杯……”

天近拂晓，未到拂晓。

烟雾迷离，疏星凄清。

一个人踏着晨雾从山巅缓缓而下，他的衣服沾满了灰尘，满脸俱是疲倦之色。“帮主！！！”“帅哥帮”一众齐声欢呼，有的人已忍不住热泪盈眶。

过了良久，有人问道：“小木箱呢？”

二十四郎用手抹去额前的汗水，淡淡道：“她败了！她本来有很多机会击败我，可是她却故意错过了。”

“为什么？”

“因为她始终没有打开那口箱子，她一直等待我的化骨绵掌出手。”

大尾巴果子问：“帮主难道不是用化骨绵掌击败她的？”

“我是用这个打败她的。”二十四郎从腰间拔出一把刀。一把形状怪异，闪着蓝汪汪光芒的弯刀，一把断了半截的弯刀。

“这是什么样的刀？”

“这是我的刀。”情人一刀切满脸落寞，眼神流露出说不尽的忧郁和孤独。他朗声吟道：“遥望情人当年，一刀切下了。鸡飞蛋打，刀折人去……”

后来，二十四郎还是倒在别的“美眉”的刀下了。情人一刀切出来，为之复仇，连伤了几位“美眉”，黑白仙子只好挺身而出。龙蛇飞动这样描写仙子的出场：

凄风呜咽，连月光也蒙上了一层黯淡的色彩。

情人一刀切身如玉树，迎风而立，宽大的衣服被风吹得猎猎飞舞，他双目神光四射，扫了众“妹妹”一眼，转身欲走。

“情人慢走！待我黑白仙子来领教你的高招。”一人如轻云般飘然而出，她一身黑白相间的衣服，脸上带着一个半边白半边黑的面具，在朦胧的夜光中，说不出的神秘和诡异。

情人一刀切冷冷哼了一声：“走！去清风坐隐。”

“这里不行？”

“这里太骚了。”情人一刀切满脸不屑，身形已如大鸟般飞出。

“骚？！你才骚呢！”“妹妹”们气得破口大骂。

“不对！小妹突然闻到一股刺鼻的膻腥之气，从穿着羊皮大褂的浪子一歌身上散发出来。

众“妹妹”愤怒的目光一起落在浪子一歌的脸上。

这又是另一种风格了，充满了戏谑。仙子自己也忍不住手痒，写自战记，为《那人那刀那江湖》续了一节。

情人问："来者可就是江湖上的神秘人物黑白仙子？"

仙子冷冷地答："是又如何？"

情人见仙子戴着面巾，问："你究竟是男是女？"

"男女皆为空相，何必多问？"仙子说。

情人历经大战无数，刀下不知有多少冤魂。情人更有一嗜好，就是与人斗嘴。自恃文武全才，并且常以文士自许。不仅深研中国武学、棋道，对西学也颇感兴趣，下过苦功。曾起西游之念，虽因种种原因，未能成行，却因此在群雄面前多了个炫耀的资本。情人平时最好读那法国"恶人"波德莱尔的诗，那《恶之花》中的什么《吸血鬼》《跳舞的蛇》《地狱里的唐璜》《骷髅舞》之类，读得滚瓜烂熟。特别是对那首爱情诗《腐尸》，尤为赞叹：

爱人，想想我们曾经见过的东西，
在凉夏的美丽的早晨：
在小路拐弯处，一具丑恶腐尸，
在铺石子的床上横陈。
…………
天空对着这壮丽的尸体凝望，
好像一朵开放的花苞，
臭气是那样强烈，你在草地之上，
好像被熏得快要昏倒。
苍蝇嗡嗡地聚在腐败的肚子上，
黑压压的一大群蛆虫，
从肚子里钻出来，沿着臭皮囊，
像黏稠的脓一样流动。
…………

这些像潮水般汹涌起伏的蛆子，奏出这个世界上一种"奇怪的音乐"，情人每次听了，那感觉就是一个字：爽！而抒情主人公对她心爱的人说："你有一天也会落入这些蛆子的口中的。"情人读过之后，仿佛一下子参透了爱情、生死。

情人见仙子出口不凡，仿佛遇到了斗嘴之劲敌，顿生先在嘴上比划比划之雄心。并且见仙子也敢在这里妄谈空相之类，颇不以为然。情人问："仙子来自何处？"

仙子不动声色："你呢？"

情人颇为自豪地答："我乃邵阳人氏。"

仙子一听"邵阳"两字，马上想起湖南人的一句口头禅：益阳女子邵阳汉，便说："既是邵阳汉子，那一定是'帅哥'了，自比天雨如何？"

情人一听，嘴角撇了一撇，哼了一声。

仙子说："天雨正找你呢？"

原来，昨晚天雨曾来找过仙子，谈话间流露出希望"MM 队"最终获胜的愿望。仙子有点奇怪："那你平时的言辞……"天雨有些无奈，说："那都是做给人看的啊！世界之大，谁知我心？赠给妹妹们几把飞刀，可小调皮随随便便就用掉了最后一把！与情人对决，眼看要将情人逼到悬崖边了，却不知何故，突然失招……唉！"

仙子又问："毕竟灯笼众'哥哥'还是对你忠心耿耿的啊！你看那么多人为你浴血奋战。"天雨又叹了口气："其实他们也都是各怀心事，各有打算啊！"

仙子想起昨晚之事，便想传话给情人，让他去见见天雨。情人却故意装傻："天雨找我何事？"

"你难道果真不明白天雨心意。天雨与冰凉，多好的一对，你忍心将他们拆开？"仙子希望以情打动情人。

情人却丝毫不为所动："既然天雨如此执迷不悟，那我就更要救救天雨了！"

原来，情人曾有过情感上的惨痛经历（具体经过，这里暂且不表），从此不再相信地老天荒诸类的爱情誓言。后来遇到弗洛伊德，情人仿佛是他乡遇故知，终于遇到了知音，从此一边刻苦攻读“弗经”，一边云游四海，并以专切有情人为乐事，特别是听说哪里又有了不正经男女的苟且之事，必千里迢迢不辞辛劳去为民除害。虽然有时也遭人误解：“人家相好，哪怕是偷情，关你何事？”情人却每次都是或晓以中国经学之大义，或以弗氏新式理论指出情之不堪。由此赢得江湖正人君子们的一片赞誉，真乃武震天下、学贯中西、德高望重之侠士也。

仙子见情人铁了心是要折散天雨与冰凉了，多说无益，只能武功上见个高低了。仙子平时在仙界，吟吟诗、作作画、种点花、养点草还行，习武、下棋多自娱而已，自知好勇斗狠非其所长，为了天雨、冰凉，也只能勉力为之了。（仙子如何为了天雨、冰凉感天动地的爱情浴血奋战、身负重伤的过程，这里略过。）

仙子在回来的路上遇着冰凉，只说了一句：“冰凉，对不起，我已尽力了。”就此黯然而去。

第二天，党代表浪子招集众“妹妹”聚会。形势已越来越危急，并且，情人一刀切的野心也慢慢暴露出来，名为保卫天雨，却大有挟天子以令诸侯，取天雨而代之之势。并且，据说情人已放出话来，说如今天雨、太阳一帮人执掌灯笼门，使灯笼充满了太多的脂粉气、酸溜溜的诗情画意，若由他做掌门，一定会鼎新革故，有新的气象。照目前的形势看，要由“妹妹”来击败情人已经不太可能了，浪子说：“既然别人无法切了他，唯一的办法就是设法使情人自切……”

如何才能让情人自切，众姐妹又免不了七嘴八舌、叽叽喳喳地讨论一番。仙子置身于这群“妹妹”中，共同战斗，同气相求，同仇敌忾，真有一种《小仙子翻身记》里写到过的翻身得解放之感。为瓦解敌人的斗志，妞妞写过给众“哥哥”们的“劝降书”，仙子也贴出小字报：“保卫天雨流芳，意义何在？”

有识者问："保卫天雨流芳，意义何在？"

问得好啊！

"哥哥"们想想：你们那么前赴后继，流血牺牲，究竟为了什么？你们难道不想做第一"帅哥"吗？你们难道甘心让天雨占尽一切的风光吗？关键是，你们懂得天雨的心吗？他故意赠给"妹妹"三把飞刀，为了什么？

《那人那刀那江湖》故事的结尾应该是：

"哥哥"们费尽心机，终于铸成专门对付飞刀的倚天剑（瞒着天雨，想最后给天雨一个惊喜），将"妹妹"们通通杀退。"妹妹"黯别灯笼，"哥哥"们欢庆胜利。太阳跳舞、二十四狼手舞足蹈，木鸡引吭高歌，狂刀乱舞，小马哥哥张着马嘴"呵呵呵呵"……只有浪子被指为"叛敌罪"打入天牢。天雨一边发令嘉奖众将士，一边心里叫着："苦也！苦也！难道飞刀也没有用么？没有了'妹妹'的拥戴、抢夺、撕扯，我活着还有什么意思？"

天雨从此郁郁寡欢，每天只呆呆地盯着天上的太阳，遥想着远去的"妹妹"，只重复着一个问题："雨呢？雨呢？"再就是，每天去天牢一次，紧紧握着浪子的手，左摇三下，右摇三下……

众"哥哥"纷纷揣测：雨和摇三下的意思。关于雨，有说是天雨自伤自怜——没有了雨，怎能流芳？有说是代表了天雨对冰凉的思念；有说是跟一个古老的求雨仪式有关。关于左右摇三下，有说是天雨对"妹妹"们的暗示，为什么不抢三三夺其根呢？有说是天雨昭示天机，三为一卦，三三两两相合为一重卦，暗示围棋与易理相合；有说是天雨对浪子表明心迹，与陆游的那首《钗头凤》有关："红酥手，黄藤酒，满城春色宫墙柳。东风恶，欢情薄。一怀愁绪，几年离索。错！错！错！春如旧，人空瘦，泪痕红浥鲛绡透。桃花落，闲池阁。山盟虽在，锦书难托。莫！莫！莫！"

曾经舍生忘死、奋不顾身的"哥哥"们也慢慢明白过来，他们单知道保卫天雨，却并不懂得天雨的心。从此他们每天只念叨着：“我们真傻！真的……”

清风镇上的日子就这样一天天过去，直到地老天荒……

擂台赛渐近尾声，最后也没能分出胜负，因为比赛也没有规定双方各出多少人，只要还有“妹妹”在，比赛也就不会结束，这也符合比赛的初衷，让大家有一个共同的关注点，有参与感、认同感，不断地玩下去。有人提议，还是由天雨和冰凉来了断，所谓解铃还需系铃人嘛！冰凉马上应战，不过提出条件：

“让九子就行，偶不用飞刀了。如果天雨大师能赢，地瓜便戒了花痴。为证明诚意，如做不到就将凉名下DLB（灯笼币）全部划给舞时。当然，条件是四小时，一分钟也不能少。特别提醒：前日阿铁奋勇砍大头，三目胜。天雨僧僧，你好好好好考虑一下吧，啦啦啦……”

天雨回答：“不好意思，我抽不出四个小时的时间下慢棋，只有再等机会了。”冰凉坚定地说：“我等。”

浪子一歌流着口水说：“好一个‘我等’！海枯石烂啊，幸福的天雨！”

采药仙童问：“闲时光阴易过，转眼就是百年，还等什么啊？”

冰凉回答：“嘿嘿，时光飞逝，和尚会年老体衰，恶魔却是越老越厉害，偶为什么不能等？”

龙蛇飞动感叹：“好一个懒僧！好一个帅和尚！想起那天冰凉初见天下第一帅哥出家为僧，呜咽一通之后，忽然嫣然一笑，甜甜问道：‘为什么你当了和尚还那么帅？’绝倒……”

天雨很无奈：

“唉，所谓魔在心中就是指的上面这位女施主的症状了……

“成佛成魔，就在一念之间。所谓苦海无边，回头是岸，还是遵循李大师的教诲，放下一切执着吧！

“可怜，可怜！

“善哉，善哉！

“老僧不在这里啰唆了，俺要寻那悟空，去坐着云彩，吃油条攒白糖去也……”

擂台赛就以这种方式结束了，《那人那刀那江湖》也有了结尾。“是非恩怨转头空，青山依旧在，几度夕阳红。”网络、江湖、感天动地的男女情……也都如此么？！

将棋色进行到底

灯笼的魅力，也许正在于有那么一批可爱的“美眉”的存在。围棋，也因为有这些“美眉”们的存在，而在残酷的厮杀之外，多了一分柔媚、婉转与妖娆。也许正是因为受此启发，有一次，黑白仙子写了一篇《棋色论》，说写“论文”的缘起，追踪“棋色论”的理论渊源，比较“棋色”与“色棋”之差异，发掘“棋色论”之理论与现实意义，并以灯笼为成功之例证：

> 你看妞妞说一句“谁能让我赢一回”，就有那么多“帅哥”争先恐后奋不顾身要输棋，浪子用几招“相思断”“销魂劫”就把德高望重的洪哥也弄得神魂颠倒、迷迷糊糊，“天雨—冰凉杯”男女擂台赛以“第一‘帅哥’”为奖励（诱饵），多么轰动一时、牵动万人心。问灯笼为何像个既热闹又温馨的家？答案不言而喻。

虚虚实实，反话正说，本图逗个乐子，这“东东”在灯笼贴出来时，正好看到一家省级广播电视报上某“美男作家”的自荐书，大开眼界，觉得这“棋色论”真还有点现实意义，与那“文色论”有异曲同工之妙，索性一起贴出来。名曰《美女的身体是我写作的稿子》：

> 美男作家 ××× 语出惊人：
> 我和美女作家最大区别是，
> 我是美男作家，我用身体写作，

美女的身体是我写作的稿子。

一直相对沉寂没有热点没有焦点的文学圈又出新闻了：2003年春天，好像突然从地底下冒出来的美男作家×××宣称“我的长篇情爱处女作《罗马的女神》开价七十七万”，俨然一派剑在手，问天下文坛谁是英雄的气势。这位美男作家即将在高手云集的文学界凭借自己俊朗帅气的外表和令人惊叹的文学才华引起人们的注意，文学湘军里即将杀出一匹狂野黑马，新生代文坛又多了一位叱咤风云的偶像加实力派作家。

有美女读者问罗马的女神是什么样子的，美男沉思了一下，猛地抬起美丽的头颅，说：“罗马的女神她看起来像上帝本人创造的，因为她的身材容貌如同女神一般！”

美男衣襟一整，狡黠、诡秘一笑：“我为自己的处女作想好了一句煽精的广告词——此书最适合情侣倚在床头或躲在被窝里阅读，谨附手电筒一支和近视眼镜一副！”这是美男作家惯用的招式！少女们警惕这个坏男人！提高警惕，谨防勉力无法抵挡的《罗马的女神》！

不得不看的《罗马的女神》七大理由也是它必然火爆的七大理由，《罗马的女神》创造了七个神话。

七大理由：它是一部“男人心灵史”，是精神神话；它是一部“身体寓言”，是肉体神话；它是一部“灵肉的天路历程”，是爱情神话；它是一部“文化苦旅”，是文人理想和文学神话；它是一部“魔鬼写作词典”，是语言神话；它是一部“处女长恨歌”，是处女神话；它是一部“偷情时代的偷情指南”，是偷情神话。

我想说，如果套用《罗马的女神》的一个章节标题“相中我，我不仅仅是伯乐”，那么，哪个出版社和投资人相中《罗马的女神》，他也不仅仅是伯乐，他将是翻开出版史上崭新一页的第一人，他将是巨大利润的获得者——罗马的女神不仅仅是爱情美神，同时也是财神！

黑白仙子为此加了一些学习的心得体会：

一是注意“情爱”与“爱情”之微妙处。

二是要做成功的“美男作家”，“俊朗帅气的外表”和“令人惊叹的文学才华”、“偶像”和“实力”孰前孰后，次序不可随便。

三是“煽精”不知是笔误还是故意如此，“煽精”比“煽情”显然更具威力。

四是“处女长垠歌”，垠乎，恨乎，其中奥妙，仙子不解。

五是“偷情神话”，偷情而能成神话，非大手笔不行啊。

六是仙子刚说完让男人都做“风景”之日，就是妇女解放运动成功之时，就有从地底下突然冒出来的美男作家自荐男色，且有玉照为证。只是不知围棋界何时能让男棋手引领“棋色”潮流？

这是眼球经济的时代，看来，棋界如此，文坛更盛。后来《棋色论》在《围棋报》上发过，不想引起一位叫查丕栋的先生的反驳，题为《周必大的“棋色论”》，说：“仙子的所谓‘棋色’，就是围棋加女色。为了证明其所论‘是中国传统文化与现实实践相结合的产物’，仙子举出南宋周必大的两首绝句为证，可惜怎么也看不出仙子之论和周氏有何共同之处。”以下查先生详细分析了那两首诗，以证明仙子之谬。

全诗为：顷创棋色之论，邦衡深然之，明日府中花会，戏作二绝。

其一

局势方迷棋有色，歌声不发酒无欢。

明朝一彩定两赛，国手秋唇双牡丹。

其二

醉红政不妨文饮，呼白从来要助欢。

棋色应同三昧色，牡丹何似九秋丹。

仙子介绍说：“将赛棋与赛歌放在一起，让国手和秋唇（歌妓之唇，代指歌妓）同台献艺，真是一大创举啊！‘色’者，既是有形的万物，也可指美色。三昧者，正定、专一、清寂也。有棋、有酒、有歌、有色，作者在酒、色中糅进了佛理，将棋之妙谛融进香艳之色中，大雅而大俗，真是高明，令人叹服。”这段论述，我记得围棋博士在一篇关于“围棋与佛教”的文章中也曾这么说过。我觉得，无论是仙子还是博士，好像都没有好好地读过周诗。因为他们和原诗说的根本不是一回事。

周氏在文中说，我最近首创了“棋色之论”，邦衡仁兄深以为然。明日他府上举行花会，戏作绝句二首。“明日”一词，表明诗作于花会之前，所以多有虚设之词。就以“红裙歌妓”为例，绝不能断言她们一定会出现在第二天的花会上。另外，在“花会”这种形式的赌博进行的同时，也不可能再有围棋活动，当然也不会有国手。可仙子和博士说得和真的一样。

首句诗说，在局势不清的时候，特别要讲究“棋色”。第二句说，如不讲究“棋色”，就像喝闷酒一样，打不起精神。可见“棋色”于棋，就如歌声于酒一样，能造成一种声势，像成语说的“有声有色”。所以“棋色”应该是指棋手的气势、神态、神色等。实际也是如此，如果局势不清，自己首先愁眉苦脸，精神不振，无疑会让对方增加心理优势。

第三句说，明天你老兄要一注双赢。句中“双赛”，不是说明天花会上还要进行棋赛，而是说这位邦衡仁兄对棋色之论“深然之”，于是要在这种理论指导下，气势汹汹地举行花会大赢一把，从而取得双赢，这当然是戏谑之言了。

第四句“秋唇”指什么？翻开《词源》查“唇”字，是个多音字，第一读 zhèn，意思是惊，常写作“震”。于是“秋”也就好理解了，指春秋时有“通国之善弈者”之称的弈秋。全句说，连国手弈秋都会对你的双赢大吃一惊。仙子和博士把“秋唇”释为歌妓的嘴唇，这就闹笑话了。再说，以唇代指女人，恐怕还没有这种先例吧。如果真的可以用“唇”代指歌妓，那也该用“春唇”才对，因为“秋唇”一看就是黄脸婆。再说，第二天是花会，不下棋，不可能有围棋国手。周必大总不会称自己和他的一些朋友为国手吧，弈秋才是著名国手。

再看第二首。

第一句，政，通“正”。文饮，文人的诗文酒会。韩愈《醉赠张秘书》诗曰：“长安众富儿，盘馔罗膻荤。不解文字饮，唯能醉红裙。”全句反用韩愈诗意。句中“醉红”即韩诗中的“醉红裙”。红裙代称女子（更可见“秋唇”代称歌妓之说不妥）。全句说，诗文之会，也不妨歌妓相伴，男女杂座，狂欢滥饮。其实诗人并非真的如此放肆。此乃戏作中的戏言也。

第二句，呼白，赌博时的一种喝彩。全句说，掷色子赌博，要大声喝彩助饮。

以上两句以文战赌酒、掷色子赌博为例，说明造成声势的重要性。进一步再阐述“棋色之论”。

第三句，三昧气（原作“色”字，有误，“三昧”和“色”不能搭配）是梵文译音，也译为“三摩提”“三摩帝”等，多省称三昧。佛教讲三昧，强调排除一切杂念，使心神平静。后来把摆脱一切束缚叫三昧。唐代李肇《翰林志》说学士们“每下直出院，相谑谓之小三昧；出银台乘马，谓之大三昧。如释氏之去缠缚而自在也”。全句说：棋色之论应该如同“三昧气”，摆脱一切束缚自由自在地发挥。

第四句，九秋丹，即秋牡丹，秋天开淡红色花。两句说，棋色之论应该如同“三昧气”，摆脱一切束缚自由自在地发挥，不能死教条，牡丹虽艳，不是还有秋牡丹吗？

通过对全诗的梳理，我们对周氏的“棋色”似乎更明白了一些，就是指对局时棋手的精神气度、神态气色等。对局者首先要有一种战而胜之的气概。局势不明，或稍遇挫折，不会红云泼面、搔首挠腮。要不形于色，镇定自若。形势好时，不会得意忘形，神色飞舞，讲究气静神闲。“棋色论”最忌讳的是装腔作势。这在诗中是可以体味出来的。现代人也许会觉得这没有什么新奇之处。但一位棋手真的能进入上述境界那就不是容易的事了。把一些并不深奥的东西提高到一定程度来认识，并不是任何人都能做到的。从这个意义上说，周必大是难能可贵的，他是诗人，棋人，更是有心人。

一言以蔽之，周氏所论和仙子没有共同之处。封建王朝的宰相，他不敢像仙子一样把女色引进围棋的。周诗与佛教也没有什么关系。就像笔者谈“三昧气”与佛教没有关系一样。说周必大“在酒、色中糅进了佛理，将棋之妙谛融进香艳之色中，大雅而大俗，真是高明，令人叹服”，太抬举古人了。

看了查老先生的解诗法，大为叹服，写了篇回应文章《将棋色进行到底》，贴在灯笼，也给了《围棋报》一份，当然还是那种没正经的口吻：

俺仙子作《棋色论》，开宗明义，自表心迹，说是要写一篇高水平的学术论文，参加仙界职称评审。并且，从俺人气最差的一篇东东《观棋者语》在灯笼的获奖，俺得到一个启示，要多写有学术含量的文章，少嬉皮笑脸，《棋色论》也就成了仙子从事学术研究的第一次尝试。

说实话，仙子对自己所提出的“棋色论”还颇为自得，正兴冲冲地等着专家评审，给个鼓励。不料那查老却说俺仙子所提出的“棋色”与作为立论依据之一的周必大的“棋色论”根本就是风马牛不相及，俺们“没有好好地读过周诗”就在这里信口开河，这可是学术的“硬伤”。完！仙子今年的职称看来是要泡汤了。

仙子把自己关在柴房里，面壁思过，痛定思痛，千不该万不该，看到一个女孩子长得不错，就夸奖起来，却不能像专家那样，经过认真仔细的研究，发现此女非女。

单说那“局势方迷棋有色，歌声不发酒无欢。明朝一彩定两赛，国手秋唇双牡丹”，仙子死心眼，只看到这里有棋有色有歌有酒，却不知道乃是“虚设之词”，当不得真的。而那“两赛”，其实只有“花会”一赛而无棋赛（俺也不知道那“花会”里是否有“花酒”喝）。

据说，“两赛”是指在棋色理论的指导下，“气势汹汹地举行花会大赢一把，从而取得双赢”（仙子又不解，没有“双赛”何来“双赢”）。而据说那“秋唇”是“弈秋大吃一惊”之意，更是让仙子佩服得五体投地。俺们想象力有限，只寻思，国手可泛指高手，而既然蛾眉、红裙之类都可以指代女子，那“秋唇”应该也可以吧！查先生说如果是这样，也应该是“春唇”才对，那“秋唇”一看就是黄脸婆。这样说来，“秋波”也就是黄脸婆的媚眼了，“春波”才够威够力啊。

再说那第二首诗，“醉红政不妨文饮，呼白从来要助欢。棋色应同三昧色，牡丹何似九秋丹。”有红裙，有美酒，“诗文之会，有歌妓相伴，男女杂坐，狂欢滥饮”，总该与俺说的“色”沾点边了吧。查先生却说：“其实诗人并非真的如此放肆，此乃戏作中的戏言。”仙子又不明白了，即便是“戏言”，难道这“戏言”中就没点“贼心”？那西土的《圣经》中还说“不可动念”呢！我们后来叫“狠斗私字一闪念”，所以才需要“三昧”之解悟。“三昧”本来就是佛教的说法，包含着佛理，怎么又“与佛教没有关系”？又一惑也！

查先生一口咬定：“封建王朝的宰相，是不敢像仙子一样把女色引进围棋的。”其实在围棋中加点女色，不过增加点棋趣而已，上至皇帝，下至文人，大家习以为常，有何怪哉？一定要把周氏的“棋色”说成是指对局时棋手的精神气度、神态气色，仿佛跟俺们俗人所理解的“酒”“色”一点关系也没有。就像过去那些饱学的正派人士，一定要把“窈窕淑女，君子好逑”解作“思贤才”，把“蒹葭苍苍，白露为霜，所谓伊人，在水一方”解作“刺襄公未能用周礼”。仙子智力有限，此中奥妙，实难领会。

此时仙子方才醒悟，原来这“学术研究”竟如此高深复杂。罢！罢！罢！不做也罢，咱还是回归江湖吧（浪子就说过，喜欢嬉皮笑脸的仙子）。

自从仙子抛出“棋色论”，已经得到灯笼最广大的人民群众的拥护，并把仙子誉为“棋色双绝”之代表，引领“棋色”潮流实至名归。八月梅花香同志还进一步对“棋色论”做了理论论证：

“弗氏告诉我们：人有三大原始欲望——食欲，性欲，攻击欲。人类一切行为都基于这三种原始欲望的升华。围棋其实是战争的游戏，通过斗争取得胜利，人们在游戏中满足攻击欲。若真能在围棋中加入色相，无异于如虎添翼——一种游戏若能同时满足人们的两种原始欲望，当所向披靡，无往而不媚人也。”

方寸棋枰内，八月梅花香，妙哉！妙哉！

那清风第一懒更是异想天开：“建议梅花弟弟将棋子改造为黑白巧克力制造的，规定棋手上场前须沐浴更衣，禁食一天。这样，棋手要获得营养，只能靠亲口吃掉对方被提掉的棋子来维持体能。如此，则使得围棋在满足传统宣扬的攻击欲的基础上，不但能够因为仙子的努力增加无边风月，更能充分满足对局者的食欲，使得人的三大原始欲望——食欲、性欲、攻击欲都能满足、升华，岂不甚好？倘若对局者由于口味偏好不同，自然自制棋子之风大盛，什么东辣西酸、南甜北咸，诸味调和；燕翅鸡足、鱼头果尾，群珍荟萃……”。

有了懒哥的这一天才设想，更增加了仙子大力弘扬棋色的信心。“棋色”之外再加一“棋食”，一来增加了围棋这种游戏的实用性，玩物无用、玩物丧志之说也就不攻自破；二来大大提高了围棋比赛的激烈程度和可观赏性。你想想，禁食一天的棋手看到对方的棋子，岂不两眼放光，饿虎扑食，逢断必断，恨不得一扫而光。另一方呢，一子不舍，就馋馋你。那种铺地板、平淡收官的棋自然没了市场。到时候棋盘上大砍大杀，古风盎然，棋迷过瘾啊！

梅花弟弟却有点担心：“如果用酒心巧克力做棋子，里面灌点二锅头或者酒精什么的，送吃一多，棋手岂不要被麻翻。”仙子答曰：“这担心大可不必。咱中国棋手一个个喜豪饮，那点酒正可壮胆气，激发斗志。至于李昌镐之类的纯洁少年，不胜酒力，吃点亏也是无可奈何。谁叫他一心扑在棋盘上，不练练其他的本事呢？！”东风吹，战鼓擂；这个世界上究竟谁怕谁？“棋色”再加“棋食”，岂不又增加了战胜李昌镐们的一重砝码。如此于国于民于己都大大有利的好事，查先生们可得大力支持啊！即使那周宰相真的没有那意思，将错就错，不也是个美丽的错误吗？

起来吧，全中国爱棋的人们！雄赳赳，气昂昂，扛起振兴中华的大旗，誓将棋色进行到底！

本是游戏文字，不想引起一场不大不小的争论。时过境迁，争论双方的对错似无须去辨别了，倒是对于古诗尤其是围棋诗，该如何去读、解，引起了我的兴趣。

你要穿帮了

正当灯笼男女擂台赛如火如荼地进行着的时候，有一天，龙蛇飞动突然在黑白仙子的主帖里贴出一个跟帖：

俺昨晚在新浪和黑白仙子下了两盘棋.

今天翻了一下仙子的帖，结果有惊人发现：黑白仙子即是何云波本人!!!

何老深谙老顽童周伯通“双手互搏”之绝技，令人佩服……

露出马脚的是这一段：“……我家主人也翻出一些陈年旧货，什么‘长安道上’‘乌衣巷口’之类，明里请洪‘斑竹’斧正，其实是想借‘斑竹’的职权，也给他往那网上论坛贴一贴，并且来个精品特别推荐什么的，隆重推出。以后他再去评什么奖，便成了作品被引用和转载的证明……”（见黑白仙子之《洪洲兄》一帖）

找到了突破点，再看其他帖子就豁然开朗了。

仙子马上反击：

灯笼姐妹们，警惕阶级敌人的“阳”谋啊!

正当“天雨—冰凉杯”进行得如火如荼，“妹妹”们胜利在望之际，龙蛇飞动突然抛出一个论调，说俺仙子乃何某人云云，用心昭然若揭啊!

其一，仙子虽已退出杀敌第一线，可“哥哥”们深知仙子的口水厉害。仙子身负“MM 队”宣传鼓动员的角色，以笔为枪，在擂台大战中发挥了重要的作用。你看情人经仙子一吹捧，说其“学贯中西，德高望重”云云，下的棋马上自重、温柔起来；一吓唬，情人马上说与其自切，还不如让妹妹切，就此退出擂台。龙蛇欲把仙子拉到“哥哥”一边，岂不是司马昭之心？

其二，龙蛇欲施擒王之术，打击“MM 队”党代表浪子的积极性。都知道浪子对仙子一往情深，要是浪子知道所心仪之人竟是一老头，岂不马上歇菜。从此“妹妹”们群龙无首、人心惶惶，这种局面不正是“哥哥”们所期望的吗？

其三，即使前两计均不成功，“MM 队”获胜，他们也可提出申诉，说“MM 队”违规云云。真是用心良苦啊！

灯笼姐妹们，在这关键时刻，你们难道能听任阶级敌人的“阳”谋得逞？忍心失去与你们同甘共苦的仙子？

Grace（桂士）也附和：“不忍心……所以仙子就是仙子好了，秃子哥哥说话小心地说。”

至于冰凉，则是以她一如既往的立场：“仙子是谁不重要，仙子不抢天雨流芳就好了，嘿嘿嘿嘿。”

龙蛇飞动也开始反省：“嘿嘿……俺干的是焚琴煮鹤大煞风景的蠢事儿，今晚好好反思……”

洪洲也来信，无奈地说：“你要穿帮了。”

我知道早晚会有这么一天的。“长安道上”“乌衣巷口”之类，是我《黑白之旅》系列散文中的两篇：《闻道长安似弈棋》《乌衣巷口夕阳斜》在《围棋天地》上连载过，也在“灯笼论坛”上贴出过。当初写《洪洲兄》时故意留下这么一个破绽。很多灯友不断地在猜测黑白仙子文中经常提到的“我家主人”是谁，不想龙蛇读帖读得这么仔细，蛛丝马迹就被他寻到了，顺藤摸瓜，自然一下子就真相大白了。

尽管在预料之中，但谜底被揭穿总觉得有些遗憾，这游戏便有些玩不下去了，只好写了一篇《别了，灯笼居》，最后一次把“我家主人”控诉了一通后，宣布从此退出灯笼，退隐江湖：

都说灯笼是我家，在灯笼居待得久了，竟也有了一种家的感觉。大红灯笼高高挂，欢天喜地闹元宵，仙子却要悄悄上路了。传播围棋的大业尚未成功，俺们又得开始新的旅程。一张棋盘，两袖清风，从此云游四海，山迢迢，水长长，晓来谁染霜林醉，总是离人泪啊。

浪子一歌的眼泪马上拉成了长龙：“舍不得仙子姐姐走，我会很快回来的啊……”

斜月感叹：“惊闻仙子竟是云波先生所幻……想当初，仙子闪亮登场，那感觉当真是比女人还女人。惊恐之余急忙忙为己寻解脱，思忖再三得之曰‘负负得正’！诚可谓：云棋天下行波来，今日方知娥非娥！”

马敖之也赋诗曰：“仙袂飘飘降灯笼，哥哥妹妹掌拍红。但见妙手好文章，哪管斯人雌与雄！”

采药仙童谓：“仙子姐姐离别去，空留仙童相思愁。”

Grace 则坦言：“这个仙子老婆婆比起何‘蟋蟀’可是可爱多了。”

妞妞的表现最激烈，一边摇手：“不行，我坚决不同意。”一边鼻子一酸，开始吧嗒吧嗒掉眼泪了……后来，妞妞写过一篇《黑白仙子》，算是对仙子同志在灯笼期间的表现的一个总结：

黑白仙子曾经是灯笼的一个传奇。

他出现的那天，灯笼的天和往常并没有什么异样，灯笼的居民也和往常一样平静安乐。

可是他就出现了：蒙着白色的面纱，着一身柔软的黑色长袍，亭亭玉立，无风而动，让人驰魂动魄。

于是灯笼的天一下子分外的蓝，灯笼的居民也沸腾起来，纷纷拥上去。仙子珠圆玉润地开了口：“大家好！我叫黑白仙子，是玉帝派来传播围棋的……”

话音刚落，“哥哥”们便分寸大乱，纷纷企图亲近，一时间口水与鲜花共舞，眼泪与汗水齐飞，黑白顽主更是狂喊着仙子和他是本家——明摆着都姓黑白嘛！

那时候浪子一歌正穿着他的破拖鞋，拖着他生锈的长剑，在酒馆喝酒，听到外面闹得不成样子，便走出来观看，恰好看到结巴妞妞跑得披头散发地经过身边，便一把抓住喝道：“你跑什么？”

“那……那……那边来……来来……”

“来什么？”浪子一歌把剑架起来，满面凶光。

妞妞又急又怕：“来……来了个……仙子……”

不等妞妞说完，浪子一歌已经箭一般蹿了开去，情急之中把左脚的拖鞋也甩掉了。等他跑到仙子端坐的街口，发现灯笼的居民差不多都到了，甚至还有几个陌生的面孔，估计是邻村跑来瞻仰仙子的。浪子一歌奋不顾身地挤上前去，刚好听到黑白顽主的话，激动地一把抓住顽主的手：“请问是你妹妹吗？介绍给我好吗？我给你介绍费！拜托！给个机会吧！”

他的话还没说话，便被愤怒的“哥哥”们一拥而上狂殴起来：“凭什么只给你个机会？难道我们是吃素的？”

场面于是更加混乱，浪子一歌透过肿得只剩一条缝的小眼睛，绝望地看到仙子结束了自己的初次演讲，翩然而去……

据说那天人散后，结巴妞妞共从街头捡到：手机八部；钱包三个；拖鞋十二只（不包括浪子的）；鸡蛋、西红柿n个，她换得灯笼币若干，自此过上了幸福的日子……

从那以后，仙子便常常光临灯笼。

还是那样的白纱蒙面，黑袍裹身，婉转妩媚，让灯笼“哥哥”们茶饭不思，神魂颠倒，如影相随不离不弃。

想这仙子自幼生活在不食人间烟火的天上，何曾被人这样爱慕痴缠过！心念一动便凡心大发，在讲解仙界围棋现状的同时，还见缝插针地把灯笼居民拿出来调侃一顿，美其名曰：数灯笼风流人物。

这风流人物一数完，便在灯笼掀起了轩然大波，灯笼的兄弟姐妹们乱成一团，随着仙子或褒或戏的语气，争先恐后地也数了起来，以至数着数着又打成一团。仙子的号召力由此可见一斑。

数人物的风气还没过，仙子打蛇随棍上，再接再厉地给浪子一歌写起情书来：真是有节有礼有理有利有情有义……世人有的他都有了，世人没有的他也都有了。真让灯笼“哥哥”们大跌眼镜，浪子更是激动地鲜血狂喷，迅速地找来一本情书大全，对着一字一句地套用，熬了五又四分之三个通宵，给仙子炮制了一封回信。自此浪仙之间明里暗里地你来我往，奠定了口莫能辩的暧昧关系。让灯笼“哥哥”们咽气憋火，恨不得把浪子食之而后快。

然而且慢，仙子一看情况不妙，自己有在一棵树上勒死的危险，长袖善舞，马上抛出一篇《棋色论》。《棋色论》里仙子描绘了一幅让任何人尤其是“哥哥”看了都垂涎欲滴的美女娇弈图，极力宣扬棋色结合的现实意义，甚至把它提升到能促进中国围棋繁荣的高度来。这无疑给平日里装绅士君子的“哥哥”们一个边下棋边泡“妹妹”的理由！于是“哥哥”们对仙子的爱慕与感激自此更是如黄河泛滥一发不可收拾，仙子更是凭此成为色艺双绝的代表。

就在仙子红得发紫，日日笙歌的时候，突然关于她的流言不胫而走。

有的说这仙子根本不是仙界来的，不过是个凡人装扮的罢了，不然，她何以敢如此妄为呢？

有人说这仙子并不是女的，而是个男子！不然，他何以蒙着面呢？

更有人说这仙子其实就是那个文绉绉的学者叫什么何云波的，不然，何以两人总是同时出现在灯笼呢？

俗话讲众口铄金，积毁销骨，在灯笼众人疑惑退缩的眼神中，仙子也方寸大乱，尽管也想极力周旋，却显得力不从心。终于某天有知情人士透露：仙子原来就是何云波！

此言一出，众人哗然！何以一个斯文儒雅的学者披上仙子的外套便如此娇俏动人了呢？由此不信者竟十之八九。

然而这样的传说终于被众多知情人士包括传说是仙子本家的洪洲证实，于是众人慨兮叹兮，虽然还忍不住围在仙子身边，却安分了不少。

又终于一天，灯笼公告栏竟赫然登出了何云波也就是仙子的照片：果然一只大“蟋蟀”！

自此拨云见日，晴空万里无云，仙子退而云波兴，灯笼又恢复了以往的平静……

慢着，不对，还有一个人没有平静，他就是浪子一歌。自从知道仙子居然不是仙子甚至还是男子后，浪子便变得两眼呆滞，衣衫褴褛，见了人就说：“我真傻，真的。我单知道仙子都是女孩子，怎么也会有男的呢……”

灯火已阑珊

仙子出走后，何老偶尔还来灯笼居逛逛，后来，开始写回忆录《灯笼触网记》，把前面几篇陆续贴上去，一直贴到《天雨与冰凉》，尽管也获得了不少灯友的关注，但没有了隐蔽的身份，没有了破仙子的捣蛋，终觉少了许多情趣，便慢慢淡了那份心思。

后来小调皮因出国，把总版主之职交给浪子一歌。浪子是个快人快语、爱憎分明、什么事都藏不住的人，处理事情有时就难免过于雷厉风行了一点。有一次，因为擅自删了他不喜欢的一位灯友的帖子，引发关于网络言论自由的争议，有些灯友又把灯笼存在的经济问题也扯了进来，说上一年度的灯笼双十佳奖（奖品是新浪围棋一年的会员费）为什么大半年都过去了还迟迟不能兑现。浪子也做了些解释，但似乎终不能令人满意。“删帖事件”越闹越大，发展为“倒浪运动”，最后浪子无奈之下，只好辞职，黯别灯笼。

在“运动”期间，我也去过几次，但都是旁观者，从未举过手，表过态，发过言。后来，忍不住好奇，偶尔去灯笼逛逛，经常会有人去楼空之感。红灯笼依旧，赏灯之人却越来越少，好几天的陈年旧帖还晾在那里，连掌声也变得分外的寂寞。

“白发宫女在，独坐说玄宗。”灯笼是越来越萧条了。

有时也会非常感叹，还有一些伤感。我进去的时候，大约正是灯笼最红火、最具活力的时候。浪子总结过灯笼的发展历程：

灯笼论坛是新浪围棋帮会“灯笼居”的帮会论坛，但它是以老清风论坛写手为基础而发展起来的。灯笼论坛的发展经过了三个阶段。第一阶段：因总版主小调皮曾是老清风论坛的版主，灯笼论坛成立之初，正是老清风论坛关门之际，小调皮几乎邀请到所有老清风论坛名写手的加盟；第二阶段：洪洲老先生出任版主，并邀请到以研究中国围棋文化享誉围棋界的何云波教授加盟，同时洪洲老先生被《围棋报》聘为特约主持人在该报主持《灯笼论坛》专栏。一年多的时间，《围棋报》共刊登五十余篇灯笼论坛的文章。《围棋天地》自开办"佳帖推荐"榜，仅有一期没有灯笼论坛的文章上榜。另外，《围棋天地》连载的洪洲的《游戏黑白》、何云波的《黑白之旅》系列，全文都已发在灯笼。何云波新近要出版的散文集《棋行天下》中很多篇章也都是首发于灯笼论坛。第三阶段：通过《围棋报》《围棋天地》而知道灯笼论坛，一批新的写手加盟，与原有写手融为一体，但融入的过程稍难了点。

这最关键的第三阶段，灯笼却走得并不好。难见新人，连旧将也日渐星散。至于我自己，本来就是网络上的一个匆匆过客。此前从未加盟过各种帮会（在灯笼，也只是玩玩，却不肯入灯友会，总以为一入了什么会，就会有帮规会纪什么的，在心理上便有了束缚），离开灯笼后，除了网上下下棋，也基本上不去任何论坛。

于是，这唯一的一次触网经历感觉便有点像初恋。那段时间每天不上灯笼看看便会觉得少了点什么。发了帖子，等着看反响、回帖，就像发出封情书，然后等待回音。初恋像雨像雾像风一般来了又去了，但毕竟在生命里留下了难以磨灭的印痕。

网络，在某种意义上，代表的就是另外的一种生存，也是另一个自我的体现。就像仙子告别灯笼，何老在跟仙子斗嘴时所说：

扮演一个角色，网络中的身份大抵如此。

一阴一阳谓之道。每个人都是阴阳的综合体，所以男性中会有女性化的一面，反之亦然。在网络中扮演另一个角色，事实上是在发掘你的另一面。

不过，另一个自我可能既是你的补充，有时又会跟你作对。就像破仙子，总在这里跟偶作对，就像果戈理的小说《鼻子》里掉下的“鼻子”幻化的另一个“我”，陀思妥耶夫斯基《两重人格》中的戈利亚德金……

破仙子则申辩：

俺就算何什么老塑造的一个人物吧，也具有独立的人格啊！

就像陀翁笔下的主人公，与作者还是平等的对话的关系呢！何况俺仙子早就在灯笼居登了记，落了户，确立了身份，并一路打拼过来。俺早就应具有了独立的网民资格。

从今后，浪迹天涯，俺们又得为重新翻身得解放而努力奋斗了！女权运动任重道远啊！

想想也是，正是因为仙子的虚拟的独立身份，才有了嬉笑怒骂、哭哭笑笑、率性而为的最大的自由，才会在网上玩得不亦乐乎。而灯笼，既为这种自由提供了挥洒的舞台，同时在自由之外，又让人有一种家一般的归属感。这才是它真正的魅力所在。正像有个叫木三的灯友写过一篇《我观灯笼居》：

我友七心海棠兄一再告诉我，灯笼居不可不去，我问为什么？答曰：“此处卧虎藏龙，有隐世高人，有江湖俊杰，亦有柔情才女。”

我早早地便注册了名儿，数日间，只是蛰伏窥探，并不曾开口妄言一句。

几天的观察下来，有两个最大的印象与我。

此其一是：这儿的人气并不是很旺，说句实在话，即便是与一般的论坛相比也是相去甚远。人气不旺，帖子自然很少，然而细细地浏览上一遍之后，却发现这里的帖子篇篇精彩，字字珠玑。感受尤为深刻的是，每篇文章之后，和者如云，或谐或庄，不一而同，仍是出乎意料的精彩。赞！

其二是：整个论坛便如同是一个大家庭，有抚须含笑的谆谆长者，有气壮山河的当家汉子，也有亦娇亦嗔之红颜秀女。融融一堂，羡煞旁人。再赞！

寥寥数语，不过是小子我的管窥之得，哪日里得见全豹，再来说过。哈哈哈……

浪子在《乱说围棋论坛》中也对各家围棋论坛做过“乱点评”，其中说到灯笼：

灯笼论坛总体上气氛比较祥和，“妹妹”比较多，看着就像是社区论坛，绝少有板砖乱飞的情况。以棋友间网上网下的交往趣事为主，间或也有关于围棋文化方面的一些讨论及围棋小说、诗歌等，几乎不关心围棋技艺、棋界时事。在各围棋论坛中，文章的总体质量特别是跟帖的质量，灯笼当数第一。在灯笼论坛还有个奇怪现象：就是经常会出现比主帖长、质量也高于主帖的跟帖，而这种情况在其他论坛，作者一般会另开主帖。灯笼论坛中，从来不入梦的围棋小说、妞妞的散文、太阳跳舞时的故事、七个铜板的传记、楚腰的诗词、天雨流芳的骈文点评都是帖中极品。灯笼精华帖的门槛一般。

因为灯笼论坛仅是个帮会论坛，没有自己的对弈网站，没有专职管理人员，新人想真正融入灯笼比较难，对围棋技艺、棋界时事的不关心也减轻了很多喜欢泡论坛的棋友的兴趣，故发展前景并不看好。

既像个大家庭，又不关心时事，大家在这里随意地说说家长里短、柴米油盐，其乐融融，灯笼便越发有一种世外桃源的感觉。也正因为如此，这也就决定了其人气的不旺，前景的不被看好。家的规模总是有限的，外人想要融入其中，也就更难。林子小了，鸟固然都精致，却少了点层次与色彩。

在“家”中，大家相处都很客气，批评也多是调侃几句，开个玩笑，也就很少给人那种板砖交加、血肉横飞的刺激感，所以有人便会觉得不过瘾。与天斗，与地斗，与人斗，其乐无穷。拍砖与灌水，其实也正是上网的两大乐趣。但是，一旦有了矛盾、口角，因为相互知根知底，打蛇打七寸，炮火也就会更猛，更致命，而另一方，那种被家人所伤的痛，也就会更为持久、更为刻骨铭心。镜一旦破了，重圆也就更难。

从某种意义上说，灯笼作为网络围棋论坛，是不入时的，它只不过像一株野百合，自在地开着，然后，又无声无息地枯萎了。而像我等，有点像那种信守从一而终的人，也是不合时的。守着那丛花，开了又谢了，然后，让它化为一瓣永远的心香。

众里寻他千百度，蓦然回首，那人却在灯火阑珊处。